ニュースの裏がわかる！

# 世界の資源地図

図解

ライフ・リサーチ・プロジェクト［編］

青春出版社

## はじめに

オレンジジュースの値上げ、ガソリン価格の高騰、金属製品の盗難……。最近マスコミで取り上げられるこうしたニュースの背景には、グローバル化した世界で勃発しつつある資源の争奪戦、つまり「資源戦争」という要因が隠されている。

たとえば、日本がそのほぼ100％を輸入に頼っている原油が依然として高止まり状態にあるのは、中東情勢が不安定なためだけではなく、著しい経済成長をみせる中国とインドの消費の急増が大いに関係している。また、豊作であるはずのトウモロコシが世界的な供給不足と価格高騰に陥っているのは、バイオ燃料の原料という新たな用途で大量に消費されているからにほかならない。

安倍晋三首相の〝資源外交〟からマグロの漁獲量規制に至るまで、資源に関するニュースは毎日のように世界を駆け巡っているが、こうした資源の動向を知れば、私たちの生活に密着した日々のニュースも、より深く理解できるようになるはずだ。

現在、地球にはどのような資源があり、そしてそれは世界各国でどの程度の量が消費されているのか。そして世界はあとどのくらい消費社会を謳歌できるのか。本書は天然ガス、大豆、鉄鉱石、クジラなどの世界の主要資源について、その生産から消費までの流れを徹底的に調査し、分析した。

本書を読み終わった後には、資源をめぐって世界がどのように動いているか、手に取るようにわかるだろう。

2007年6月

ライフ・リサーチ・プロジェクト

# 図解 ニュースの裏がわかる！ 世界の資源地図◆目次

はじめに 2

## Part 1 鉱物資源 5

石油① 中東離れする世界と9割を依存する日本 6
石油② 原油高騰の陰で交錯する大国の思惑 8
鉄鉱石 鉄の勢力図を変える中国・インドの需要増 10
天然ガス 各地で紛争の火種になる基幹エネルギー資源 12
ボーキサイト アルミの元となる現代社会の必須資源 14
ウラン 原発の建設ラッシュが引き起こす供給不安 16
ダイヤモンド〝永遠の輝き〟を放つアフリカ混迷の元凶 18
金 需要のカギを握る新興工業国の急発展 20
レアメタル ＩＴ産業の発展に欠かせない希少素材 22
石炭 原油高で見直されるかつての主要資源 24
銅 価格高騰の背景にある中国の消費急拡大 26
CECK POINT 日本はエネルギーで自立できるか 28

## Part 2 食糧資源 29

米 アジアの食を支える国内消費型の資源 30
トウモロコシ 代替燃料の用途で生産量が急増中 32
サトウキビ 原油高で注目されるバイオエタノールの原料 34
小麦 高騰を続ける世界の最重要食材 36
大豆 止まらぬ需要増加による〝穀物インフレ〟の不安 38
牛肉 BSE問題で変わる世界の「牛肉地図」 40
豚肉 食の安全で見直される重要な〝タンパク源〟 42
鶏肉 鳥インフルエンザが変えた貿易勢力図 44
野菜・果実 流通手段の進化により低下する日本の自給率 46
コーヒー豆 ビッグマネーが動く「コーヒー」の経済 48
ワイン 生産地帯に忍び寄る地球温暖化の危機 50
水資源 世界の水を支配するウォーター・メジャー 52
CECK POINT 資源のない先進国が途上国より豊かな訳 54

## Part 3 水産資源 55


マグロ　世界的日本食ブームで懸念される価格高騰　56
クジラ　科学的根拠に乏しい世界的な反捕鯨の動き　59
タコ　全漁獲量の約7割を食べ尽くす日本人　62
エビ　養殖で賄われる日本人の旺盛な食欲　64
ハマグリ・アサリ　「国産」でも安心できない身元不明な海産物　66
カニ　日本で消費されるのはほとんどがロシア産　68
ウニ　日本による日本のための水産資源　70
フカヒレ　食材でも展開される「日中争奪戦」　72
CECK POINT　マグロが高騰している本当の理由とは　74


## Part 4 森林資源 75


木材　現代社会に欠かせない持続可能な自然資源　76
綿花　世界中のTシャツの約6割が〝中国製〟　78
パーム油　食用から化粧品まで知られざる植物油脂　80
天然ゴム　価格上昇が懸念される低環境負荷型の資源　82
カカオ　今も影響が残る植民地時代の〝遺産〟　84
ケナフ　環境意識の高まりで注目される〝繊維作物〟　86
羊毛・毛皮　世界の衣類を支えるふたつの動物資源　88
絹　需要減で期待される衣類以外の用途　90
タバコ　禁煙が進む先進国と逆行する途上国　92
花卉　世界中で栽培される労働集約的な植物　94


※図表のなかには端数処理の関係で100％にならないものもあります。
また、（独）は独立行政法人の略です。


カバー写真／Shutterstock®
図版・DTP／ハッシィ
制作／新井イッセー事務所

# Part 1
# 鉱物資源
## Mineral Resources

- 石油①
- 石油②
- 鉄鉱石
- 天然ガス
- ボーキサイト
- ウラン
- ダイヤモンド
- 金
- レアメタル
- 石炭
- 銅

## 石油①

# 中東離れする世界と9割を依存する日本

### 第一次エネルギーの4割を占める世界の「原動力」

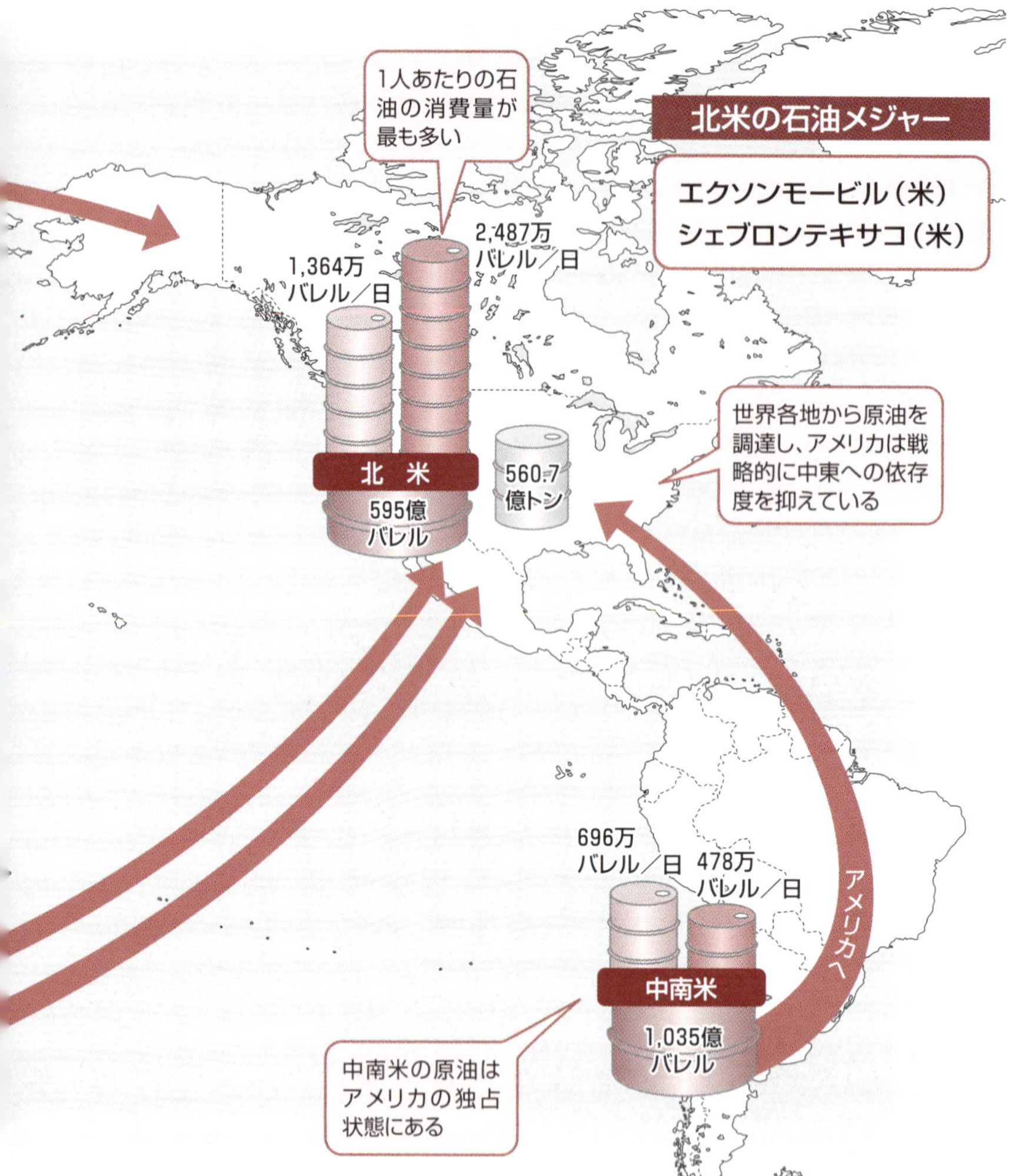

1人あたりの石油の消費量が最も多い
北米の石油メジャー
エクソンモービル（米）
シェブロンテキサコ（米）
1,364万バレル／日
2,487万バレル／日
北 米
595億バレル
560.7億トン
世界各地から原油を調達し、アメリカは戦略的に中東への依存度を抑えている
696万バレル／日
478万バレル／日
アメリカへ
中南米
1,035億バレル
中南米の原油はアメリカの独占状態にある


### 中東が依然として世界の命運を握る

イランの核開発問題で、中東情勢が再びキナ臭くなっている。仮にイランで戦争が勃発すれば、世界は再び石油パニックに陥る危険がある。原油価格が史上空前の高騰を記録している現在、世界はどの程度中東の原油に頼っているのだろうか。

２００５年における世界の年間石油消費量は、約８０００万バレル。これは石炭、天然ガス、原子力、水力といった第一次エネルギーの４割近くを占める量である。

ガソリンなどの原料となる原油の総生産量は日量８１００万バレルであり、このうち**中東が3分の1弱**にあたる日量２５００万バレルを生産している。ヨーロッパとロシアでも日量１８００万バレルを生産しているが、それでも中東の７割程度の量にすぎない。

つまり、一時的にでも中東からの原油供給がストップすれば、たちまち世界各国のエネルギー需要は逼迫《ひっぱく》してしまう。まさに、中東

## 世界の石油の埋蔵量・生産量・消費量とその流れ

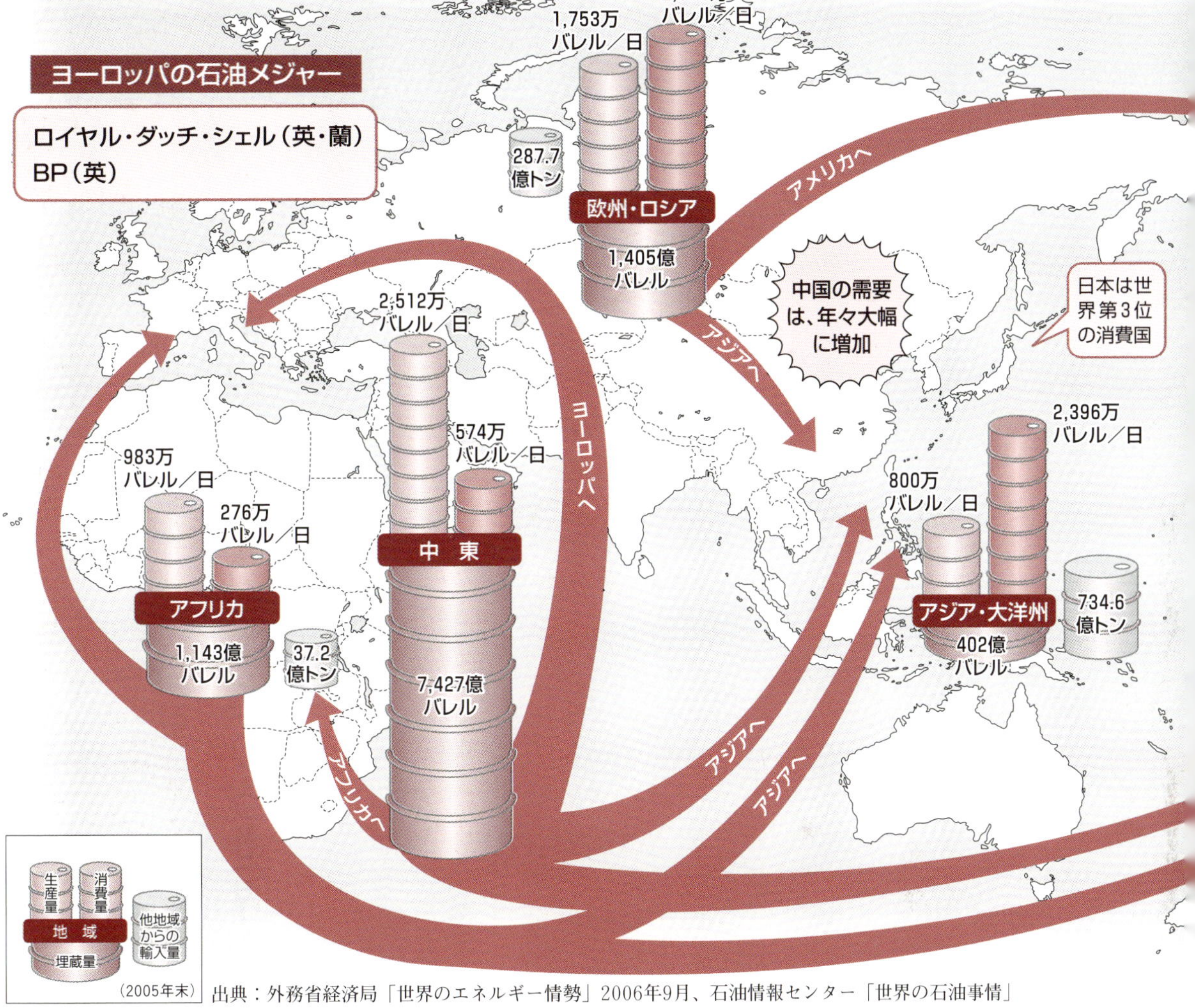
ヨーロッパの石油メジャー
ロイヤル・ダッチ・シェル（英・蘭）
BP（英）
1,753万 バレル／日
2,035万 バレル／日
287.7 億トン
欧州・ロシア
1,405億 バレル
アメリカへ
中国の需要は、年々大幅に増加
日本は世界第3位の消費国
アジアへ
2,512万 バレル／日
574万 バレル／日
ヨーロッパへ
983万 バレル／日
276万 バレル／日
中 東
アフリカ
1,143億 バレル
37.2 億トン
7,427億 バレル
800万 バレル／日
2,396万 バレル／日
アジア・大洋州
402億 バレル
734.6 億トン
アジアへ
アジアへ
アフリカへ
生産量
消費量
地 域
他地域からの輸入量
埋蔵量
（2005年末）
出典：外務省経済局「世界のエネルギー情勢」2006年9月、石油情報センター「世界の石油事情」

が世界経済の首根っ子を押さえていると言っても過言ではないのである。

そこで、各国とも**原油の中東依存度**を少しでも軽減しようとしているが、その方策は国によってバラつきがある。

たとえば、世界最大の石油消費国で、中東紛争への介入を深めているアメリカは隣国のカナダ、メキシコ、ベネズエラなどから独占的に原油を調達し、さらにアフリカ、ロシア、ヨーロッパからも輸入することで、中東からの依存度を2割程度にまで抑えている。

またイラク紛争でアメリカとともに積極的な派兵をしているイギリスも、その6割以上をノルウェーから輸入しており、中東への原油依存度はわずか9％にすぎない。このほかのヨーロッパ各国もアフリカ、ロシアなどから輸入量を増やし、**中東離れ**を加速させている。

ところが、世界で3位の石油消費国である日本だけは、依然その9割近くをクウェートやサウジアラビアなど中東諸国に頼っている。インドネシアやナイジェリアなど、中東以外からも調達してはいるが、その量はわずかでしかない。

日本が過去10年間で中東への原油依存率が大きく下がったのは、平成不況の只中にあった2004年のみ。第一次エネルギーを安定的に確保するために、日本は天然ガスなど石油に代わる資源を増やしていかなければならない。だが、なかなか思うように進展していないのが現状である。

## 石油②

# 原油高騰の陰で交錯する大国の思惑

## 世界はいったいあと何年石油を消費できるのか？

### 原油価格を押し上げる中国・インドの需要増

原油価格が急騰している。１９９０年代半ばまで１バレル10ドル台で推移していた原油価格が２００６年には１バレル60～70ドル台と急激に上昇しているのだ。

この間、２００１年にアルカイダによる米国同時多発テロ、２００３年には米英両軍によるイラク戦争などがあったが、その後世情が安定してもいっこうに原油価格が値下がりしない。それどころか、石油業界からはさらなる値上がりを危惧する声すら聞こえてくる。

なぜ原油は安くならないのか。実は、経済成長が著しい**中国の需要増**も、原油価格が値上がりしている原因のひとつなのだ。中国は日量７００万バレルの石油を消費しており、アメリカに次ぐ世界2位。２００１年の日量５００万バレルから、４年間で１日あたり２００万バレルも増えている。この量はフランスの１日の石油消費量とほぼ同じだ。

同じように、**インド**も今後の経済成長に伴い、世界有数の石油消費国になることが予測されている。現在の消費量は日本やドイツよりも少ない日量２５０万バレルだが、自動車の普及に伴うガソリン需要や産業用の電力需要などで、石油の消費量が年々増えている。２０３０年には、現在のほぼ倍の日量５２０万バレルになるとみられている。

### ロシアの原油をめぐる中国との争奪戦

増え続ける石油の消費を賄うために、中国は原油の安定供給先を増やそうと模索している。そこで注目しているのが、地域紛争の影響を受けず、輸送コストが抑えられる**ロシア**だ。サウジアラビアに次ぐ世界第2位の産油国で、なかでもシベリアで産出される原油はパイプラインで太平洋岸まで油送することが可能。このため、中国はロシアとパイプラインを敷設しており、アジア各国に対して先手を打った格好だ。

また、インドも中国のあとを追うように、世界各地で石油採掘権の取得に乗り出している。このうち採掘権を得たスーダンでは、試掘を終え本格的な生産に入っており、ミャンマー、イランなどでもすでに試掘を始めている。

日本では、２００３年に小泉純一郎前首相がロシアを訪問した際、ロシアと協力して東シベリアから沿海州まで石油パイプラインを敷設することを表明した。計画はその翌年からスタートしたが、環境への配慮や中国への原油供給などさまざまな思惑もあり、完成は難しいとされている。

一方、石油の採掘権をめぐり外交問題にまで発展しているのが、東シナ海にある日本の**尖閣諸島**だ。この海域で大量の石油の埋蔵が確認されたため、中国、台湾がともに領有権を主張して一歩も譲らない状態にある。

現在、世界の原油の「確認可採埋蔵量」は１兆３０００億バレル。これを世界の１日の総生産量８１００万バレルで割ると約40年で使い切ることになる。石油の採掘技術は年々進歩しており、埋蔵量が増えることもあるが、限りある資源なのは間違いない。

## 日本の原油輸入の現状

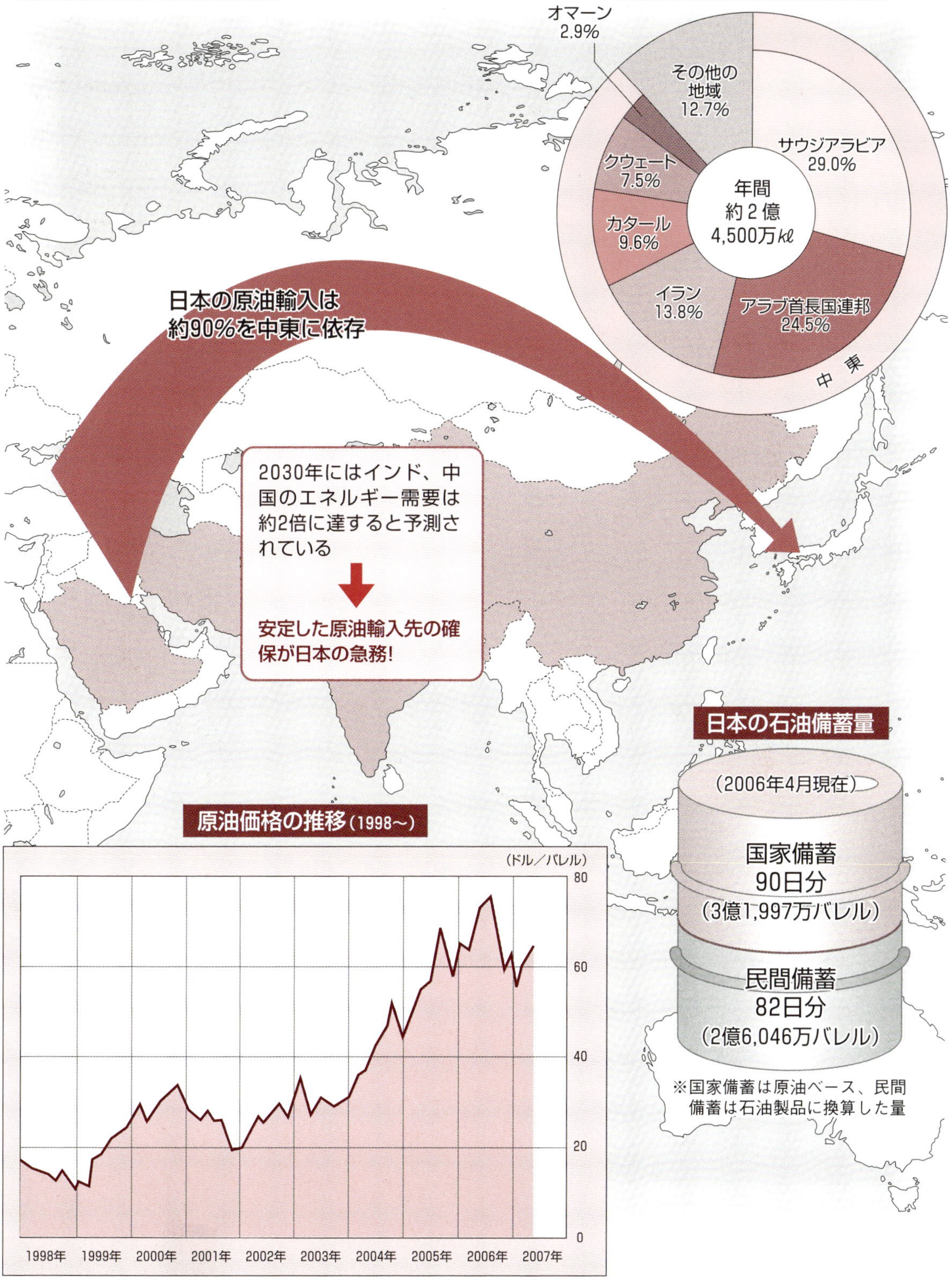
日本の石油輸入国(2005年)
オマーン 2.9%
その他の地域 12.7%
サウジアラビア 29.0%
クウェート 7.5%
年間 約2億 4,500万kℓ
カタール 9.6%
イラン 13.8%
アラブ首長国連邦 24.5%
中東
日本の原油輸入は約90%を中東に依存
2030年にはインド、中国のエネルギー需要は約2倍に達すると予測されている
安定した原油輸入先の確保が日本の急務!
日本の石油備蓄量
(2006年4月現在)
国家備蓄 90日分 (3億1,997万バレル)
民間備蓄 82日分 (2億6,046万バレル)
※国家備蓄は原油ベース、民間備蓄は石油製品に換算した量
原油価格の推移(1998～)
(ドル/バレル)
80
60
40
20
0
1998年
1999年
2000年
2001年
2002年
2003年
2004年
2005年
2006年
2007年

出典:外務省経済局「世界のエネルギー情勢」2006年9月、経済産業省「資源・エネルギー統計」平成17年計
石油情報センター「石油情報センターREPORT」(2006.4)

# 鉄の勢力図を変える中国・インドの需要増

## 鉄鉱石市場を独占する3つの企業

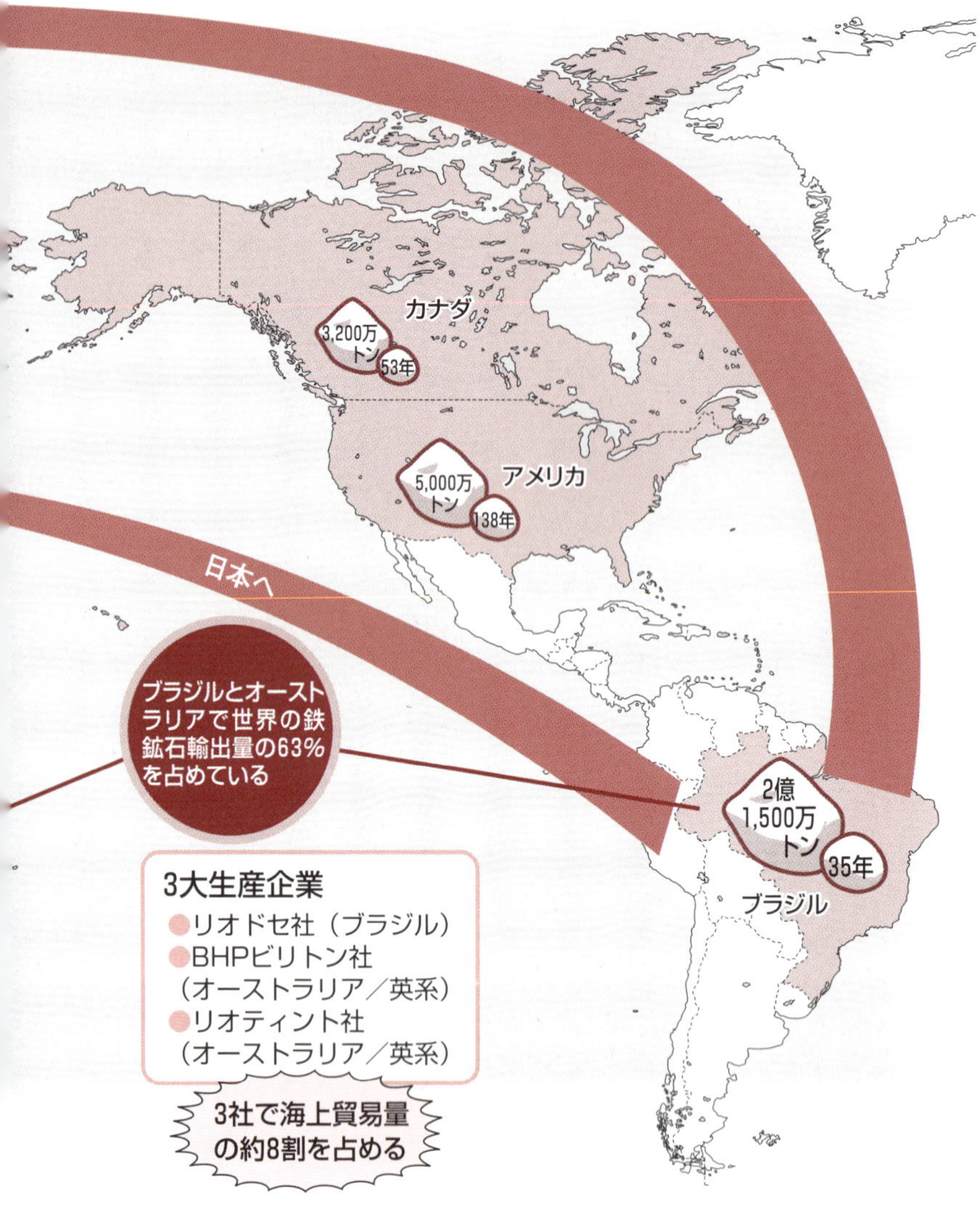
カナダ
3,200万トン
53年
アメリカ
5,000万トン
138年
日本へ
ブラジルとオーストラリアで世界の鉄鉱石輸出量の63%を占めている
2億1,500万トン
35年
ブラジル
3大生産企業
●リオドセ社（ブラジル）
●BHPビリトン社（オーストラリア／英系）
●リオティント社（オーストラリア／英系）
3社で海上貿易量の約8割を占める

### 国家の屋台骨を支える世界の最重要資源

中国、ブラジル、ロシアなど新興工業国の旺盛な需要を背景に、鉄鋼の生産量が急増している。この鉄鋼の原材料となるのが「鉄鉱石」であり、主な産出国はウクライナ、アメリカ、インド、ロシア、オーストラリア、ブラジル、中国などだ。

ただし、その生産量となるとブラジル、中国、オーストラリア、ロシアによって全体の7割が占められており、さらに輸出量になる**とブラジルとオーストラリアの2カ国で世界の輸出量の6割強**を占めている。

鉄鉱石メジャーを形成しているのが、ブラジルのリオドセ社（CVRD）、オーストラリア、イギリス系のBHPビリトン社、リオティント社の3社。これらの企業が世界の鉄鉱石市場を支配していると言っても過言ではない。2002年まで世界の鉄鉱石年間総生産量は10億トン台で推移していたが、2003年に入ると12億3000万トンと突然2億ト

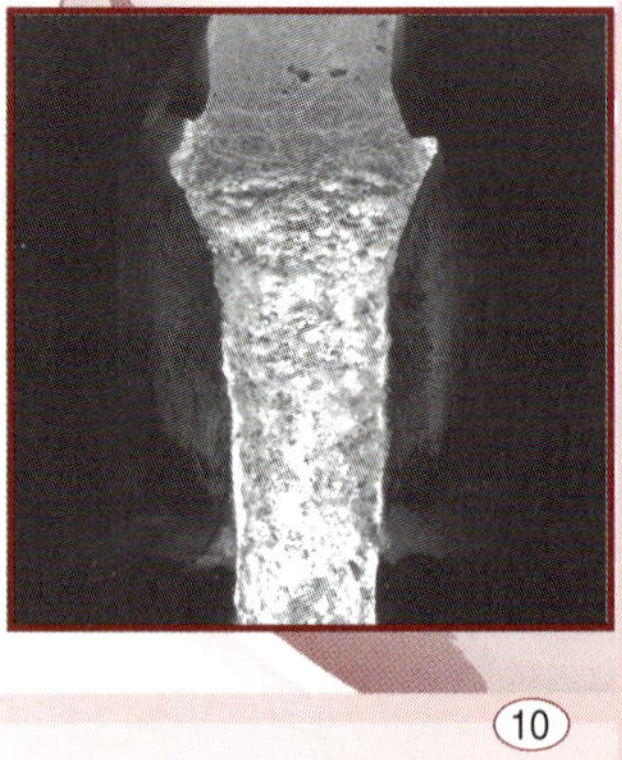

## 主な鉄鉱石産出国と貿易の流れ

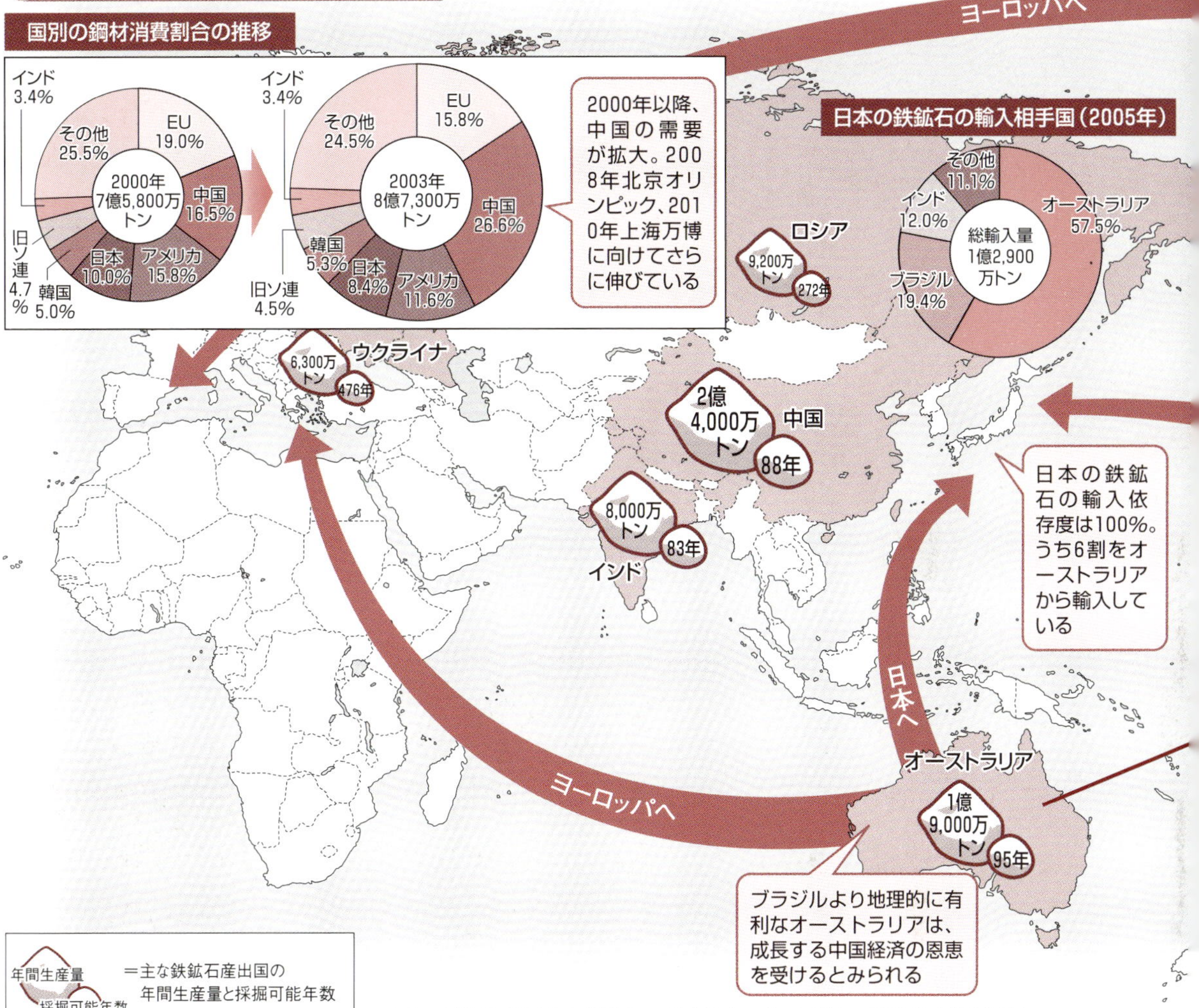

国別の鋼材消費割合の推移
2000年 7億5,800万トン
EU 19.0%
中国 16.5%
アメリカ 15.8%
日本 10.0%
韓国 5.0%
旧ソ連 4.7%
インド 3.4%
その他 25.5%
2003年 8億7,300万トン
EU 15.8%
中国 26.6%
アメリカ 11.6%
日本 8.4%
韓国 5.3%
旧ソ連 4.5%
インド 3.4%
その他 24.5%
2000年以降、中国の需要が拡大。2008年北京オリンピック、2010年上海万博に向けてさらに伸びている
日本の鉄鉱石の輸入相手国（2005年）
総輸入量 1億2,900万トン
オーストラリア 57.5%
ブラジル 19.4%
インド 12.0%
その他 11.1%
ヨーロッパへ
ロシア 9,200万トン 272年
ウクライナ 6,300万トン 476年
中国 2億4,000万トン 88年
インド 8,000万トン 83年
オーストラリア 1億9,000万トン 95年
日本へ
日本の鉄鉱石の輸入依存度は100%。うち6割をオーストラリアから輸入している
ヨーロッパへ
ブラジルより地理的に有利なオーストラリアは、成長する中国経済の恩恵を受けるとみられる
年間生産量 採掘可能年数 ＝主な鉄鉱石産出国の年間生産量と採掘可能年数


出典：外務省「鉄鉱石（鉄鋼）の需給動向とその背景」、財務省「貿易統計」

ン以上も増えている。その一番の要因は、**中国の輸入量**が飛躍的に伸びていることだ。

中国の鉄鉱石輸入量は１９９８年に５２００万トンだったが、そのわずか5年後には３倍増の1億４８００万トンとなり、短期間に世界一の輸入国に躍り出た。現在では、**世界で生産される鉄鉱石の25%を中国が輸入**している。

ちなみに輸入量が二番目に多いのは日本で、次いで韓国、台湾と続く。この4カ国で世界の鉄鉱石の6割を製鉄しているのだ。

また、中国では２００８年には「北京オリンピック」、２０１０年には「上海万博」というビッグイベントが開催される予定で、インフラの整備にさらに力を入れることが計画されている。そのため当分の間は、中国で鉄鋼が大量に消費されるのは間違いないようだ。

さらに今後、新しい大口の需要先として注目されているのが**インド**だ。インドは毎年7〜8%の経済成長率を目標として掲げており、鉄鋼石の需要が急増すると考えられる。日本の鉄鋼業界の推定では、２０１２年までにこれまでの倍の６０００万トンが必要になるのではないかという。

鉄鋼の需要が増えたからといって、鉄鉱石を急に増産することはできないし、製鉄所の生産能力も限られる。そのため、世界の鉄鉱石の生産が将来の需要増に追いつくかどうかは未知数だ。場合によっては〝鉄の争奪戦〟が始まる可能性も否定できない。

## 天然ガス

# 各地で紛争の火種になる基幹エネルギー資源

## 日本のエネルギー需要の4分の1を賄う

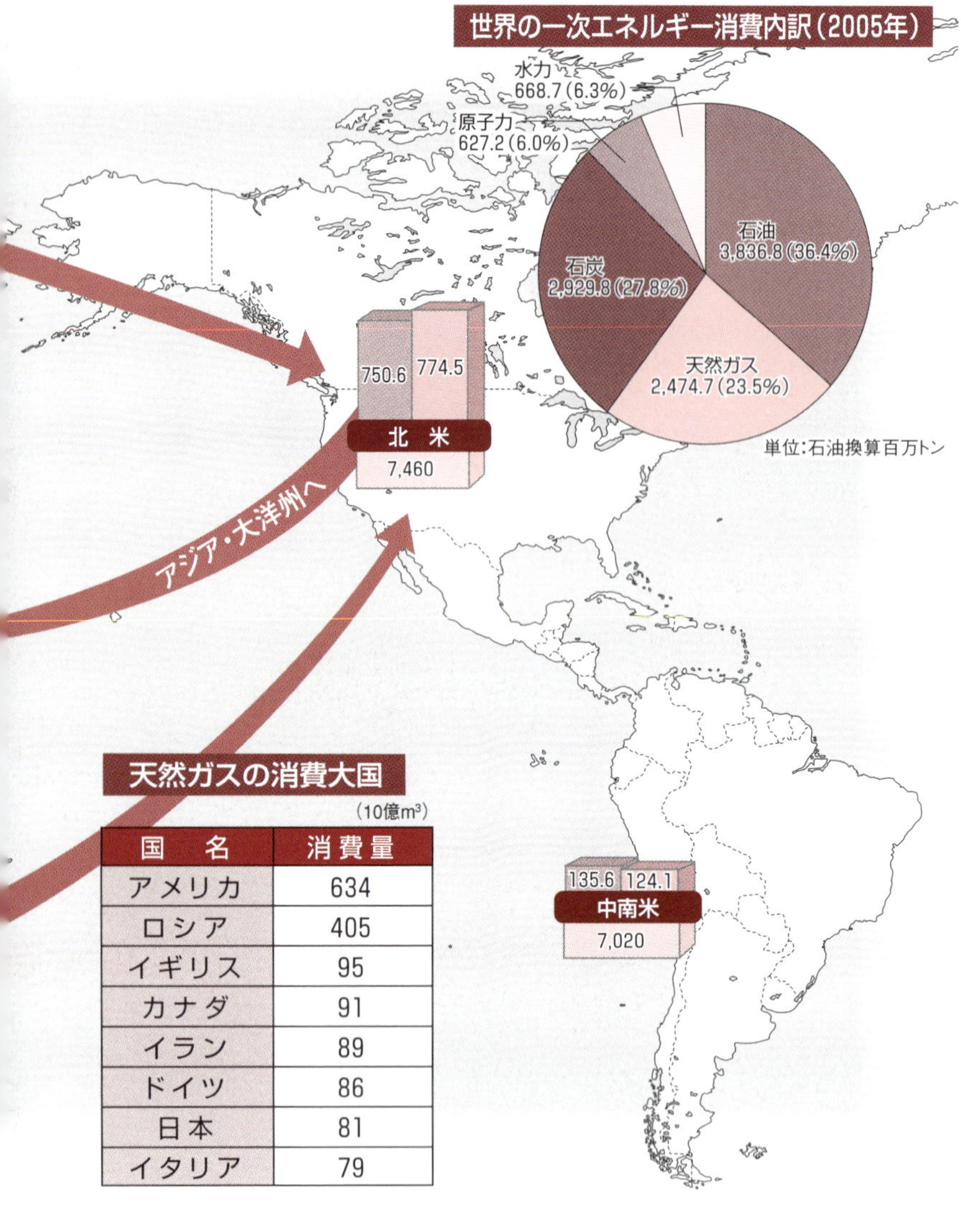
世界の一次エネルギー消費内訳（2005年）
水力
668.7（6.3%）
原子力
627.2（6.0%）
石油
3,836.8（36.4%）
石炭
2,929.8（27.8%）
天然ガス
2,474.7（23.5%）
単位：石油換算百万トン
750.6
774.5
北米
7,460
アジア・大洋州へ
135.6
124.1
中南米
7,020

天然ガスの消費大国

（10億m³）

| 国名 | 消費量 |
|---|---|
| アメリカ | 634 |
| ロシア | 405 |
| イギリス | 95 |
| カナダ | 91 |
| イラン | 89 |
| ドイツ | 86 |
| 日本 | 81 |
| イタリア | 79 |

### 低環境負荷・安定供給を実現する次世代のエース

天然ガスは、石油と比べて燃焼の際に地球温暖化の原因となる二酸化炭素の発生量が少なく、熱効率にもすぐれている。また**埋蔵量も豊富**なことから、世界中で利用されている。

消費量が最も多いのはアメリカで、実にアメリカ一国で世界の消費量の4分の1を占めている。日本はアメリカの8分の1ながら、それでも世界で7番目の消費国だ。

天然ガスのもうひとつの特長は、生産国が全世界に広がっていることである。主な生産国はロシア、アメリカ、カナダ、イギリス、イランなどであり、最大の生産地域はヨーロッパとロシアで、次いで北米の生産量が多い。

このような特長を持つ天然ガスだが、さまざまな〝紛争〟がつきまとっている。たとえば、インドネシアのアチェでは豊富な天然ガス資源を背景に「アチェ独立運動」が勃発しているし、南米ボリビアでは「ボリビアガス問題」として、天然ガスの国営化をめぐる内

## 天然ガスの埋蔵量・生産量・消費量とその流れ

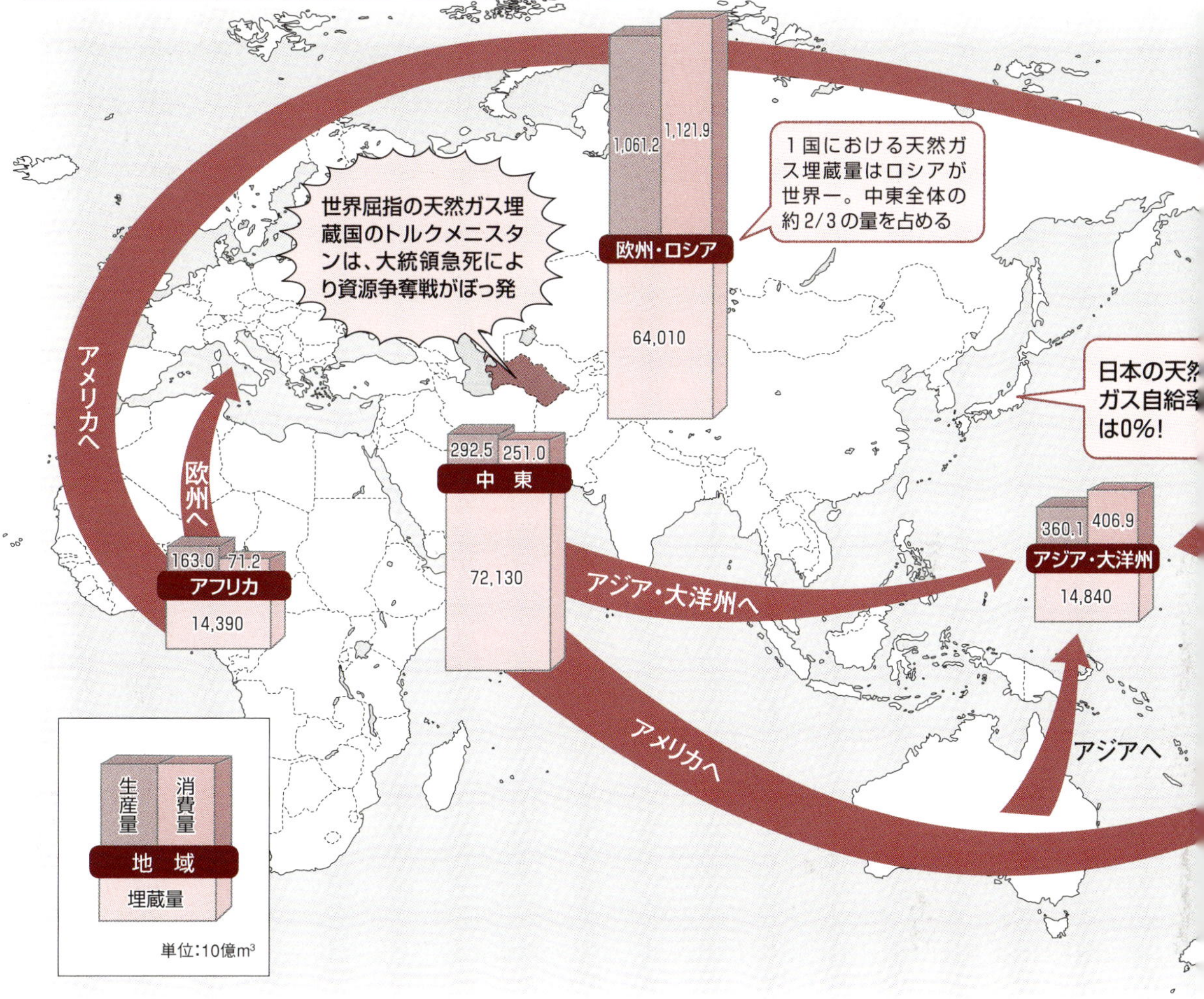

1,061.2
1,121.9
欧州・ロシア
64,010
1国における天然ガス埋蔵量はロシアが世界一。中東全体の約2/3の量を占める
世界屈指の天然ガス埋蔵国のトルクメニスタンは、大統領急死により資源争奪戦がぼっ発
アメリカへ
欧州へ
163.0
71.2
アフリカ
14,390
292.5
251.0
中 東
72,130
アジア・大洋州へ
アメリカへ
日本の天然ガス自給率は0%!
360.1
406.9
アジア・大洋州
14,840
アジアへ
生産量
消費量
地 域
埋蔵量
単位:10億m³


出典：外務省経済局「日本のエネルギー情勢」2006年9月

紛が起きている。また、ウクライナではロシアが天然ガスの供給を政治的に利用しようとしたことから、これまた紛争に発展している。

日本ではどうかというと、中国が東シナ海の排他的経済水域の境界線に近接してガス田を開発している「春暁《しゅんぎょう》ガス田群問題」がある。このまま中国が天然ガスの採掘を進めると、日本側の海底にある天然ガス資源まで吸い上げられてしまう可能性もあるのだ。

なぜ、これほど天然ガスをめぐり紛争が絶えないのかというと、天然ガスは都市ガスの原料や火力発電所の燃料など、重要なエネルギー資源として利用されているからで、日本の場合も、天然ガスは自給できる可能性のある、数少ないエネルギーなのだ。

なお、日本はインドネシアとマレーシアから5割を、残りはカタールやブルネイなどから輸入しているが、このほかオーストラリアやアメリカからも輸入しているため、特定の地域に偏ってはいない。

ちなみに、石油や石炭などの第一次エネルギーの年間消費量は地球全体でおよそ105億3700万トンだが、このうちの**約4分の1を天然ガスが占めている**。主要国の天然ガス輸入依存度をみてみると、最大の消費国であるアメリカはその8割をカナダに頼っているが、その反面、ロシアは生産量が多いため自国でそのほとんどを賄っている。

天然ガスの**埋蔵量は65年以上**あるとされ、これから第一次エネルギーの中心となることはまず間違いない。

## ボーキサイト

# アルミの元となる現代社会の必須資源

## アルミニウムは通称「電気の缶詰」

### 電気代の高い日本では半製品の形で輸入

アルミは他の金属と比べて軽くて強度があり、さびにくい。さらに加工性にもすぐれているため、缶飲料や自転車のフレーム、新幹線の車体など、日常生活のさまざまな分野で使われている身近な金属だ。

このようにすぐれた特性を持つアルミだが、その歴史は意外に古い。フランス人化学者、ラボワジェが新しい金属酸化物の「アルミーヌ」を発見したのは18世紀のこと。これが語源となってその後開発が続けられ、本格的に工業化されたのは19世紀から20世紀にかけてである。2003年時点で、アルミは世界で2800万トンが製造されており、その需要量は年々うなぎ登りに増加している。

このアルミの原料となるのが「ボーキサイト」だ。ボーキサイトは赤褐色をした粒状の鉱石で、見た目の形状から加工品のアルミを想像するのは難しい。しかし、この鉱石を苛性ソーダで溶かし、さらに**電気分解**することによってアルミが誕生する。電気を大量に消費するため、アルミは「電気の缶詰」と呼ばれることもある。

ボーキサイト鉱山のある主な国はオーストラリア、ギニア、ブラジルなど7カ国だが、**オーストラリアとギニア**の2カ国で世界の総生産量の半分を占めている。

ただし、この両国はあくまでボーキサイトの産出国であり、製品としてのアルミを大量に生産しているわけではない。ボーキサイトは産出国からはるばる海を渡って、その姿をアルミに変えているのだ。

**電力コストの高い日本**では、ボーキサイトからの精製では採算がとれないため、ほとんどがアルミ地金や半製品の形で輸入されている。また、リサイクルがしやすいという特性から、空き缶などを原料として地金を再生する量も徐々に増えてきている。

### 製造・消費ともトップの中国が市場をけん引する

アルミの最大生産国は中国だ。アルミ市場全体の実に2割を占めており、これにロシア、カナダ、アメリカが続き、この4カ国で約半分のシェアを占めている。

一方の消費はどうかというと、これもまた中国がトップ。まさに**中国はアルミ大国**といってもいいだろう。ちなみに日本はアルミの生産はわずかだが、消費量では世界第3位に位置している。

前述の通り、アルミはリサイクルすることで何度でも新しい製品に生まれ変わることができるが、それでもこのまま需要が右肩上がりに増えていけば、その原料であるボーキサイトの枯渇が懸念される。

推計によれば、世界のボーキサイトの埋蔵量は230億トン。なかでも**ギニア**の埋蔵量が最も多く、今後採掘体制が整えば、世界のボーキサイト需要を一手に担っていくことも大いに期待されている。しかし民生用から軍事用まで幅広いニーズのあるアルミだけに、一方ではその資源が枯渇化しないよう、世界が一致してリサイクルに力を入れていく必要があるだろう。

## ボーキサイトの産出国と産出量、アルミの消費割合

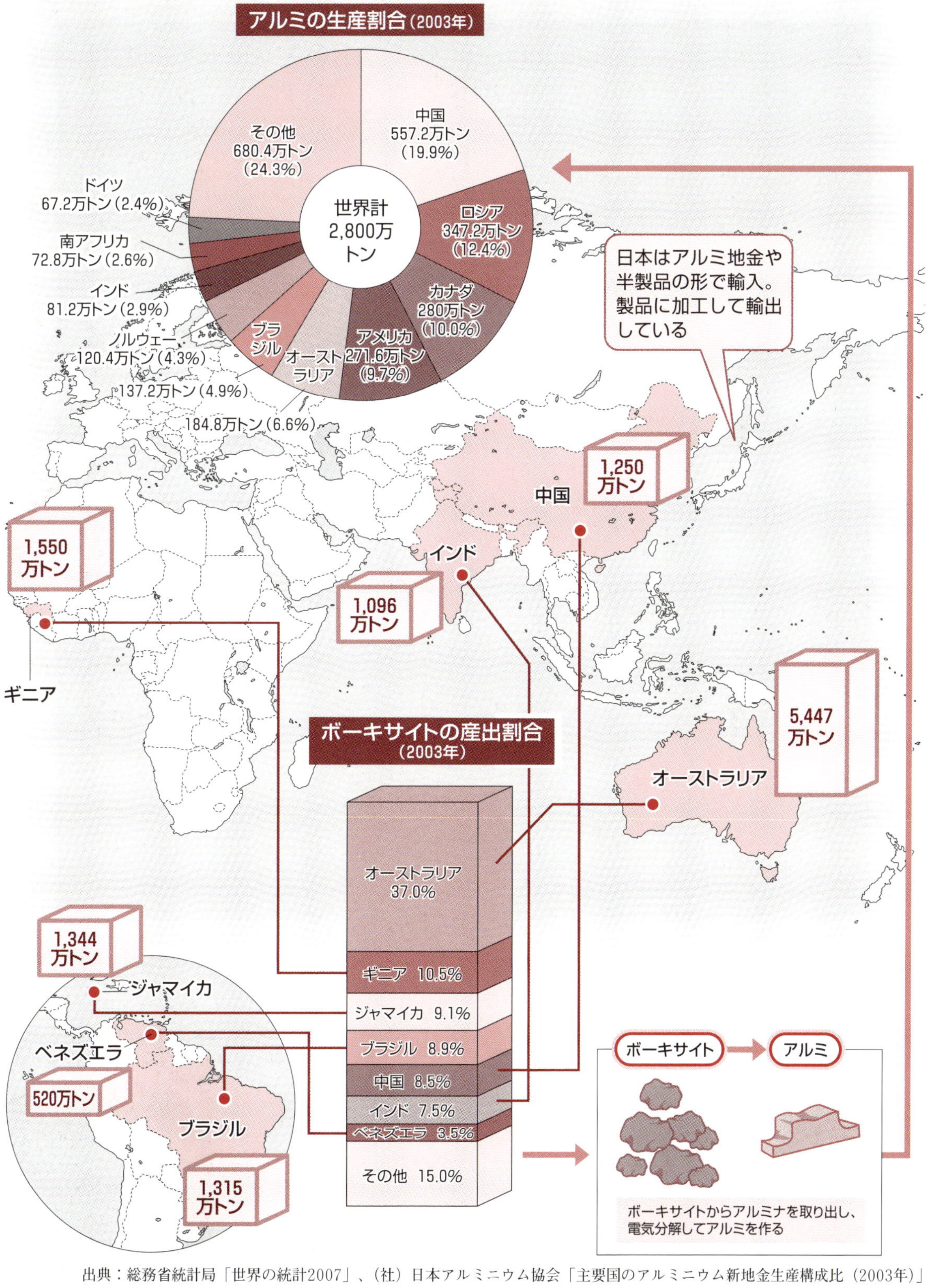
アルミの生産割合（2003年）
世界計
2,800万
トン
中国
557.2万トン
（19.9%）
ロシア
347.2万トン
（12.4%）
カナダ
280万トン
（10.0%）
アメリカ
271.6万トン
（9.7%）
オーストラリア
184.8万トン（6.6%）
ブラジル
137.2万トン（4.9%）
ノルウェー
120.4万トン（4.3%）
インド
81.2万トン（2.9%）
南アフリカ
72.8万トン（2.6%）
ドイツ
67.2万トン（2.4%）
その他
680.4万トン
（24.3%）
日本はアルミ地金や半製品の形で輸入。製品に加工して輸出している
1,250万トン
中国
インド
1,096万トン
1,550万トン
ギニア
5,447万トン
オーストラリア
ボーキサイトの産出割合
（2003年）
オーストラリア 37.0%
ギニア 10.5%
ジャマイカ 9.1%
ブラジル 8.9%
中国 8.5%
インド 7.5%
ベネズエラ 3.5%
その他 15.0%
1,344万トン
ジャマイカ
ベネズエラ
520万トン
ブラジル
1,315万トン
ボーキサイト
アルミ
ボーキサイトからアルミナを取り出し、電気分解してアルミを作る

出典：総務省統計局「世界の統計2007」、（社）日本アルミニウム協会「主要国のアルミニウム新地金生産構成比（2003年）」

## ウラン

# 原発の建設ラッシュが引き起こす供給不安

## 原油高騰で見直される〝グリーン〟エネルギー

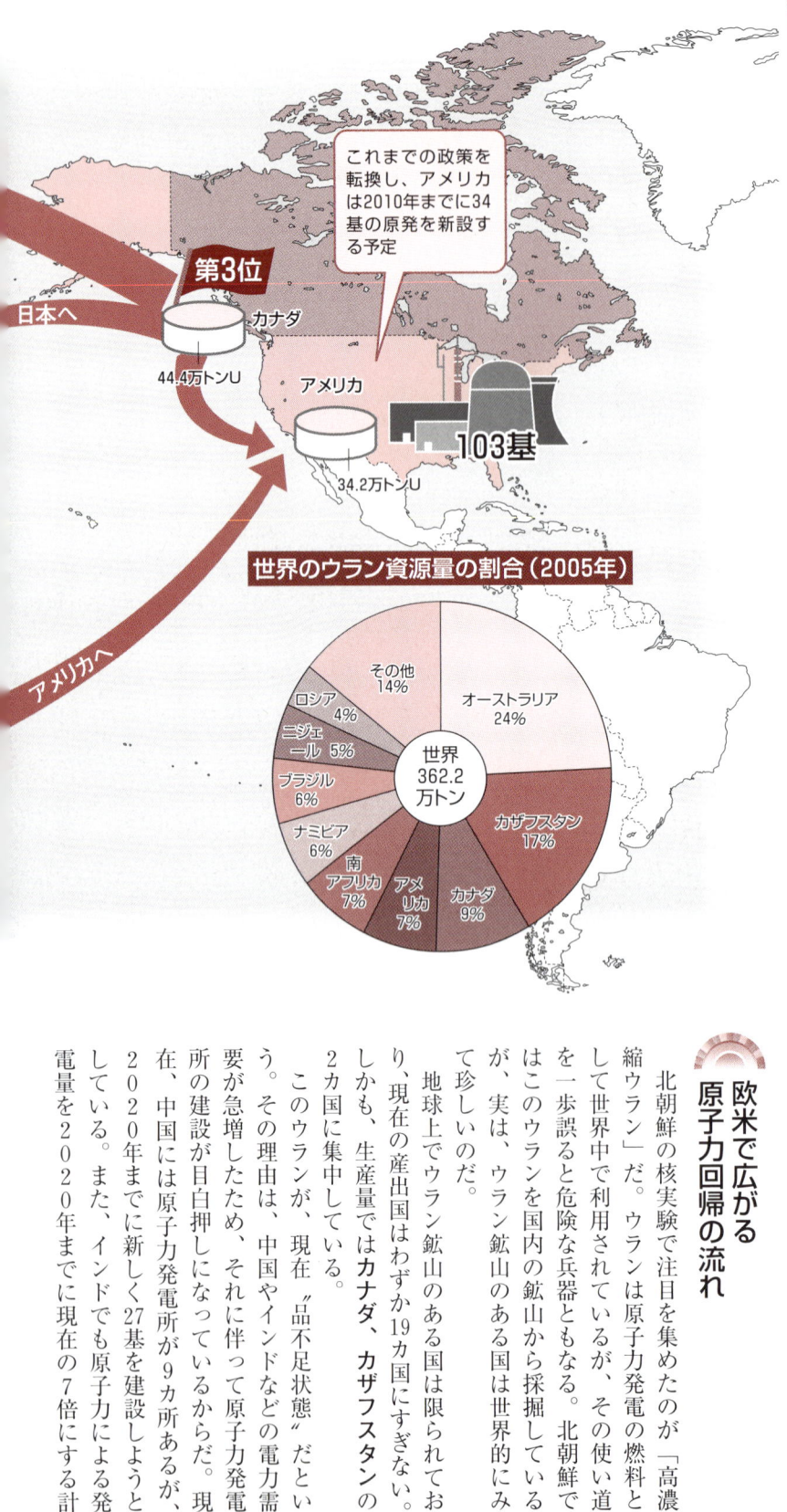

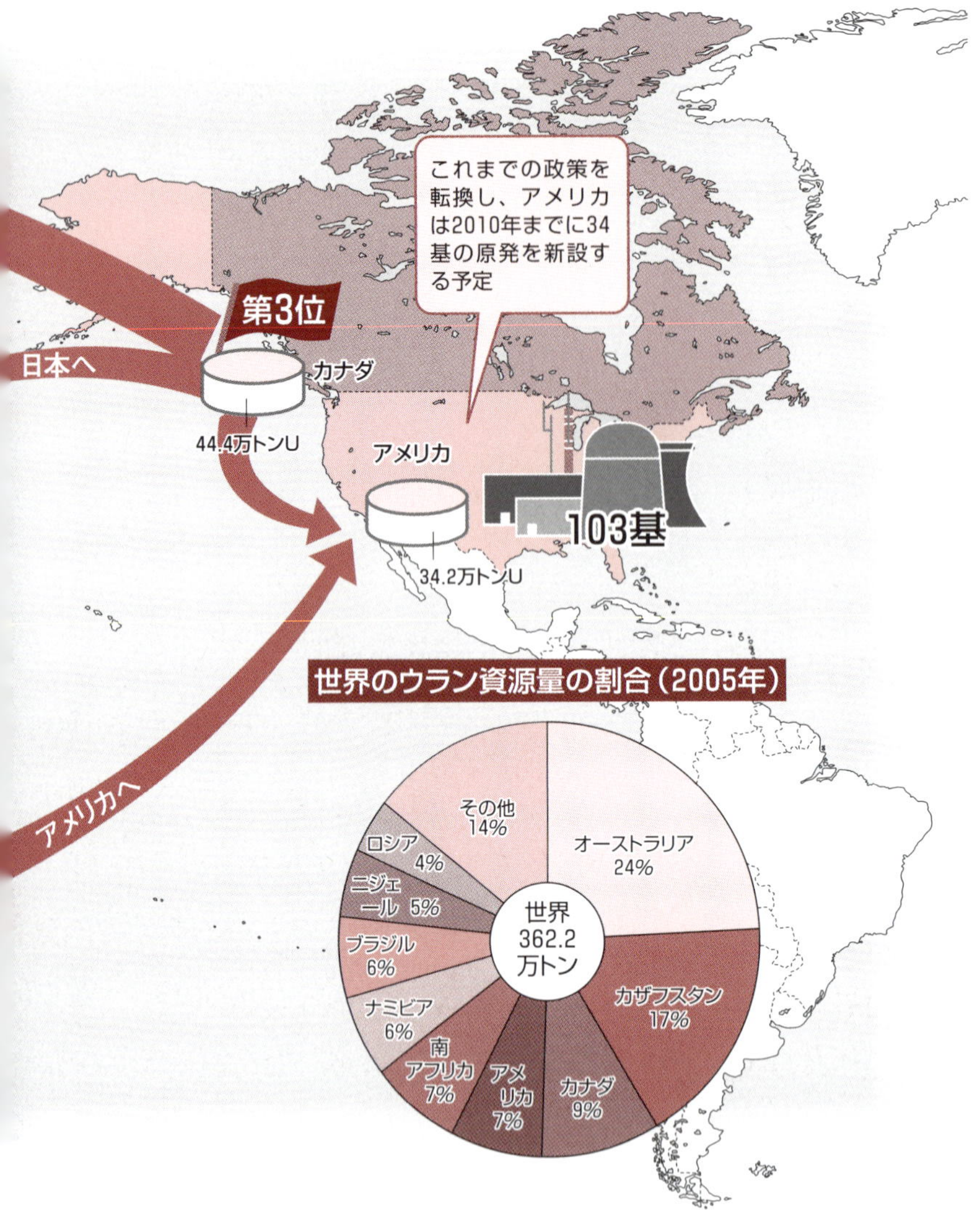
これまでの政策を転換し、アメリカは2010年までに34基の原発を新設する予定
第3位
日本へ
カナダ
44.4万トンU
アメリカ
34.2万トンU
103基
アメリカへ
世界のウラン資源量の割合（2005年）
世界 362.2万トン
オーストラリア 24%
カザフスタン 17%
カナダ 9%
アメリカ 7%
南アフリカ 7%
ナミビア 6%
ブラジル 6%
ニジェール 5%
ロシア 4%
その他 14%

### 欧米で広がる原子力回帰の流れ

北朝鮮の核実験で注目を集めたのが「高濃縮ウラン」だ。ウランは原子力発電の燃料として世界中で利用されているが、その使い道を一歩誤ると危険な兵器ともなる。北朝鮮ではこのウランを国内の鉱山から採掘しているが、実は、ウラン鉱山のある国は世界的にみて珍しいのだ。

地球上でウラン鉱山のある国は限られており、現在の産出国はわずか19カ国にすぎない。しかも、生産量では**カナダ、カザフスタン**の2カ国に集中している。

このウランが、現在〝品不足状態〟だという。その理由は、中国やインドなどの電力需要が急増したため、それに伴って原子力発電所の建設が目白押しになっているからだ。現在、中国には原子力発電所が9カ所あるが、２０２０年までに新しく27基を建設しようとしている。また、インドでも原子力による発電量を２０２０年までに現在の7倍にする計

## ウランの資源量

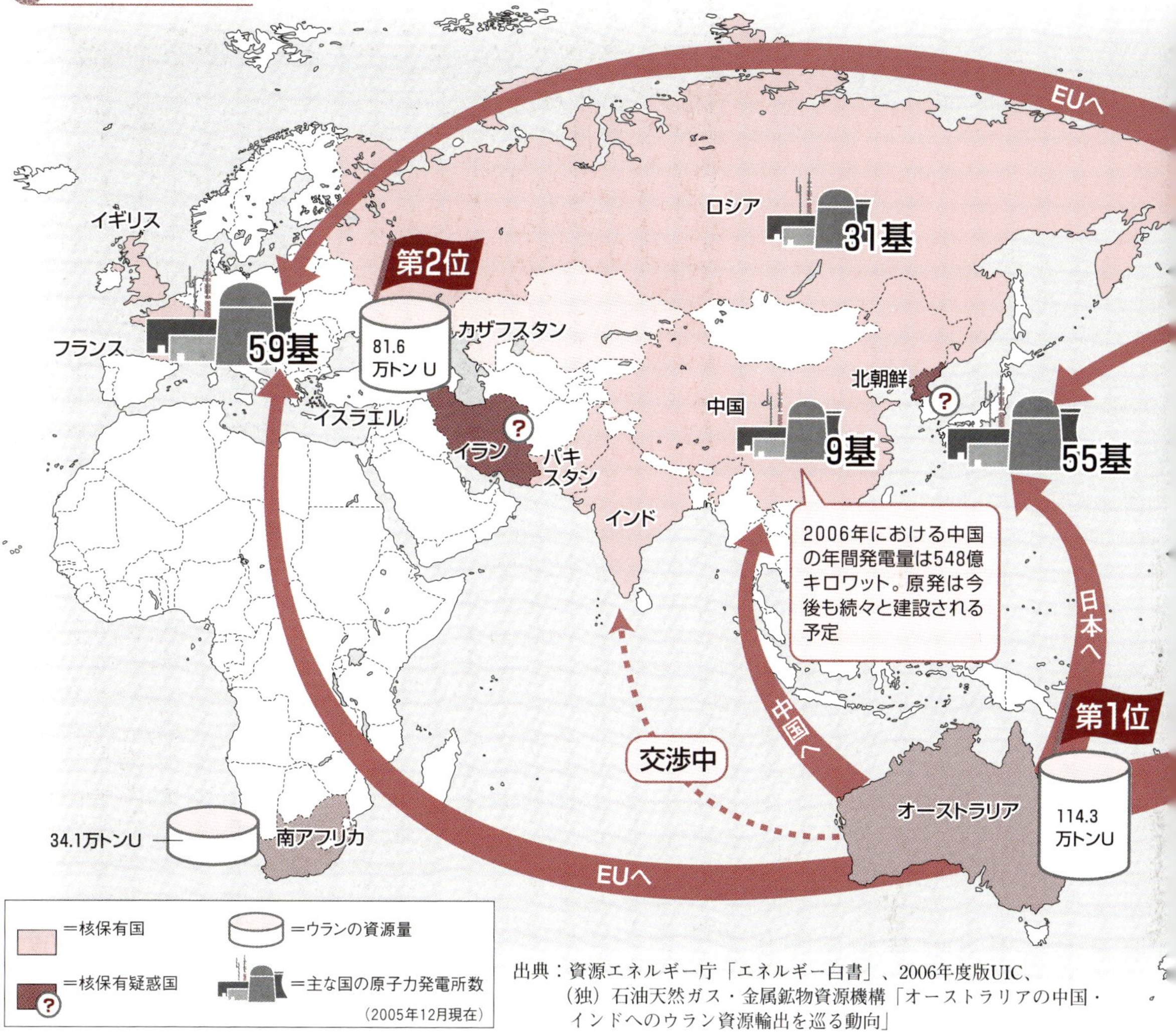
EUへ
ロシア
31基
イギリス
第2位
フランス
59基
81.6
万トン U
カザフスタン
北朝鮮
中国
イスラエル
イラン
パキ
スタン
9基
55基
インド
2006年における中国の年間発電量は548億キロワット。原発は今後も続々と建設される予定
日本へ
第1位
中国へ
交渉中
オーストラリア
114.3
万トンU
34.1万トンU
南アフリカ
EUへ
=核保有国
=ウランの資源量
=核保有疑惑国
=主な国の原子力発電所数
(2005年12月現在)

出典：資源エネルギー庁「エネルギー白書」、2006年度版UIC、（独）石油天然ガス・金属鉱物資源機構「オーストラリアの中国・インドへのウラン資源輸出を巡る動向」

画を進めているという。

また、アメリカ、イギリスをはじめとする欧米諸国においても、原子力発電所の新設を再開するなど、**原子力回帰**ともいえる動きが広がってきている。その背景には、世界的な原油高騰や$CO_2$排出量削減などの動きがあるほか、欧州にとってはロシアへのエネルギー供給依存体質からの脱却という理由もあり、この流れは当分続くと考えられる。

これから新設される原子力発電所を計算に入れると、世界のウランの総需要量は10万トンまで膨れ上がるとみられている。このままいくとウランは供給不足となり、完全な〝売り手市場〟になると予測されている。

このため、中国ではすでにウラン鉱石の長期的な品不足を視野に入れ、その生産国であるカザフスタンやオーストラリアとの交渉を始めており、２００６年にはオーストラリアと「原子力協定」を結ぶなど、その安定的な確保に乗り出している。

現在、日本では55基の原子力発電所が稼動し**総発電力量の3割**を担っているが、燃料となるウランは、そのほとんどをオーストラリアとカナダから輸入している。

政府の「原子力政策大綱」によれば、日本は２０３０年以降も総発電量の3分の1以上を原子力発電で賄うことを計画している。しかしこの目標を達成するには、ウランを安定的かつ長期的に確保する必要があるため、日本としても何らかの手を打っておく必要があるだろう。

# ダイヤモンド

# “永遠の輝き”を放つアフリカ混迷の元凶

## 生産量のほとんどは工業用途で消費される

### 南アフリカで始まった ダイヤモンドの歴史

多くの女性にとってあこがれの存在であるダイヤモンド。しかしその美しさの陰には、長年にわたる血なまぐさい現実が隠されている。

19世紀末、南アフリカでダイヤモンドの大鉱脈が発見されると、多くの黒人たちの犠牲のもと、イギリス人の植民地行政官セシル・ローズによって独占的に生産された。彼が作った「デ・ビアス鉱山会社」は、その後世界のダイヤモンド市場を長年にわたって独占支配し、莫大な利益を上げてきた。その後も欧州に植民地化されたアフリカ各地でも鉱脈が発見され、採掘されている。

かつての植民地が独立国家となった現在でも、悲劇は終わっていない。近年、アンゴラやコンゴなどで起きている内戦で、**反政府軍の資金源**となっているのが、「紛争ダイヤモンド」と呼ばれる不正に生産されたダイヤモンドだ。この取引を防ぐため、生産者に対する国際認定制度もスタートしたが、その効果についてはまだ不透明である。

なぜこのような悲劇が繰り返されるのかというと、アフリカがダイヤモンドの一大産出地帯であるということに原因がある。一時は南アフリカだけで世界の総生産量の90％を占めていたほどである。

現在では、鉱山の枯渇化により南アフリカは1位の座を譲っているが、それでも同じアフリカのボツワナが世界一の生産量を誇っている。ちなみに、生産高順では2位がカナダで、次いでロシア、アメリカ、中国の順だ。

### 技術向上により 急増する人工ダイヤ

ダイヤモンドというと宝飾品をイメージしがちだが、実は**消費のほとんどは工業用**であり、宝飾用はわずかでしかない。というのは、産出されるダイヤモンドのなかには透明度に欠けたり粒が小さいものも数多くあり、こうしたものは宝飾用としては使えないのだ。

ダイヤモンドは、地球上に存在する物質のなかで最も硬度が高い。そのため宝飾用に使用できなくとも切削工具などの材料として幅広い需要があるのだ。工業用を含めた世界のダイヤモンド市場は、年間4億９０００万カラット（２００２年）とされている。

工業用としては、数多くの**人工ダイヤモンド**も作られている。その歴史は意外に古く、１９５４年にアメリカで実験に成功し、その後製造コストを下げるために各国でさまざまな試行錯誤が繰り返されてきた。現在では複数の製法が確立されており、低コストで大量の人工ダイヤモンドを製造できるようになっている。

さらに、人工ダイヤモンドの技術は日進月歩で進展しているため、宝飾用のダイヤモンドを製造することも、技術的には可能となっているという。ただ、天然ダイヤと同じ輝きを出すには、まだ製造コストが非常に高いため、製品化には至っていない。

しかし、もし技術革新で製造コストが下がるようなことがあれば、世界の宝飾用ダイヤモンドのマーケットが大きく変わってしまうことも考えられそうだ。

## ダイヤモンドの産出国と生産量

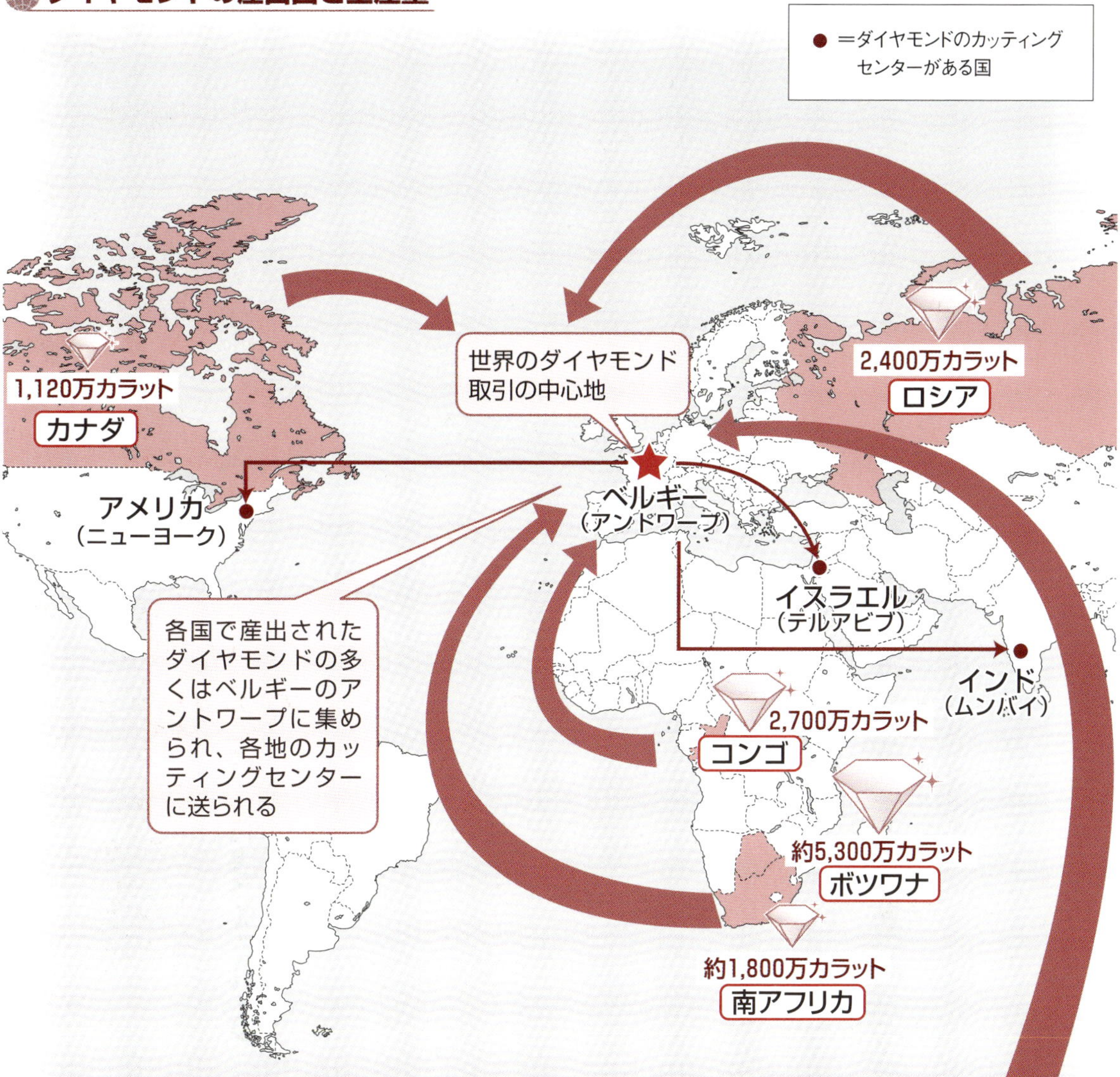
● ＝ダイヤモンドのカッティングセンターがある国
世界のダイヤモンド取引の中心地
1,120万カラット
カナダ
2,400万カラット
ロシア
アメリカ（ニューヨーク）
ベルギー（アンドワープ）
イスラエル（テルアビブ）
インド（ムンバイ）
各国で産出されたダイヤモンドの多くはベルギーのアントワープに集められ、各地のカッティングセンターに送られる
2,700万カラット
コンゴ
約5,300万カラット
ボツワナ
約1,800万カラット
南アフリカ
約3,200万カラット（工業用のみ）
オーストラリア

### ダイヤモンドの生産量の割合（2003年）

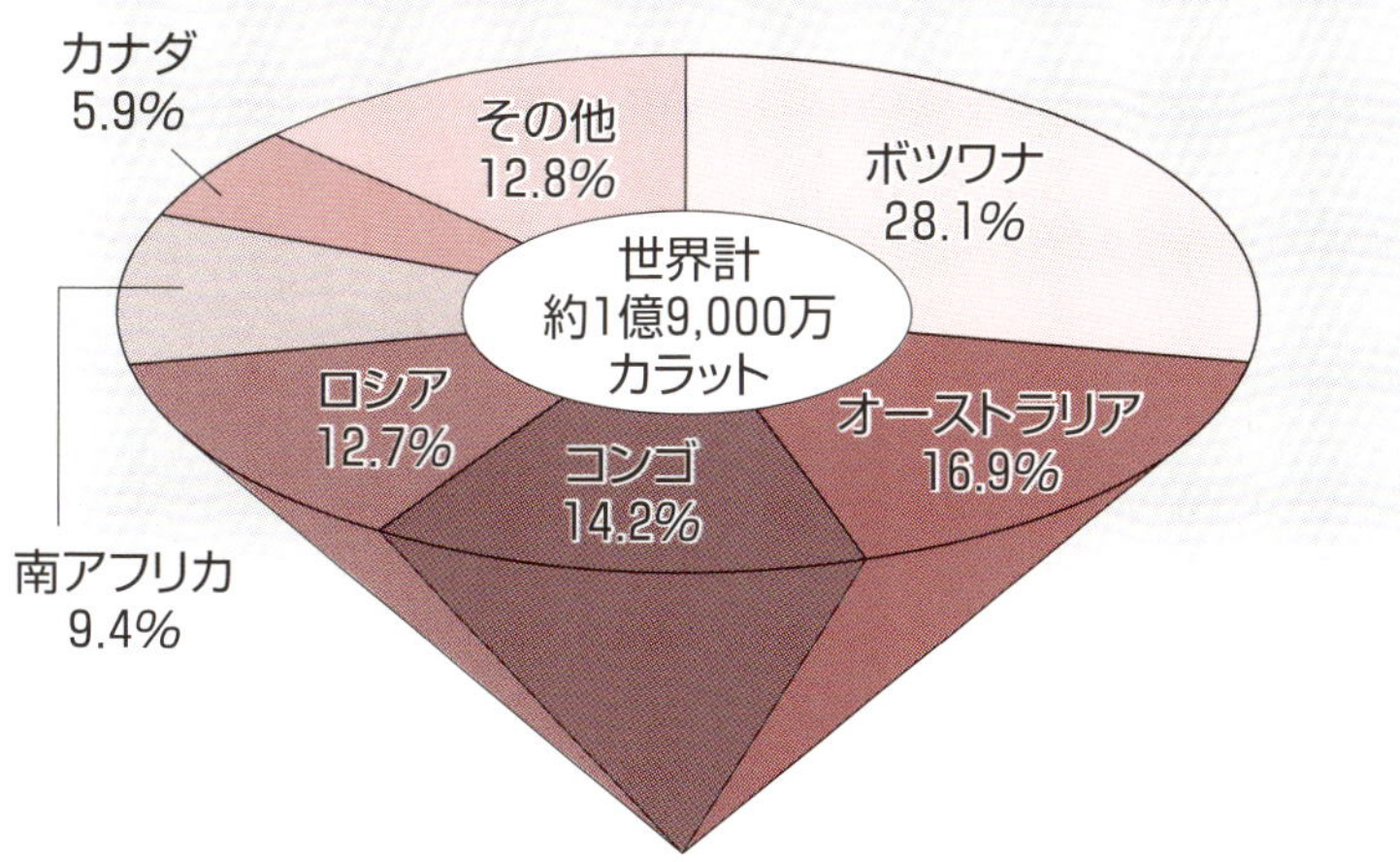
カナダ 5.9%
その他 12.8%
ボツワナ 28.1%
世界計 約1億9,000万カラット
ロシア 12.7%
コンゴ 14.2%
オーストラリア 16.9%
南アフリカ 9.4%

出典：総務省統計局「世界の統計 2007」

# 金

## 需要のカギを握る新興工業国の急発展

### 生産量で南アを急追する豪と中国

**金の可採鉱量**（世界合計4,200万トン）

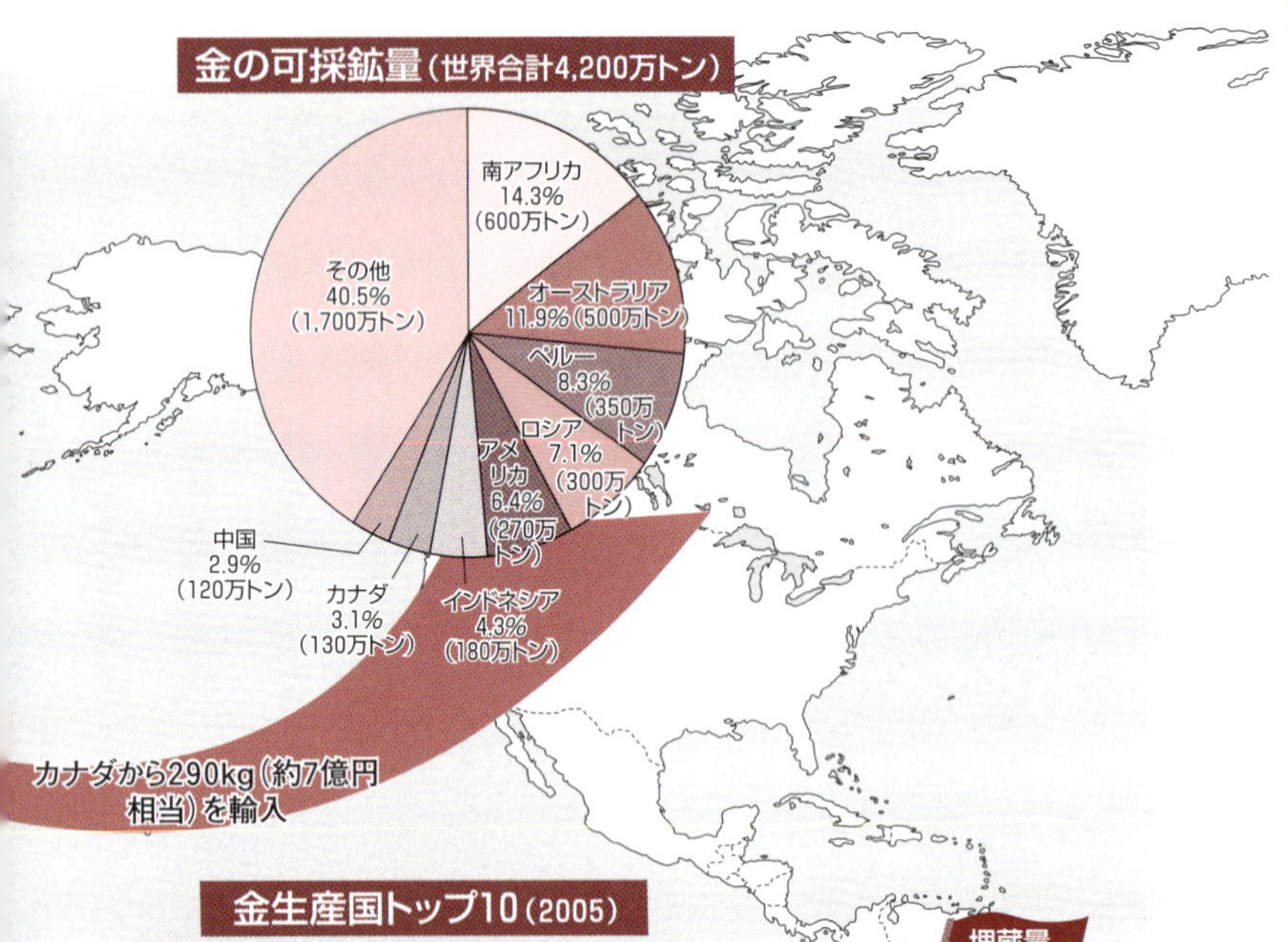
南アフリカ
14.3%
（600万トン）
オーストラリア
11.9%（500万トン）
ペルー
8.3%
（350万トン）
ロシア
7.1%
（300万トン）
アメリカ
6.4%
（270万トン）
インドネシア
4.3%
（180万トン）
カナダ
3.1%
（130万トン）
中国
2.9%
（120万トン）
その他
40.5%
（1,700万トン）
カナダから290kg（約7億円相当）を輸入
埋蔵量第3位
ペルー
生産量が急増中

**金生産国トップ10**（2005）

| | 国名 | 生産量（トン） |
|---|---|---|
| 1 | 南アフリカ | 296 |
| 2 | オーストラリア | 263 |
| 3 | アメリカ | 262 |
| 4 | 中国 | 224 |
| 5 | ペルー | 208 |
| 6 | ロシア | 176 |
| 7 | インドネシア | 167 |
| 8 | カナダ | 119 |
| 9 | ウズベキスタン | 79 |
| 10 | パプアニューギニア | 69 |
| | 全世界合計 | 2,519 |

出典：田中貴金属工業株式会社“Gold Survey 2006”日本語版

### 投資・金融より需要が大きい工業製品への用途

金は金融商品として万国共通の資産価値があり、ドルやユーロなどの通貨と同じように世界中で流通している。しかし、その一方で**工業用材料**としても重要な資源でもある。たとえば、携帯電話など通信機器の重要な素材として使われているし、また、伸長性があるために歯科医療分野で〝金歯〟としても利用されているのはご存じだろう。

日本の金の総需要は、2005年は350トンながら、このうちの4割にあたる145トンが工業用として使われている。宝飾として使われているのはわずか25トンで、1割にも満たない量だ。

金の主要産出国は南アフリカ、オーストラリア、アメリカ、中国、ペルーなどで、2005年の総生産量は2500トンにのぼる。このうち**南アフリカが世界最大の生産量**を誇っているが、鉱山の枯渇化によりそのシェアは年々落ちてきている。最盛期にあたる19

## 金の埋蔵量と日本の輸入状況

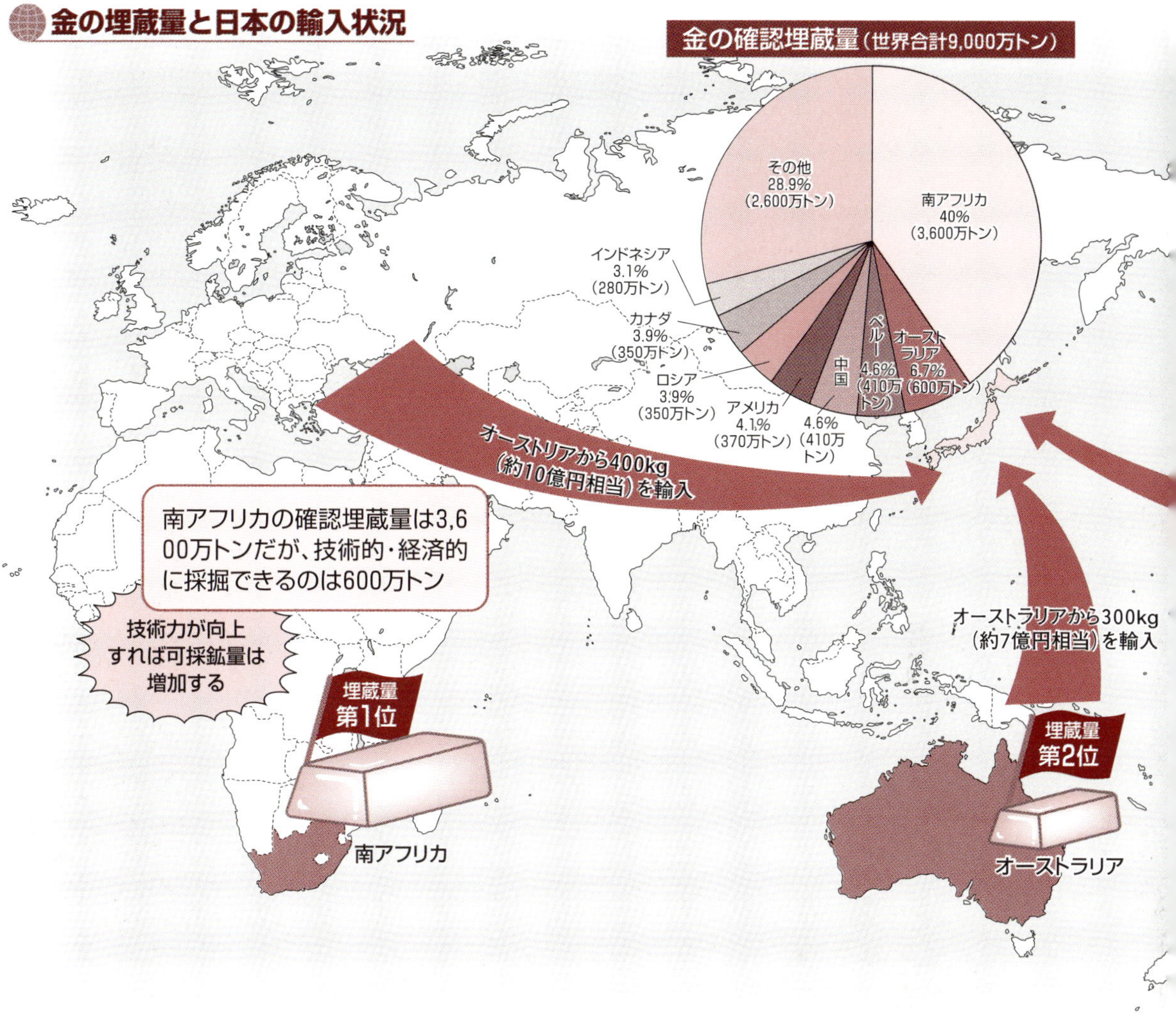
金の確認埋蔵量（世界合計9,000万トン）
南アフリカ 40%（3,600万トン）
その他 28.9%（2,600万トン）
インドネシア 3.1%（280万トン）
カナダ 3.9%（350万トン）
ロシア 3.9%（350万トン）
アメリカ 4.1%（370万トン）
中国 4.6%（410万トン）
ペルー 4.6%（410万トン）
オーストラリア 6.7%（600万トン）
オーストリアから400kg（約10億円相当）を輸入
南アフリカの確認埋蔵量は3,600万トンだが、技術的・経済的に採掘できるのは600万トン
技術力が向上すれば可採鉱量は増加する
埋蔵量 第1位
南アフリカ
オーストラリアから300kg（約7億円相当）を輸入
埋蔵量 第2位
オーストラリア

出典：経済産業省「東北非鉄振興プラン報告書」、財務省「貿易統計」

７０年代には、南アフリカだけで世界の金の産出量の70％近くを占めていたが、現在は10％台を維持するのがやっとになってしまっている。

それに対して、年々生産量を伸ばしているのがオーストラリアだ。１９８０年代後半から生産量が増え始め、１９９０年代に入ると年間生産量がシェア10％にあたる２００トンを超えるようになった。２００５年には２６３トンにまで増え、アメリカを抜いて堂々の世界2位の金生産国となっている。

さらに、中国やペルーなどの生産量も年々増加傾向にあるため、南アフリカが近い将来トップの座を明け渡すことも十分考えられる。

南アフリカの産出量が減少した理由のひとつは、長年の採掘で金鉱脈が地下深くなりすぎたため、生産に手間がかかるようになったということがある。ただし、採掘可能な推定埋蔵量はまだ世界一の規模を維持しているため、今後の**採掘技術の向上**が世界一の座を維持できるかどうかのカギになるだろう。ちなみに、オーストラリア、ペルー、ロシアなどの国々も埋蔵量が多い。

需要の面から考えると、やはりここでも経済成長が著しいインドや中国が影響を及ぼしそうだ。なかでも金消費量世界一のインドは、通貨で貯金するよりも金を保有することのほうを好む。そのため、今後国民所得が上がるにつれてさらに需要が膨らみ、金価格が上昇することも予想される。金が富める国の象徴となるのは、今も昔も変わらないようだ。

# レアメタル

## IT産業の発展に欠かせない希少素材

### 外交努力が安定供給のカギを握る

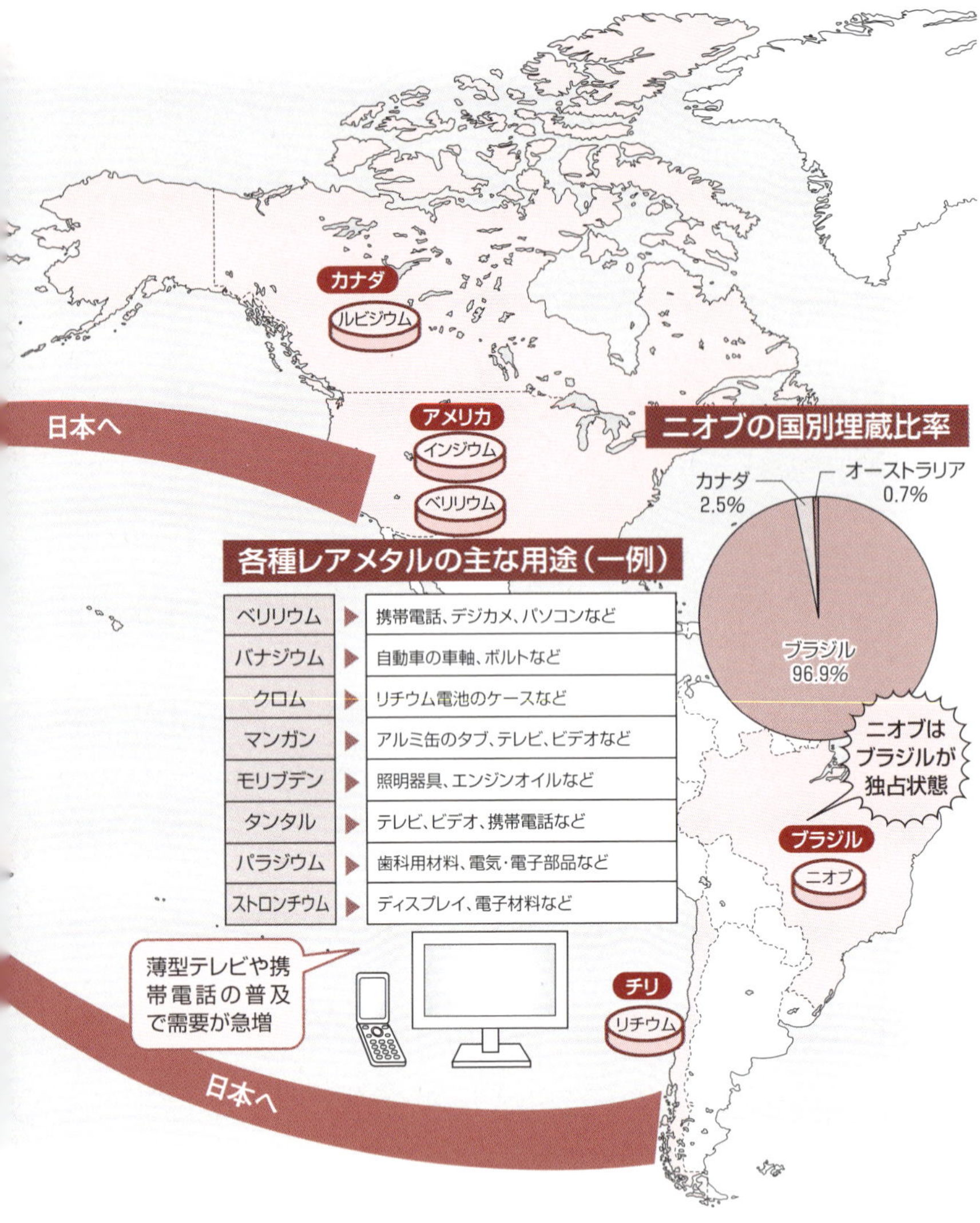

カナダ
ルビジウム
アメリカ
インジウム
ベリリウム
ブラジル
ニオブ
チリ
リチウム
日本へ
日本へ
ニオブの国別埋蔵比率
カナダ 2.5%
オーストラリア 0.7%
ブラジル 96.9%
ニオブはブラジルが独占状態
各種レアメタルの主な用途（一例）
ベリリウム ▶ 携帯電話、デジカメ、パソコンなど
バナジウム ▶ 自動車の車軸、ボルトなど
クロム ▶ リチウム電池のケースなど
マンガン ▶ アルミ缶のタブ、テレビ、ビデオなど
モリブデン ▶ 照明器具、エンジンオイルなど
タンタル ▶ テレビ、ビデオ、携帯電話など
パラジウム ▶ 歯科用材料、電気・電子部品など
ストロンチウム ▶ ディスプレイ、電子材料など
薄型テレビや携帯電話の普及で需要が急増

#### ブラジルなしには作れない超電導装置

鉄以外の金属を非鉄金属というが、このなかでも消費量が少ないながら、ハイテク機器などで重要な部品となるのがレアメタルだ。たとえば「ベリリウム」や「コバルト」、「クロム」などがそれにあたる。〝レア（希少）〟といわれるだけに、これらの金属は一般の金属と比べて産出国に偏りがあり、**生産量が極端に少ない**。

一例を挙げれば、超電導装置を製造するうえで不可欠な「ニオブ」の生産国は、ブラジル、カナダなど数カ国のみ。しかも、その9割はブラジルで生産されている。2003年の世界の総採掘量はわずか3万トンで、このうちの2万6000トンがブラジル産だ。

日本はこのニオブをブラジルからほぼ100%輸入しており、もしもブラジルでの生産に何らかの支障が出るような事態が起こると、日本の超電導装置は製造できなくなってしまう。

## レアメタルの埋蔵国と埋蔵量の比率

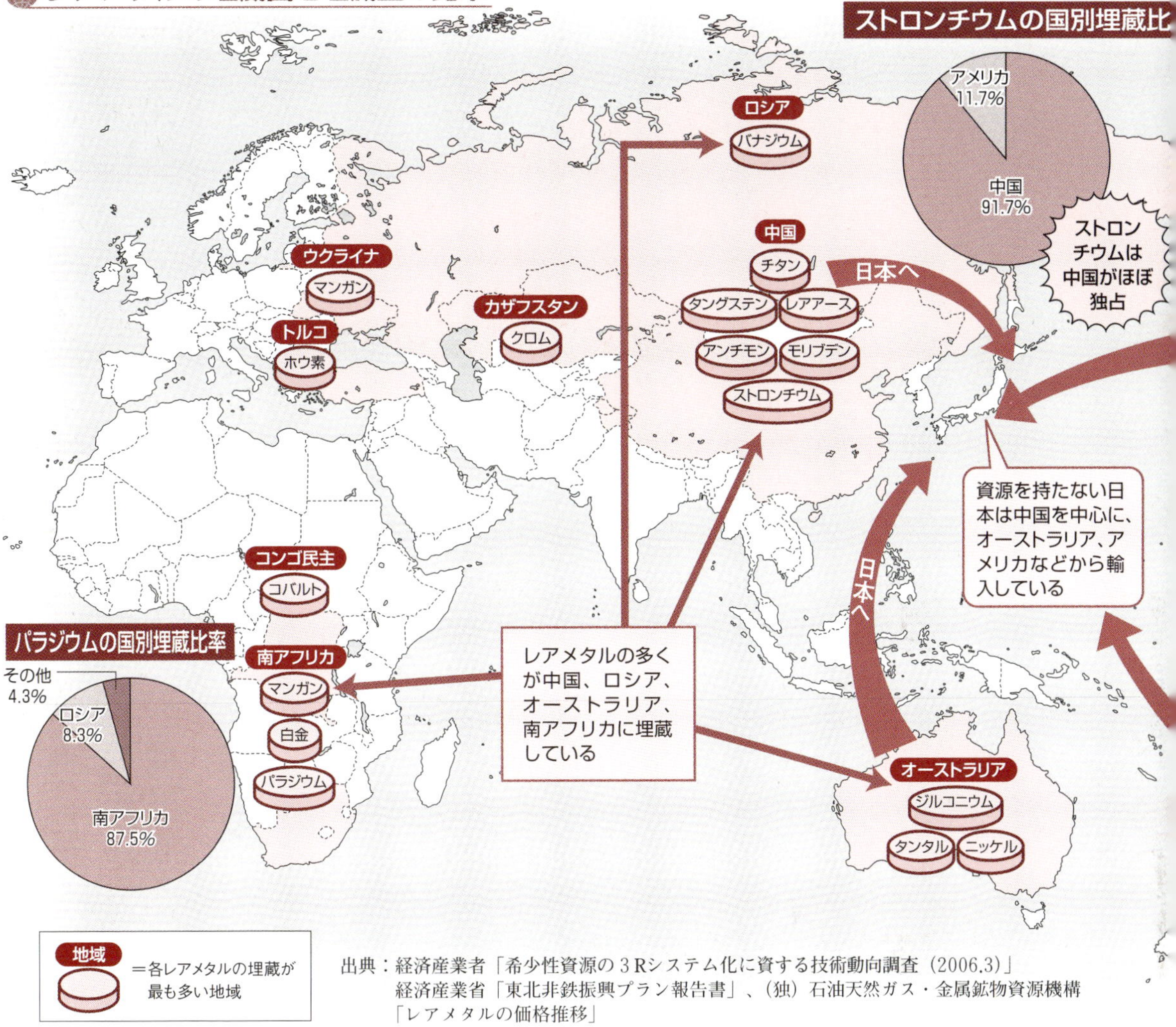
ストロンチウムの国別埋蔵比
アメリカ 11.7%
中国 91.7%
ストロンチウムは中国がほぼ独占
ロシア
バナジウム
中国
チタン
タングステン
レアアース
アンチモン
モリブデン
ストロンチウム
日本へ
ウクライナ
マンガン
トルコ
ホウ素
カザフスタン
クロム
資源を持たない日本は中国を中心に、オーストラリア、アメリカなどから輸入している
コンゴ民主
コバルト
パラジウムの国別埋蔵比率
その他 4.3%
ロシア 8.3%
南アフリカ 87.5%
南アフリカ
マンガン
白金
パラジウム
レアメタルの多くが中国、ロシア、オーストラリア、南アフリカに埋蔵している
日本へ
オーストラリア
ジルコニウム
タンタル
ニッケル
地域
＝各レアメタルの埋蔵が最も多い地域

出典：経済産業者「希少性資源の３Rシステム化に資する技術動向調査（2006.3）」
経済産業省「東北非鉄振興プラン報告書」、（独）石油天然ガス・金属鉱物資源機構「レアメタルの価格推移」

レアメタル全体を俯瞰《ふかん》してみると、その生産国はブラジルだけでなくロシア、カザフスタン、アフリカに集中している。ハードディスクの原料となるクロムは南アフリカとカザフスタンで7割を生産しており、リチウムイオン電池に使用するコバルトはコンゴとザンビアで5割を生産している。

こうしたことから、レアメタル市場は完全な**売り手市場**となっており、今後、新興工業国の需要が急増すると、レアメタルの価格はさらに高騰することが予想されている。

また、前述したように生産国が偏っているため、その国の政情が不安定になると、レアメタルが安定供給されなくなる恐れもある。たとえば、アフリカでは現在10カ国で内戦が起こっている。コンゴでは１９９７年のクーデター以降政府と反政府軍の対立が続いているし、ソマリアでは武力勢力により無政府状態となるなど、多くの火種を抱えている。

銅や亜鉛などのように生産国が世界中に分布していれば、万が一のことが起きてもすぐに輸入先を変えられるが、生産国が限られるレアメタルではそうもいかない。

これまで中国はレアメタルの輸出を奨励してきたが、自国の経済が発展するにつれ**資源ナショナリズム**の動きを強めており、輸出統制策を打ち出すようになっている。

レアメタルを１００％海外に頼る日本としては、輸入が途切れないようにするためにも、世界情勢を安定させる地道な外交努力が何よりも必要になるだろう。

# 石炭

# 原油高で見直される かつての主要資源

## 日本は世界最大の輸入国

日本の主な石炭輸入先（2003年度）

| 輸入先 | 輸入量（トン） | 割合（%） |
|---|---|---|
| オーストラリア | 9,585万 | 57.0 |
| 中国 | 3,059万 | 18.2 |
| インドネシア | 2,146万 | 12.8 |
| カナダ | 895万 | 5.3 |
| ロシア | 790万 | 4.7 |
| ベトナム | 187万 | 1.1 |
| その他 | 159万 | 0.9 |
| 合計 | 1億6,821万 | 100 |

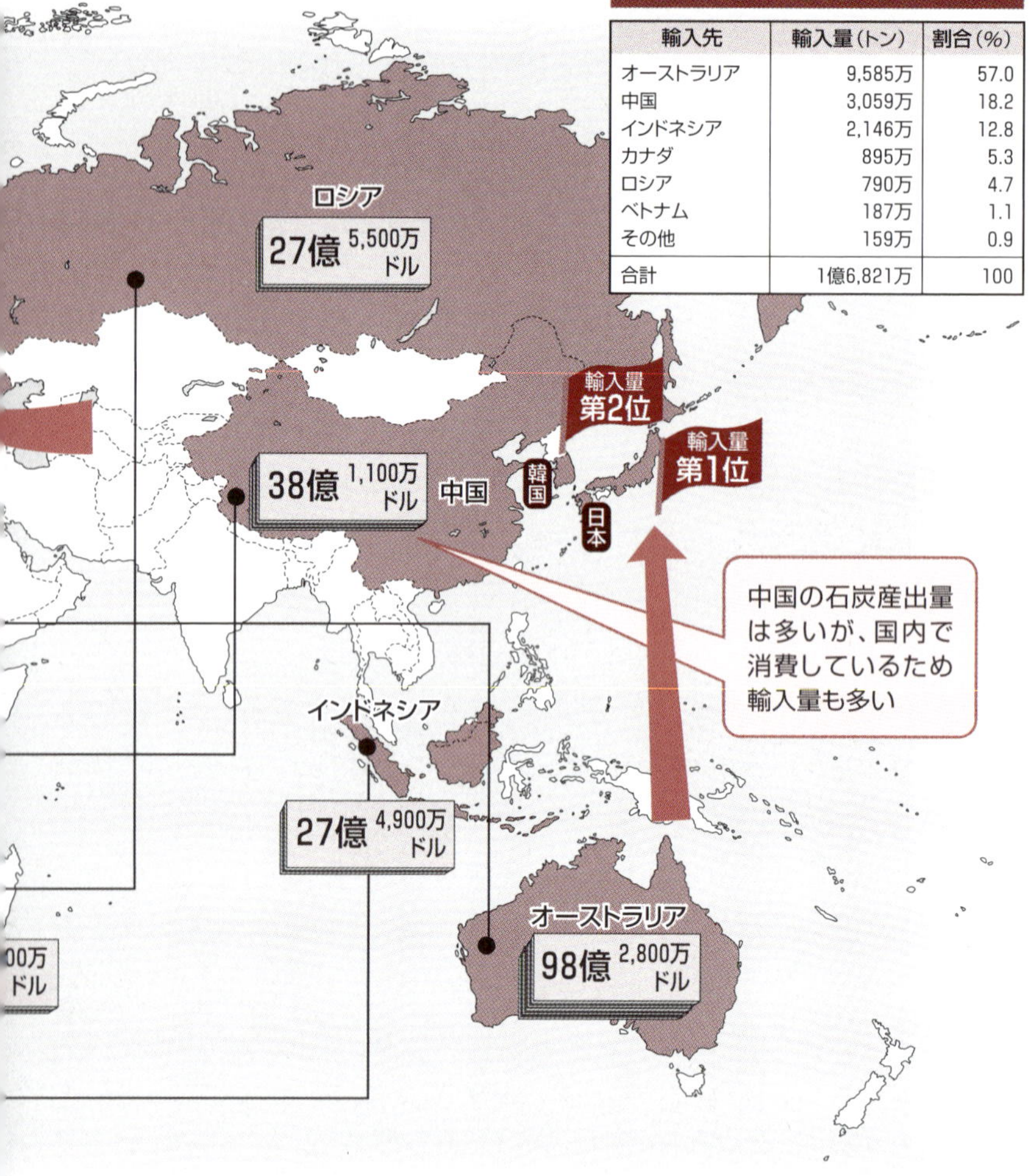
ロシア
27億 5,500万ドル
輸入量第2位
輸入量第1位
38億 1,100万ドル
中国
韓国
日本
中国の石炭産出量は多いが、国内で消費しているため輸入量も多い
インドネシア
27億 4,900万ドル
オーストラリア
98億 2,800万ドル
00万ドル

出典：総務省統計局「世界の統計2007」、財務省「日本貿易統計」

### 中国が輸入国に一転 世界的な供給不足に

効率よく熱エネルギーに変換できることで一時は〝黒いダイヤ〟とさえいわれ、世界各国でもてはやされたのが「石炭」だ。ところが、二酸化炭素を発生しやすいことからにわかに風あたりが強くなった。先進各国は脱石炭のエネルギー政策に切り替え、その消費量を極力抑えていったのである。

消費の抑制で本来なら在庫がダブつくはずだが、逆に、なぜか現在世界的に**石炭が不足**し始めているという。

その原因のひとつとされるのが、急増する**中国の石炭需要**だ。中国では経済発展に伴い電力消費量が増えたものの、石油の供給が追いつかないため、発電用燃料として石炭を大量に必要としている。２００４年の中国のエネルギー消費量をみても、実にその６割が石炭によるものなのだ。

エネルギー消費量世界一のアメリカや３位のロシアでも石炭に対する依存度は２割程

## 石炭の輸出国とその金額

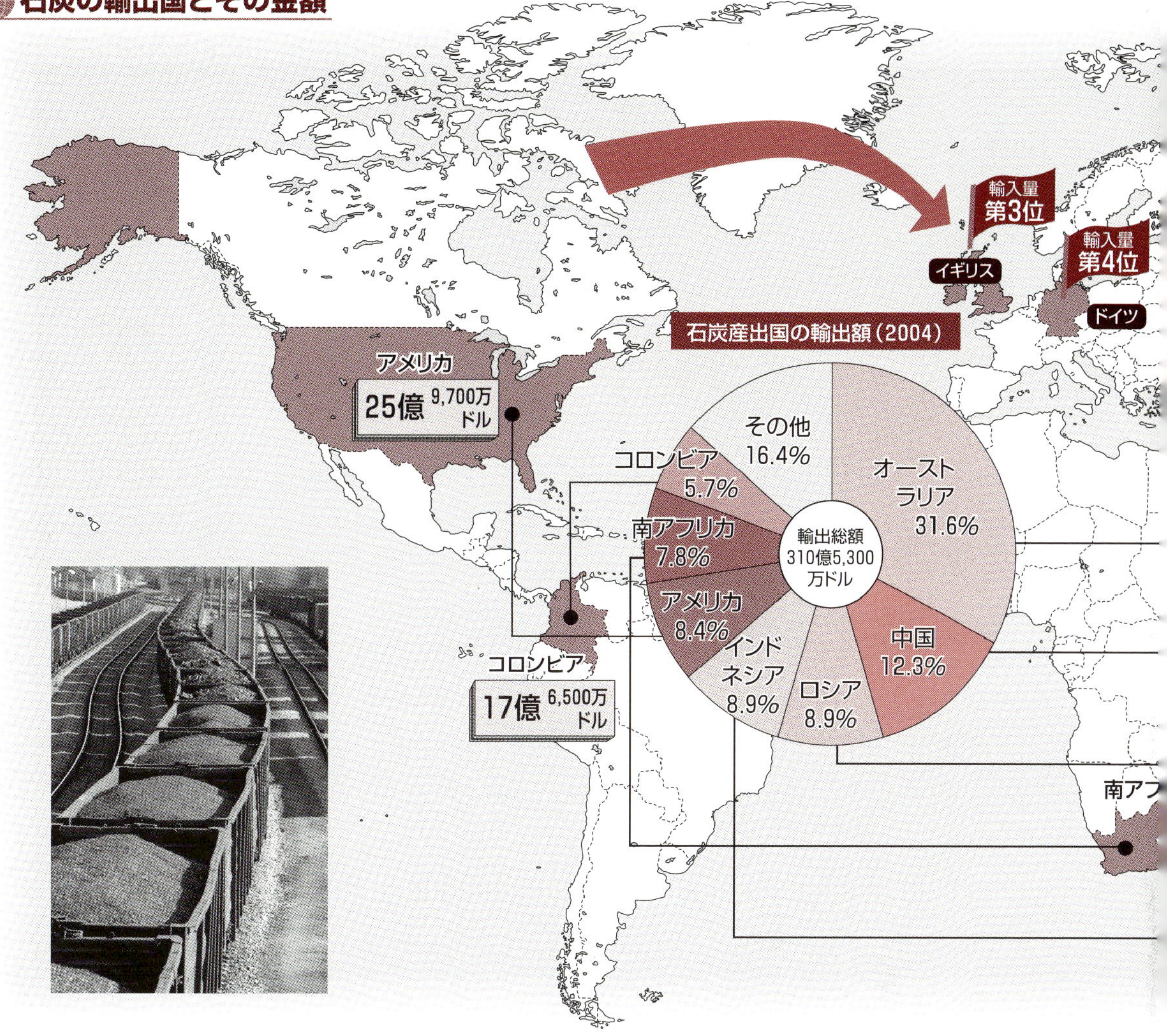
輸入量
第3位
イギリス
輸入量
第4位
ドイツ
石炭産出国の輸出額（2004）
アメリカ
25億 9,700万ドル
コロンビア
17億 6,500万ドル
南アフ
輸出総額
310億5,300万ドル
オーストラリア 31.6%
中国 12.3%
ロシア 8.9%
インドネシア 8.9%
アメリカ 8.4%
南アフリカ 7.8%
コロンビア 5.7%
その他 16.4%

度、4位のインドですら3割にすぎない。いかに中国が石炭にエネルギーを依存しているかがわかるというものだ。

　これほど中国が大量に石炭を消費するのには理由がある。それは、これまでは消費量のほとんどを国内の炭田で生産できたために輸入に頼る必要がなかったからで、国外からの輸入は、わずか1%にしかすぎなかったのである。

　では、なぜ世界で石炭が不足しているのかと言えば、実はこれまで中国は石炭の主要な輸出国だったのだ。

　つまり、**石炭の供給国が大量消費国に変わってしまった**ことによって、世界の需要を賄うだけの供給ができなくなってきたのである。すでに中国では、不足する石炭を隣国のモンゴルからトラックで国内に運んでおり、今後も中国の経済発展が続けば、さらに輸入量が増すことも考えられる。

　また、世界の石炭需要が増えるもうひとつの可能性として、**原油の高騰**という要因がある。石炭は原油よりも低コストでエネルギーを生み出せるため、二酸化炭素の発生さえ抑えられれば、原油に代わる立派なエネルギー資源となるのだ。各国ともに資源としての石炭を真剣に見直す動きがあり、今後**クリーンエネルギーとしての技術**が確立すれば、再び石炭に注目が集まる可能性もある。

　石炭を100%輸入に頼っている日本としては、石炭争奪戦に何としてでも勝ち残らなければならなくなりそうだ。

# 銅

# 価格高騰の背景にある中国の消費急拡大

## 相場の急騰により多発する金属の盗難事件

### 銅鉱石の4割は南米チリで生産

**金属製品の窃盗事件**が日本全国で相次いでいる。それも盗まれたのは蛇口やチェーン、半鐘、道路側溝の蓋など、とうてい〝金目のもの〟とは言えないものばかりだ。

警察庁の調べによると、このような金属ドロは2006年に6000件近くも起きている。以前であれば盗みの対象にならなかった物が狙われるようになった背景には、中国における金属価格の高騰という要因がある。犯人（グループ）は金属価格が高騰していることに目をつけ、転売目的で手当たり次第に金属製品を盗み出しているようである。

なかでも、電線に欠かせない素材である銅は、高値で取り引きされているという。中国では急速にインフラの整備が進んでおり、その勢いは都市部のみならず農村にまで波及している。その際の電力供給に必須なのが、銅を素材としている電線なのだ。

中国では、銅の需要に供給が追いついていない。銅は全世界で年間1700万トン消費されているが、このうちの**2割を中国だけで消費**している。言うまでもなく、これは世界最多。次に消費の多いアメリカでも、その量は中国の7割程度にすぎない。今や、銅の主要プレイヤーは中国なのである。

### 中国で銅地金の生産量が急伸中

銅は「銅鉱石」を何度も精錬することで「銅地金」を作り、これを加工して銅製品を作る。電線だけでなく、熱をよく伝えるという特性から、電子機器に欠かせない部品として活躍している。また、熱伝導性にすぐれており、加工しやすいことから、鍋などの調理道具にも使われている。

原料となる銅鉱石は世界各地で産出されるが、その産出量は南米の**チリ**がダントツに多い。2004年の銅鉱石の年間総生産量は1500万トンだが、このうちの約4割にあたる554万トンを生産している。次いで多いのがアメリカだが、その生産量は全世界の8%にすぎない。銅鉱石の生産がこのように一国に偏っているため、ひとたび鉱山が災害に見舞われると、その供給に支障が出て価格が変動する可能性もあるだろう。

これが銅鉱石から製造する銅地金の生産になると、事情は少し変わってくる。2004年の銅地金の総生産量は1600万トンで、チリはこのうち300万トンを生産してトップであるが、シェアは18%にすぎない。チリを脅かすように生産量を増やしているのが、ここでも中国なのである。

しかも生産量は年々増えており、2004年はついに200万トンに達し、シェアは14%でチリに迫っている。

国民1人あたりの銅消費量は、日本やアメリカなどの先進国で年10kg前後だが、中国ではまだ2～3kgにすぎない。そのため、今後の中国やインドの需要増によって、世界的な銅不足が懸念されている。

そうした事態に備え、日本としては原料の安定確保のために、積極的に資源外交を行うなど戦略的な動きが必要であろう。

## 銅鉱石・銅地金の生産国と消費国

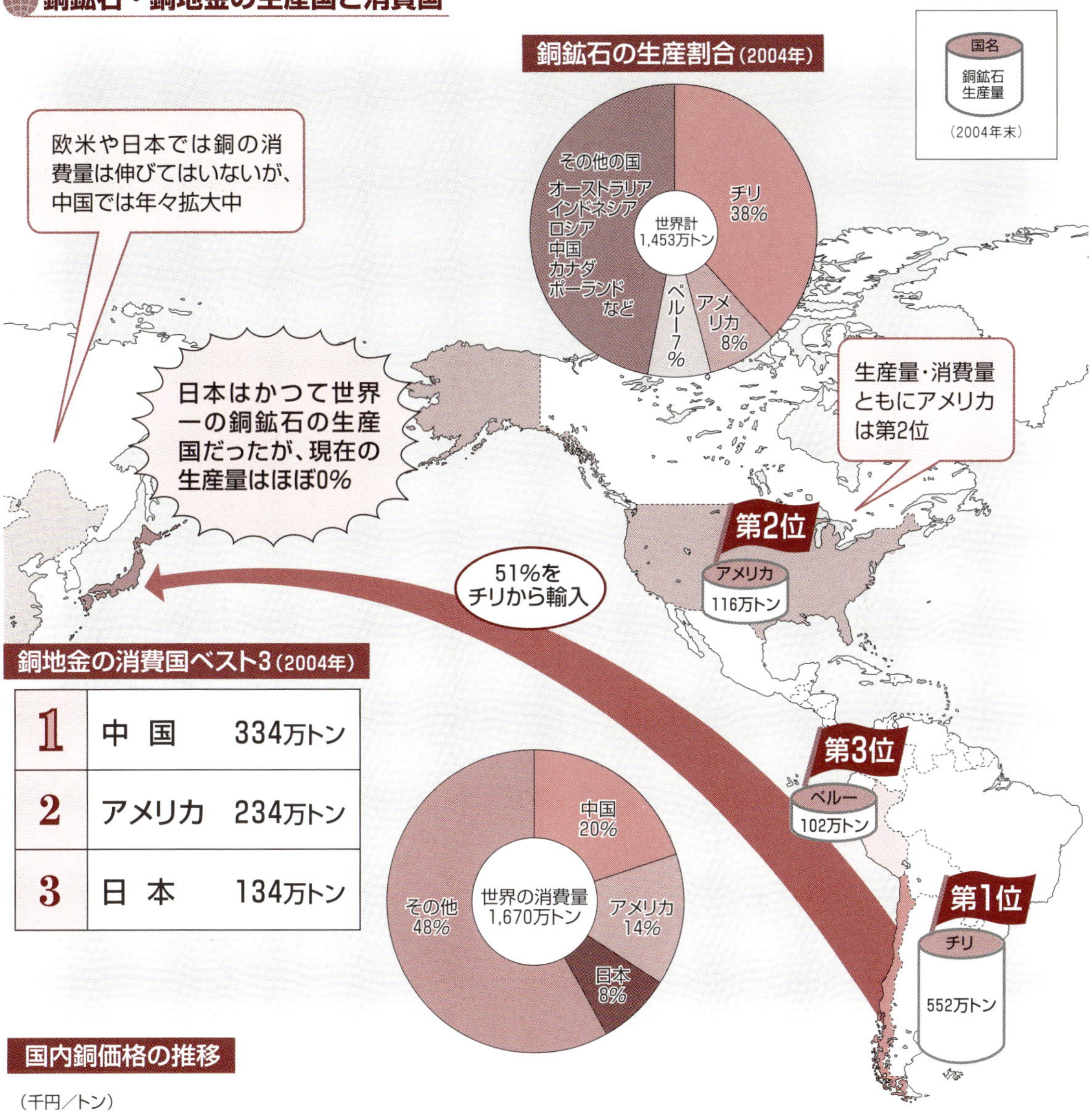
銅鉱石の生産割合（2004年）
その他の国
オーストラリア
インドネシア
ロシア
中国
カナダ
ポーランド
など
チリ 38%
世界計 1,453万トン
ペルー7%
アメリカ 8%
国名
銅鉱石生産量
（2004年末）
欧米や日本では銅の消費量は伸びてはいないが、中国では年々拡大中
日本はかつて世界一の銅鉱石の生産国だったが、現在の生産量はほぼ0%
生産量・消費量ともにアメリカは第2位
第2位
アメリカ
116万トン
51%をチリから輸入
第3位
ペルー
102万トン
第1位
チリ
552万トン
中国 20%
世界の消費量 1,670万トン
アメリカ 14%
日本 8%
その他 48%

### 銅地金の消費国ベスト3（2004年）

| | | |
|---|---|---|
| 1 | 中 国 | 334万トン |
| 2 | アメリカ | 234万トン |
| 3 | 日 本 | 134万トン |

### 国内銅価格の推移

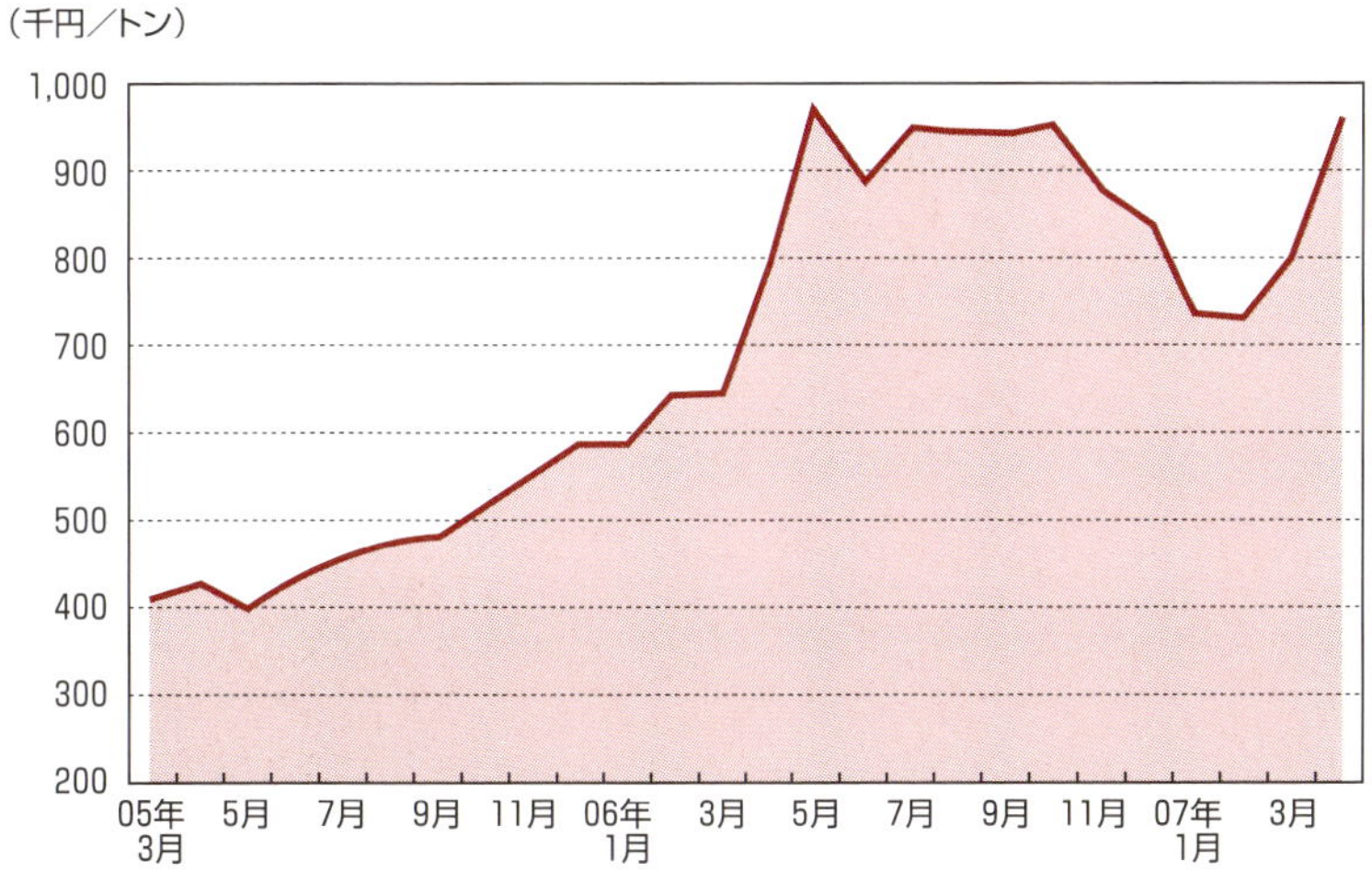
（千円／トン）
1,000
900
800
700
600
500
400
300
200
05年 3月
5月
7月
9月
11月
06年 1月
3月
5月
7月
9月
11月
07年 1月
3月

出典：日本伸銅協会「世界の銅地金産業」
（社）日本電線工業会

CHECK POINT

# 日本はエネルギーで自立できるのか

自給自足を達成するまでにそびえる高いハードル

## 〝新エネ〟目標を達成しても全体の3％がやっと

日本はエネルギー資源のほとんどを海外からの輸入に頼っている。たとえば、エネルギー消費量の約半分を占める原油は中東からの輸入が大半であるし、石炭はオーストラリアからの輸入である。また、天然ガスは東南アジアやオーストラリアなどからタンカーで運び入れている。

これに、やはり原料となるウランを輸入で賄っている原子力を含めると、実にその9割以上が外国産のエネルギーなのだ。はたして、日本は将来エネルギーで自立することは可能なのだろうか。

実はそのためには、少なくとも3つの条件を満たさなければならないと考えられている。まずひとつ目は、**省エネルギー**を推進することだ。エネルギーの総消費量が減れば輸入量が減り、資源国への依存度も低下する。

ふたつ目は、原油や石炭などに代わる国産の新エネルギーの開発と普及である。たとえば、現在注目されているものには**太陽光発電**や**風力発電**、それに火山国日本の地形を生かした**地熱発電**、エタノールなどの燃料を製造する**バイオマス**、水素などを利用した**燃料電池**などがあり、これらはすべて実用化されている。

普及についても1997年に「新エネルギー法」が施行されたことで、政府は税制面などを含めてさまざまな優遇措置をとっており、その利用には拍車がかかっている。

こうしてみると、新エネルギーによって日本のエネルギー事情が一変するようにも思えるが、実際にはそう簡単ではないのだ。

というのは、政府が2010年に掲げているという新エネルギーの普及目標を達成したとしても、それはエネルギー供給量全体の**3％**を占めるにすぎず、とうてい石油や石炭に代わるエネルギーとは言えないのだ。つまり、国産の新エネルギーは日本の旺盛な需要からみると、まさに〝焼け石に水〟程度の量でしかないのである。

一方、これから実用化が期待されているエネルギー資源のひとつに、日本海の海底に大量に眠っている「メタンハイドレート」がある。これは凍結したメタンガスのことで、採掘すれば天然ガスの原料にできるという。ただ、このメタンハイドレートは採掘方法を含めてまだ研究段階である。

## 資源の採掘権を手に入れ安定供給化を図る

3つ目の条件は、日本が外国で原油や天然ガスの資源調査を積極的に行うことである。試掘調査によって未利用の資源が見つかれば、それを資源国と共同開発し、**採掘権**を手に入れられるのだ。いうまでもなく、このエネルギーは国産ではないが、日本が独占的に採掘できる資源となるため、エネルギーの安定的供給を図ることで自立に一歩近づける。

3つの条件をすべて満たすにはまだまだ時間がかかるし、ハードルも高そうである。これらのことを総合的に考えると、日本がエネルギーで自立する日がくるのかどうか、はなはだ不安だといえるだろう。

# Part 2

# 食糧資源

## Food Resources

- 米
- トウモロコシ
- サトウキビ
- 小麦
- 大豆
- 牛肉
- 豚肉
- 鶏肉
- 野菜・果実
- コーヒー豆
- ワイン
- 水資源

# 米

# アジアの食を支える国内消費型の資源

## 年々減少している日本の消費量

### 中国が世界最大の米生産国

アジアを中心に約60カ国で生産されている米は、中東や欧州を含む世界各国で消費されている。米の種類も、日本の「コシヒカリ」に代表されるジャポニカ種、インドやタイで食べられている細長い形をした粘り気のないインディカ種などがある。

主要な生産国は中国をはじめ、インド、インドネシア、バングラデシュ、ベトナムで、この5カ国で世界の7割以上を生産している。なかでも生産量が多いのが中国だ。世界の米の総生産量の3分の1にあたる1億3000万トンを一国で生み出している。

広大な土地で稲作をしている中国が米の生産量で1位になるのも当然のように思うかもしれないが、実は水田の面積そのものは、生産量2位のインドのほうが広い。

中国とインドを比較してみると、中国の3000万ヘクタールに対してインドは4000万ヘクタールにも及ぶ。なぜインドより中国の収穫量が多いのかというと、品種改良された病害虫に強い稲で大量生産しているからだ。1ヘクタールあたりの米の収穫量でみると中国は6トンと世界最多となっており、インドよりも3トン以上も多いのである。

ところが、輸出量でトップに立っているのはタイ。生産量は中国の7分の1にすぎないが、そのうちの4割もの量を輸出に回しているのだ。生産量最多を誇る中国はというと、収穫した米のほとんどを国内で消費するため、輸出では第6位。インドも同じ理由で第3位となっている。

ほかの穀物と比べて、米は**国際貿易の市場が小さい**。これは食糧安全保障上の理由と、国内農家や市場を維持するという目的から、各国が貿易を制限する措置をとっているためだ。そのため政府が介入して価格維持や流通の制度を整えており、緊急時に備えて米を備蓄していることが多い。

世界全体の米の在庫量を合計すると8000万トンにもなる。このうちもっとも備蓄が多いのが中国で、一時は世界の在庫量の6割を占めていたほどだ。ただし、中国も2000年度以降は毎年のように余剰米を取り崩し、1億トンを越えていた在庫も2006年度には3700万トンに減っている。米の主な輸入国はナイジェリアとフィリピンで、それぞれ年間200万トンを輸入している。

### 生産・消費とも減少し続ける日本

一方、日本の米の生産と消費量はどうなっているのかというと、1962年以降一貫して減り続けている。10年前には年間940万トンも食べられていた米飯も、現在では860万トンにまで減少。これは日本人の食生活が多様化し、米以外のパンやめん類などをよく食べるようになったことが理由だ。

消費量が減ったことを受け、政府はたびたび「減反」することで米の生産調整を図り、需給のバランスをとるようにしているが、それでも依然供給が需要を上回る**過剰生産傾向**が続いている。「日本人の主食は米」と言えなくなる日も、そう遠くないのかもしれない。

## 米の主要生産国と輸出状況

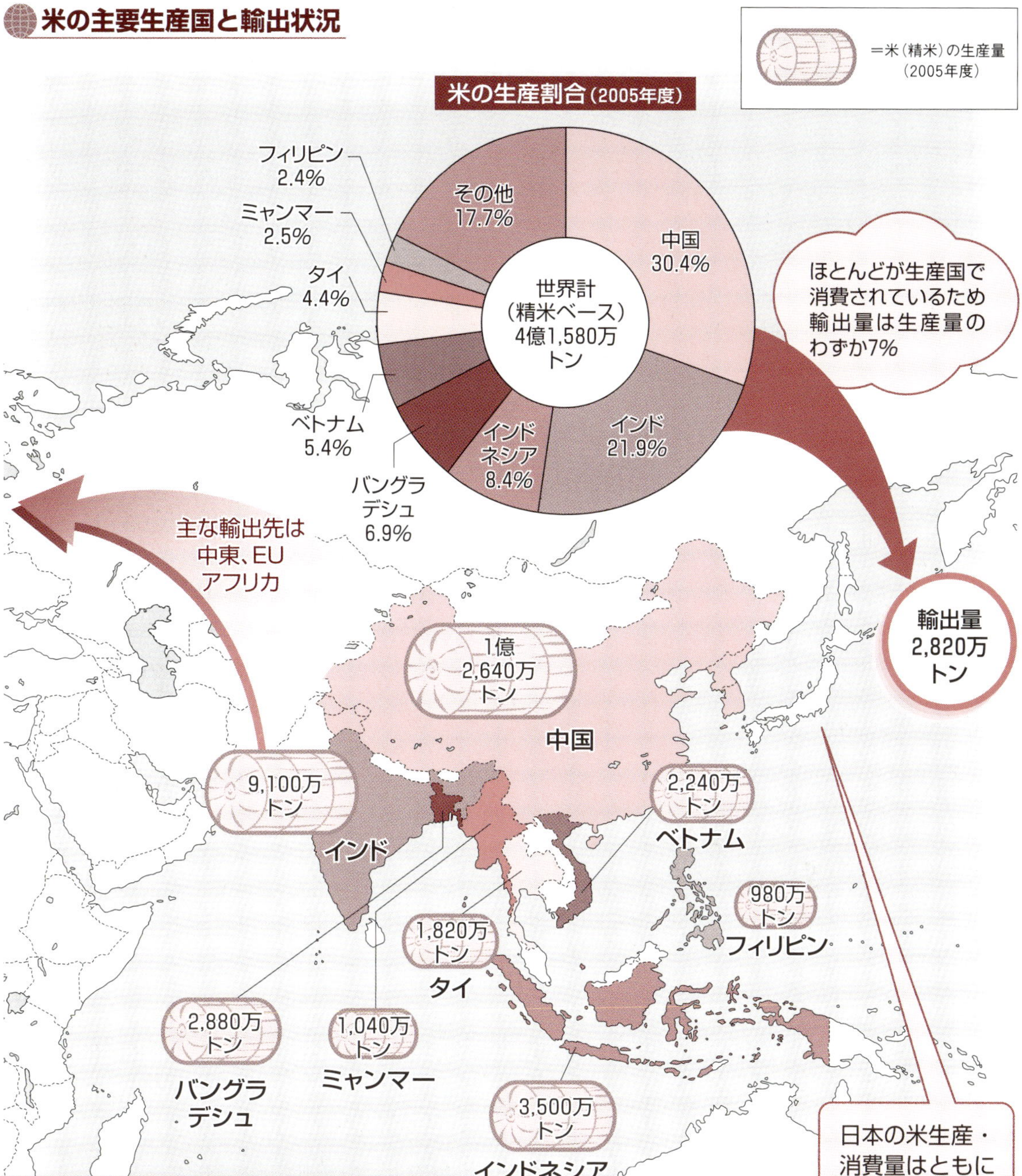
＝米（精米）の生産量（2005年度）
米の生産割合（2005年度）
世界計（精米ベース）4億1,580万トン
中国 30.4%
インド 21.9%
インドネシア 8.4%
バングラデシュ 6.9%
ベトナム 5.4%
タイ 4.4%
ミャンマー 2.5%
フィリピン 2.4%
その他 17.7%
ほとんどが生産国で消費されているため輸出量は生産量のわずか7%
輸出量 2,820万トン
主な輸出先は中東、EU アフリカ
1億2,640万トン
中国
9,100万トン
インド
2,240万トン
ベトナム
980万トン
フィリピン
1,820万トン
タイ
2,880万トン
バングラデシュ
1,040万トン
ミャンマー
3,500万トン
インドネシア
日本の米生産・消費量はともに約800万トン

出典：農林水産省「世界の穀物等の需給動向」

## トウモロコシ

# 代替燃料の用途で生産量が急増中

## アメリカと中国で全生産量の約6割を占める

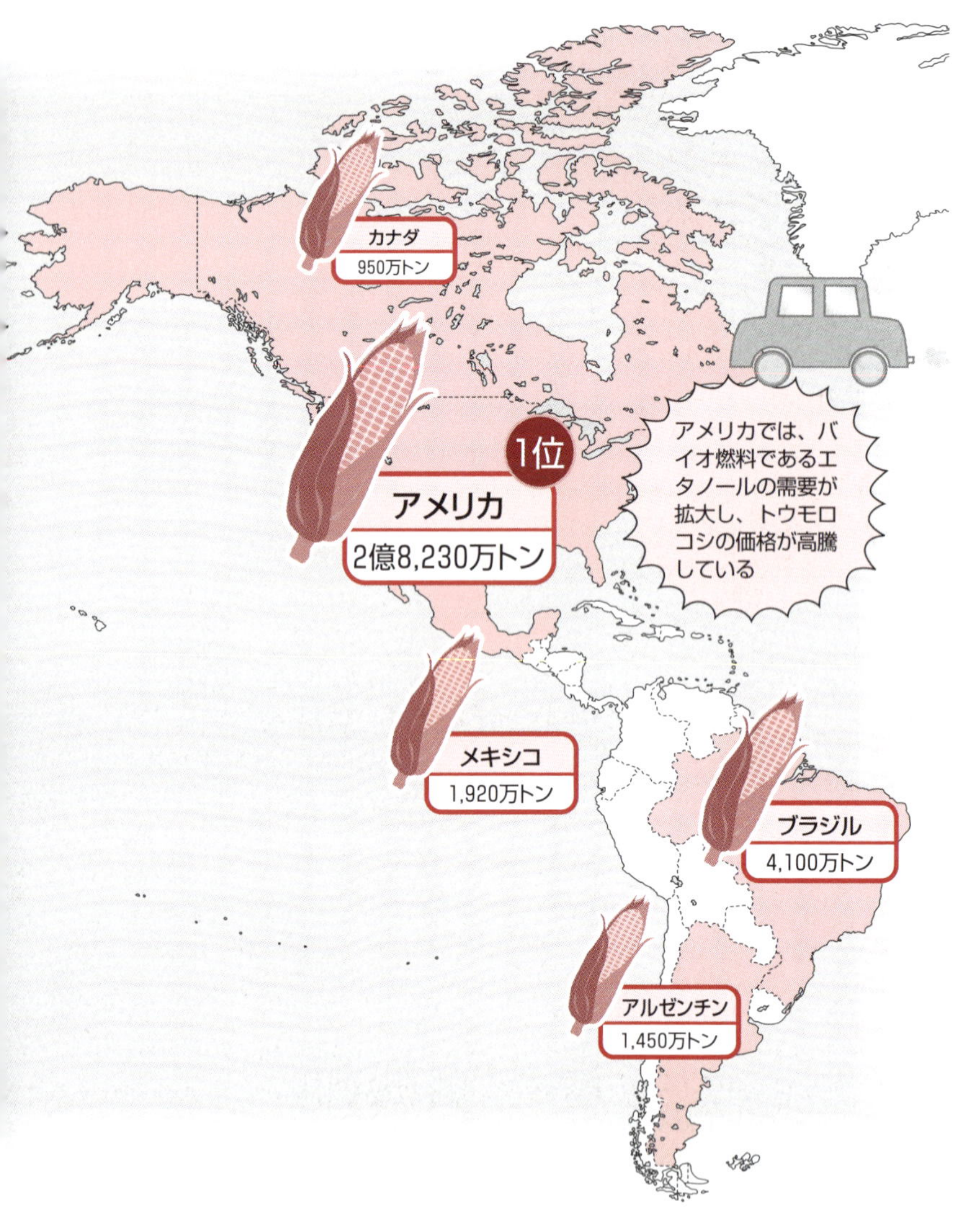
カナダ
950万トン
1位
アメリカ
2億8,230万トン
アメリカでは、バイオ燃料であるエタノールの需要が拡大し、トウモロコシの価格が高騰している
メキシコ
1,920万トン
ブラジル
4,100万トン
アルゼンチン
1,450万トン

### 市場を大きく揺らす「エタノール特需」

トウモロコシは小麦、米とともに三大穀物のひとつで、世界中で多くの人々の主食となっている。日本でもおなじみの食材だが、食用油やデンプン（コーンスターチ）の原料としても多く使われている。また、飼料や工業製品の原料などとしても幅広く使われており（日本における消費の75％は家畜の飼料用）、われわれの生活になくてはならない重要な穀物である。

世界の穀類生産量をみても、小麦、米と拮抗しているものの、トウモロコシは第1位の座を保持している。国別の生産量では、機械化が進み広大な土地を持つ**アメリカが世界一**。同じく国土が広い中国が第2位で、この2カ国で全世界の生産量の実に6割近くを占めているというのが現状だ。

農業機械が発達してきたことにより、広大な耕地でもさほど人手をかけずに生産できるトウモロコシだが、天候によって生産量が左

## トウモロコシの主要生産国と輸入量

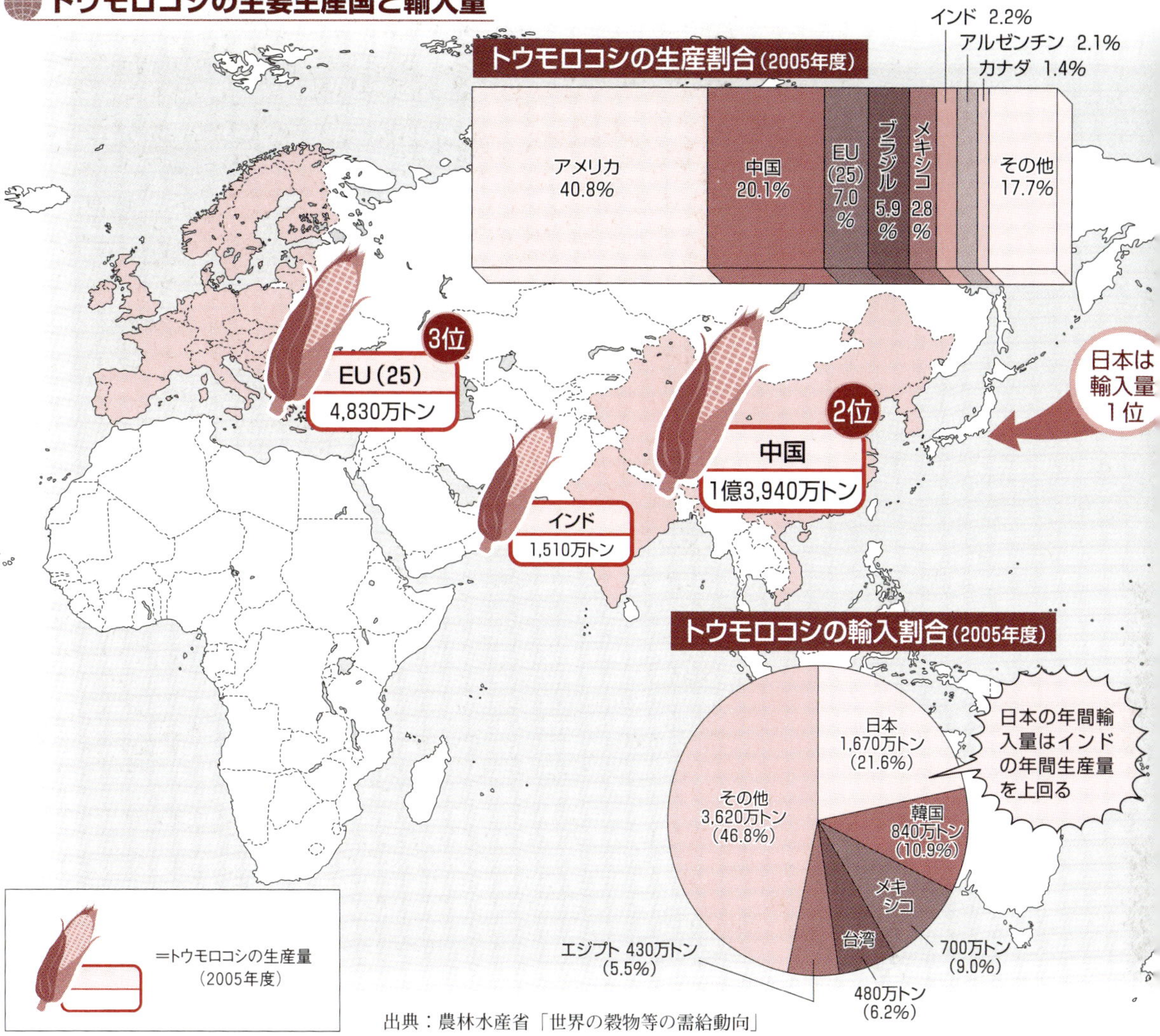
トウモロコシの生産割合（2005年度）
アメリカ 40.8%
中国 20.1%
EU(25) 7.0%
ブラジル 5.9%
メキシコ 2.8%
インド 2.2%
アルゼンチン 2.1%
カナダ 1.4%
その他 17.7%
3位
EU（25）
4,830万トン
2位
中国
1億3,940万トン
インド
1,510万トン
日本は輸入量1位
トウモロコシの輸入割合（2005年度）
日本 1,670万トン (21.6%)
韓国 840万トン (10.9%)
メキシコ 700万トン (9.0%)
台湾 480万トン (6.2%)
エジプト 430万トン (5.5%)
その他 3,620万トン (46.8%)
日本の年間輸入量はインドの年間生産量を上回る
＝トウモロコシの生産量（2005年度）

出典：農林水産省「世界の穀物等の需給動向」

右されやすいという弱点もある。特に受粉期（アメリカでは7～8月）に気温が高かったり空気が乾燥したりしている場合には、生産量に大きな影響が出てしまう。

最近の重要なトピックとしては、原油高と環境意識の高まりによって、石油の**代替燃料**としてトウモロコシを利用する動きが注目を集めている。これはトウモロコシを醗酵させて作るアルコール（エタノール）を自動車用燃料として使用する方法で、**バイオエタノール**と呼ばれる。

植物から作られたバイオエタノールを燃やしても、そこで発生する二酸化炭素（$CO_2$）は原料となる植物の成長時に大気中から取り込まれた分であり、余計な$CO_2$を大気中に増加させることはない。このため、バイオエタノールは地球温暖化対策の切り札として生産が急ピッチで拡大しているのだ。

事実アメリカでは、ここ5年間でバイオエタノールの生産量は倍近くにまで増加している。この「エタノール特需」とでも言うべき状況を当て込んで、他の穀物生産者がトウモロコシの生産へと転向する傾向があるのだ。その結果、他の穀類の生産量が低下することさえ懸念されているという。

また、「食用」だけでなく「燃料用」にも用途が広がることによって、トウモロコシの価格は急上昇している。それが飼料価格の上昇、ひいては肉類価格の値上げにつながるようなことがあれば、われわれの家計に影響が及ぶことは必至だ。

## サトウキビ

# 原油高で注目されるバイオエタノールの原料

### 資源大国ブラジルが代替燃料市場をリード

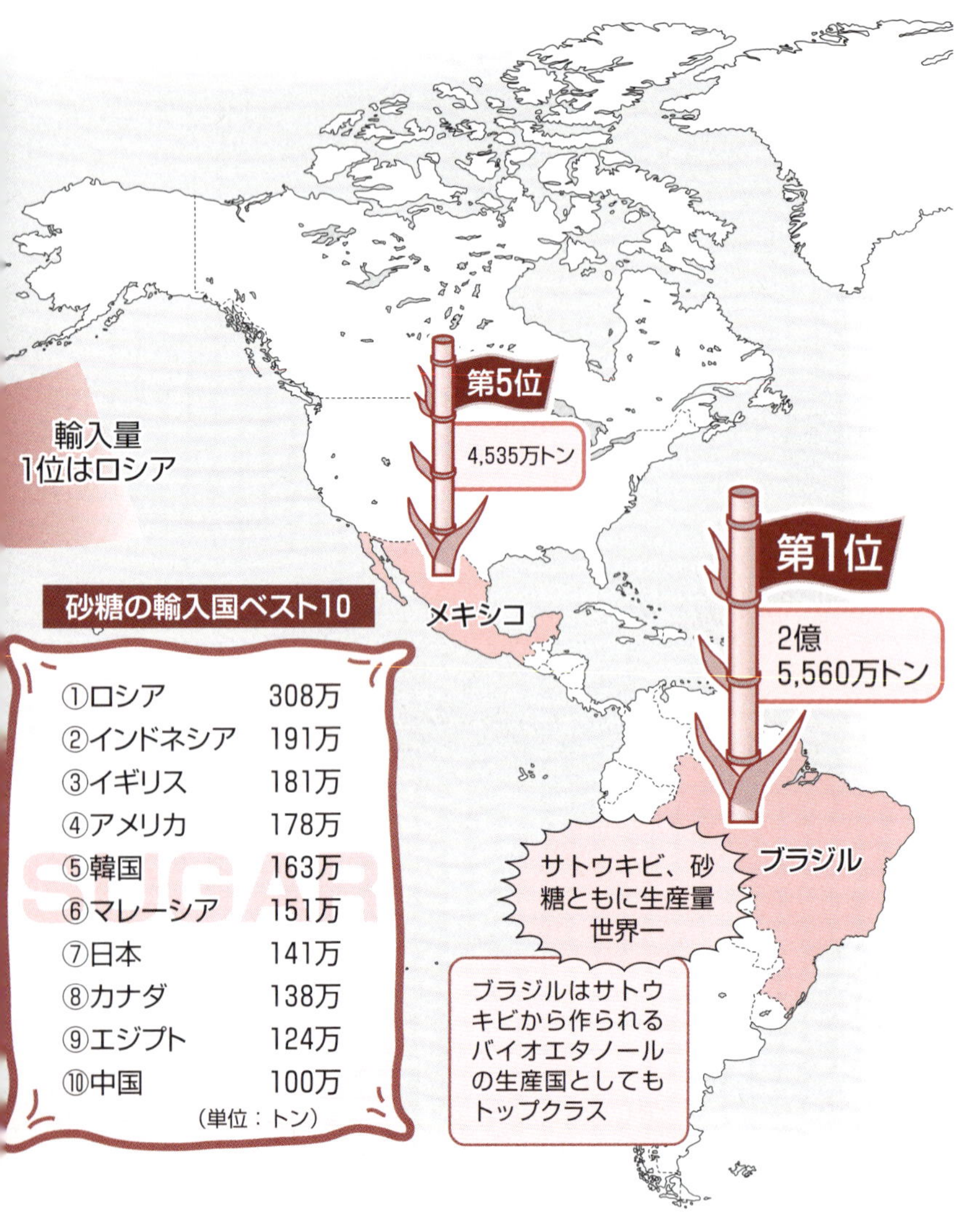

輸入量
1位はロシア
第5位
4,535万トン
メキシコ
第1位
2億
5,560万トン
ブラジル
サトウキビ、砂糖ともに生産量世界一
ブラジルはサトウキビから作られるバイオエタノールの生産国としてもトップクラス
SUGAR


砂糖の輸入国ベスト10

| | |
|---|---|
| ①ロシア | 308万 |
| ②インドネシア | 191万 |
| ③イギリス | 181万 |
| ④アメリカ | 178万 |
| ⑤韓国 | 163万 |
| ⑥マレーシア | 151万 |
| ⑦日本 | 141万 |
| ⑧カナダ | 138万 |
| ⑨エジプト | 124万 |
| ⑩中国 | 100万 |

（単位：トン）

## 自動車燃料として注目を浴びるサトウキビ

砂糖の原料として欠かせないサトウキビだが、酒類の原料としても使われている。最近流行している黒糖焼酎や、洋酒ではラム酒もサトウキビが原料だ。

サトウキビの本来の用途である砂糖だが、ロシアでは年間６３０万トンの消費量に対して自国の生産量はその半分程度しかないため、残りを輸入に頼っているのが現状だ。消費大国であるアメリカも生産量は７８０万トン（世界4位）と多いが、消費量が９３０万トンと生産量を１５０万トン上回っている。

日本の場合は93万トンを生産しているが、約１４０万トンは輸入に頼っている。海外でのサトウキビ栽培は植付け以外ほとんど手がかからないが、日本では植付けと刈り入れの間に雑草防除作業、養分や水分の吸収を良くするために、培土をするなどの手間がかかるので多くは栽培されていない。

サトウキビの世界最大の生産国は何といっ

## サトウキビの生産国と砂糖の流通

**バイオエタノールの主要生産国**（2004年）

| | | |
|---|---|---|
| 1 | ブラジル | 1,280万キロリットル |
| 2 | アメリカ | 1,070万キロリットル |
| 3 | 中国 | 294万キロリットル |
| 4 | インド | 140万キロリットル |
| 5 | ロシア | 59万キロリットル |

出典：環境省「第1回エコ燃料利用推進会議」

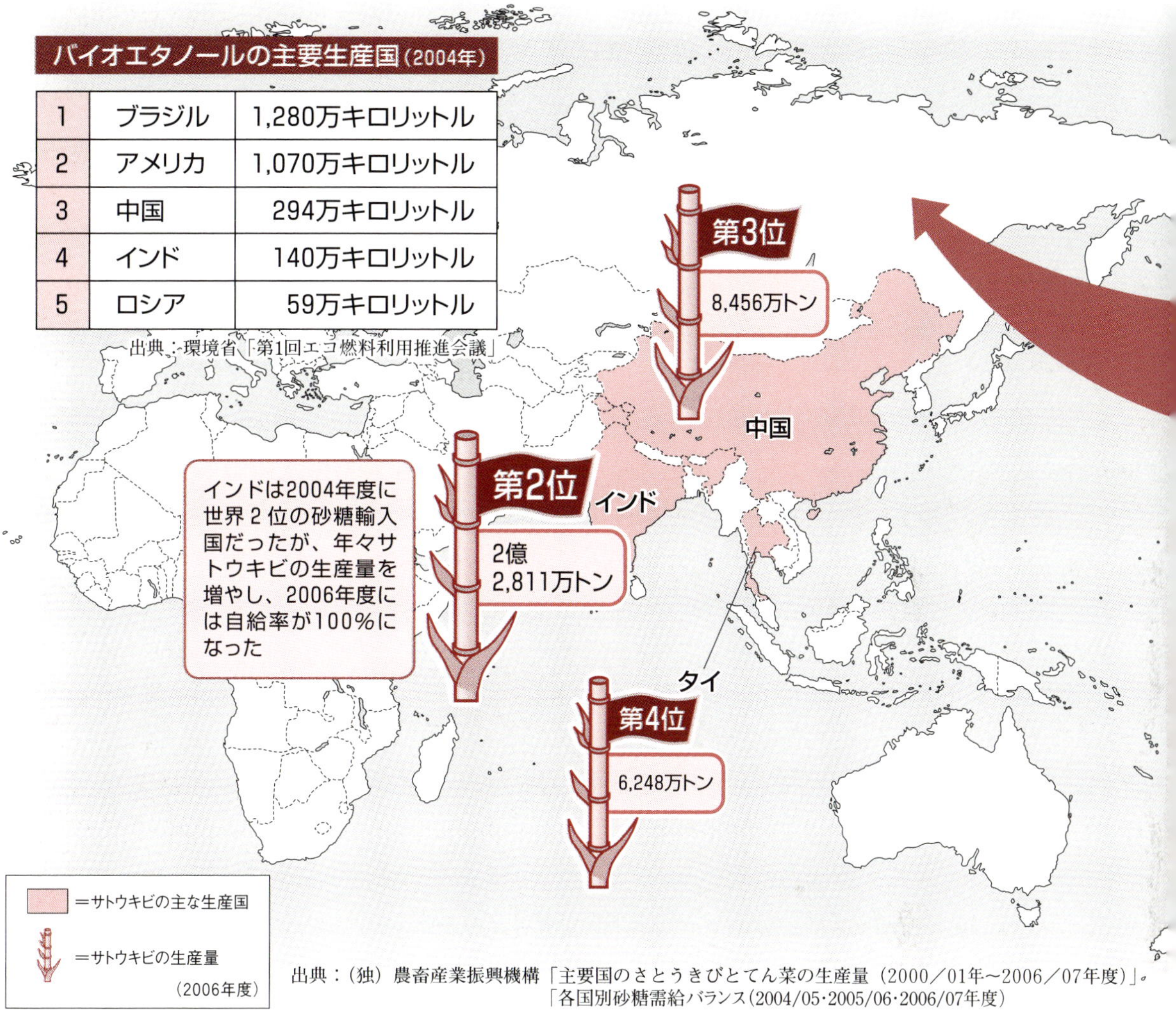

第3位
8,456万トン
中国
第2位
インド
2億
2,811万トン
インドは2004年度に世界2位の砂糖輸入国だったが、年々サトウキビの生産量を増やし、2006年度には自給率が100%になった
タイ
第4位
6,248万トン
＝サトウキビの主な生産国
＝サトウキビの生産量
（2006年度）


出典：（独）農畜産業振興機構「主要国のさとうきびとてん菜の生産量（2000／01年～2006／07年度）」。「各国別砂糖需給バランス（2004/05・2005/06・2006/07年度）

ても**ブラジル**で、年間生産量約2億6000万トンを誇る。次いでインドの約2億3000万トン、中国の8500万トンと続く。この三大生産国では、インドと中国ではともに消費量と生産量がほとんど同じであり、大量の自国民を食べさせていくために生産している食糧事情がうかがえる。

それに対して、ブラジルは消費量よりも輸出量が上回っており、サトウキビが貿易上有益な作物と扱われていることがわかる。

加えて、1980年代からブラジルではサトウキビから**エチルアルコール**を取り出して、自動車燃料に使おうという研究が行われている。2004年の段階ですでに1280万kℓものエタノールを生産しており、エタノール生産国としてもアメリカを抜いて世界1位となっている。

近年の原油高を背景に、このエタノールを**自動車燃料**に使うという動きが各国の注目を集めている。インドではガソリンへのエタノールの5%混合が可能になるように法を改正しており、中国では輸入コーンからエタノールを製造しガソリンとの混合を計画しているという。

こうした動きから、砂糖の価格が原油相場に左右されるようになってきている。つまり、原油価格が上昇すると代替燃料としてのエタノールの需要が高まり、サトウキビが大量に必要になってくる。そうすると、サトウキビの需要に押され価格が高騰するというわけである。

# 小麦

# 高騰を続ける世界の最重要食材

## ２００６年の大凶作を回復できるのか？

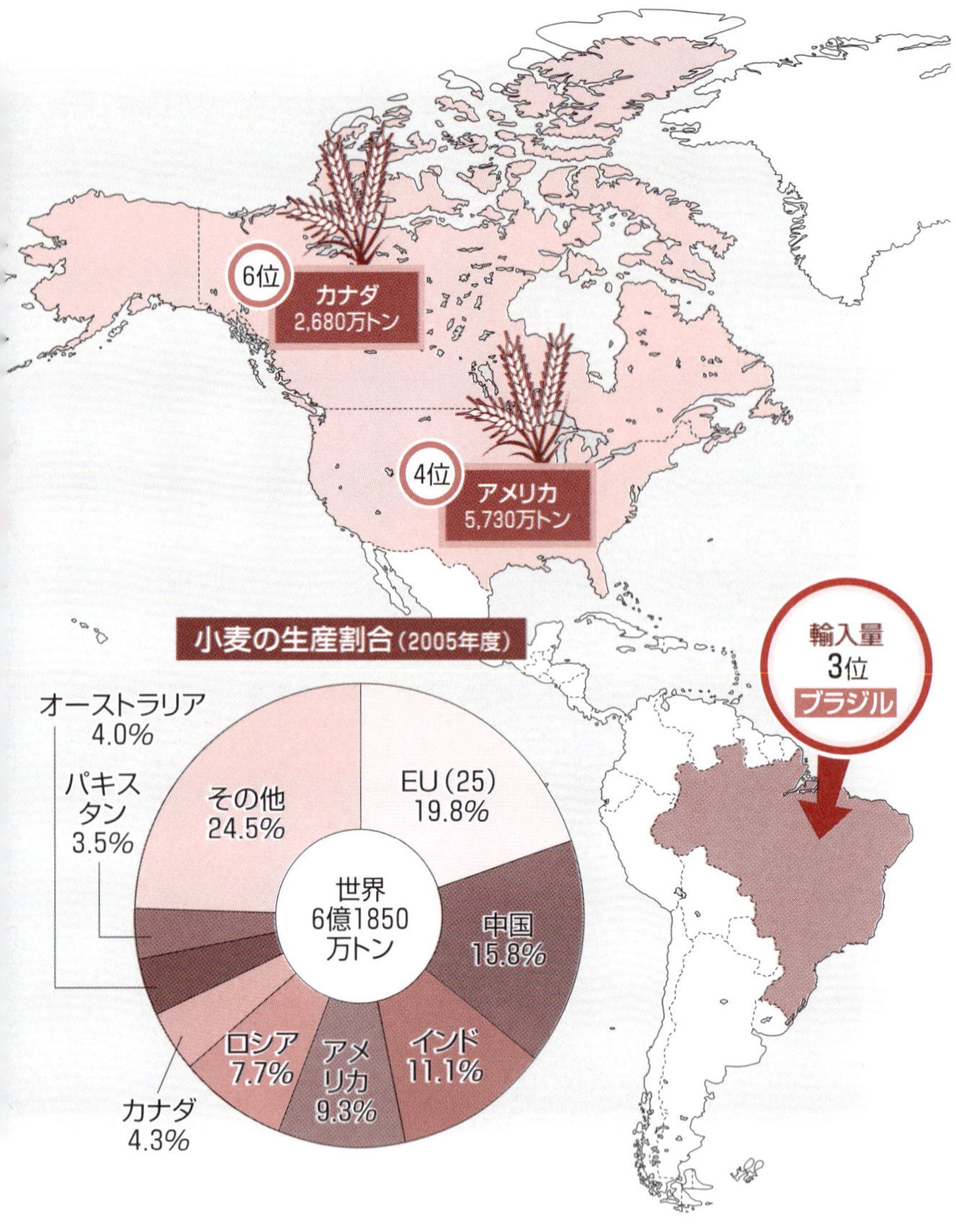
6位
カナダ
2,680万トン
4位
アメリカ
5,730万トン
輸入量
3位
ブラジル
小麦の生産割合（2005年度）
世界
6億1850
万トン
EU（25）
19.8％
中国
15.8％
インド
11.1％
アメリカ
9.3％
ロシア
7.7％
カナダ
4.3％
オーストラリア
4.0％
パキスタン
3.5％
その他
24.5％

### オーストラリアの干ばつで讃岐うどんが値上がり

パンやめん類の原料となる小麦は、世界を代表する穀物のひとつ。今、この小麦の価格が世界的に高騰している。その最大の理由は、２００６年にオーストラリアで起きた**大規模な干ばつ**だ。

オーストラリアは世界でも主要な小麦生産国であり、これまで毎年２３００万〜２６００万トンの生産量を誇っていた。ところが、２００６年はこの生産量が半分以下の１０００万トンにまで落ち込んでしまったのである。

さらに、これに世界生産量第4位のアメリカの不作が追い討ちをかけた。これにより２００６年度の世界の小麦生産量は6億トンとなり、前年度よりおよそ２０００万トンも減ってしまったのである。

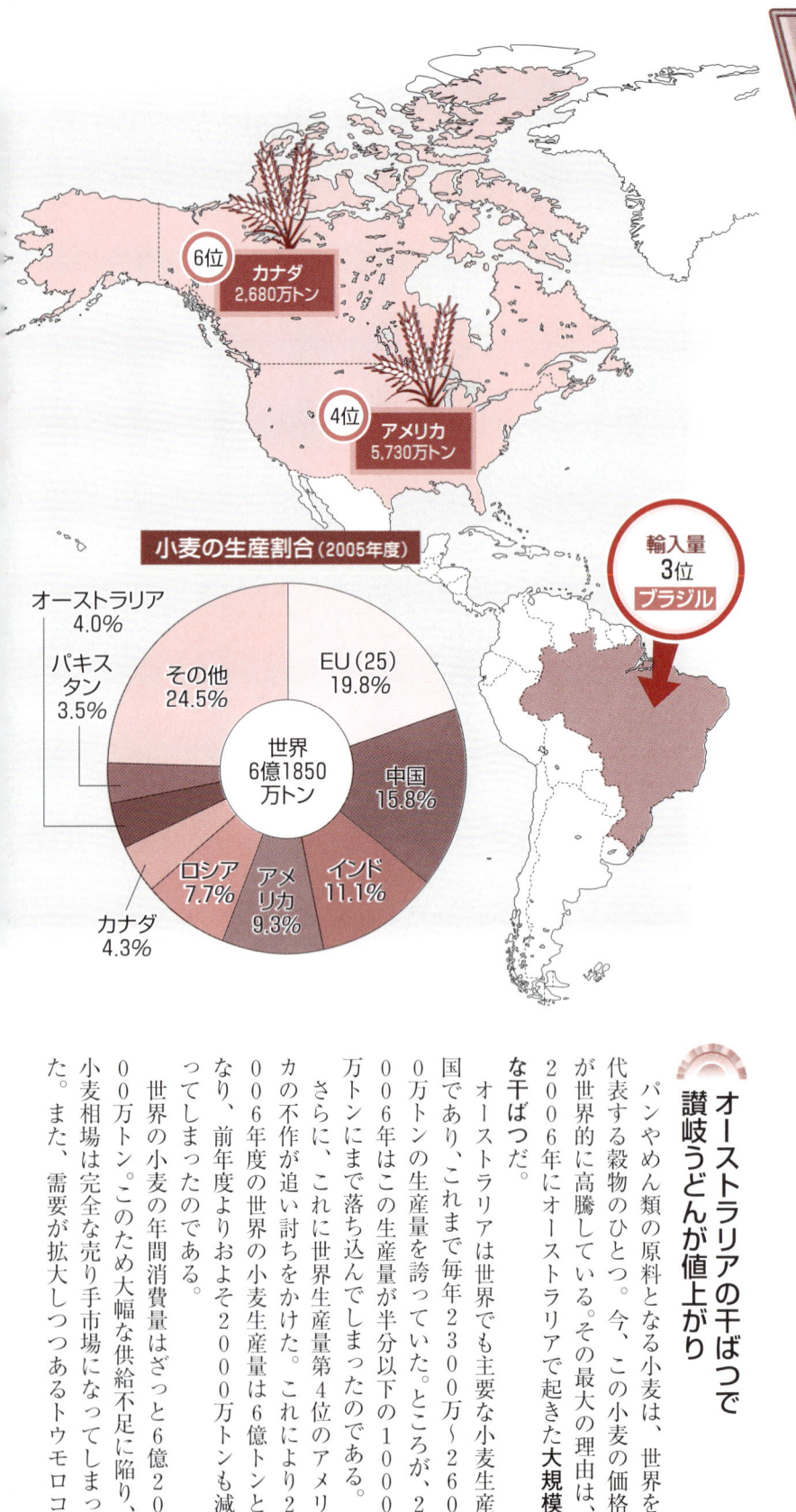

世界の小麦の年間消費量はざっと6億２０００万トン。このため大幅な供給不足に陥り、小麦相場は完全な売り手市場になってしまった。また、需要が拡大しつつあるトウモロコ

## 小麦の主要生産国と輸入国

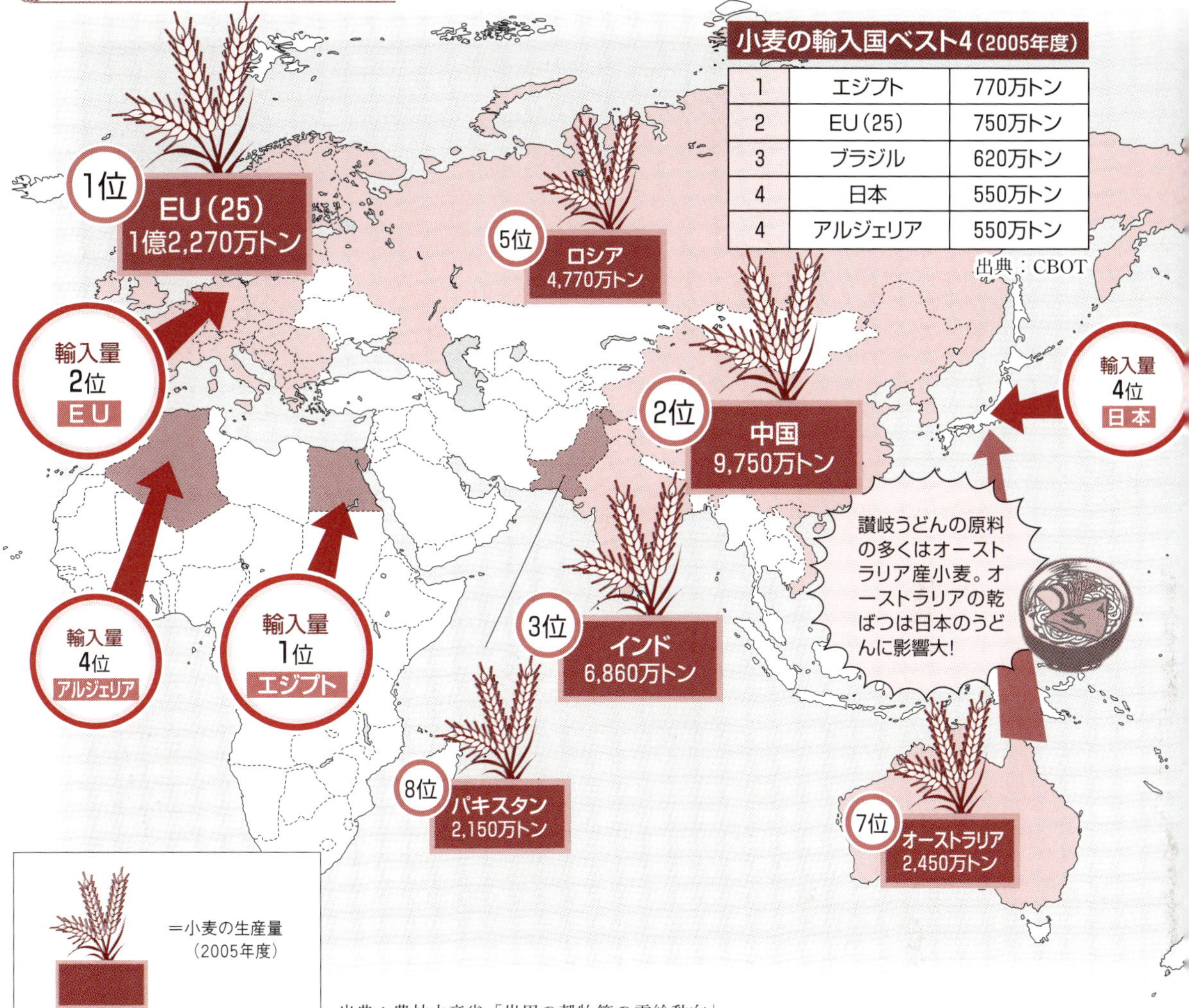
1位
EU（25）
1億2,270万トン
5位
ロシア
4,770万トン
2位
中国
9,750万トン
3位
インド
6,860万トン
8位
パキスタン
2,150万トン
7位
オーストラリア
2,450万トン
輸入量
2位
ＥＵ
輸入量
4位
アルジェリア
輸入量
1位
エジプト
輸入量
4位
日本
讃岐うどんの原料の多くはオーストラリア産小麦。オーストラリアの乾ばつは日本のうどんに影響大!
＝小麦の生産量
（2005年度）

小麦の輸入国ベスト4（2005年度）

| | | |
|---|---|---|
| 1 | エジプト | 770万トン |
| 2 | EU（25） | 750万トン |
| 3 | ブラジル | 620万トン |
| 4 | 日本 | 550万トン |
| 4 | アルジェリア | 550万トン |

出典：CBOT

出典：農林水産省「世界の穀物等の需給動向」

シの作付けを優先する農家が増えていることも、小麦の生産減と価格上昇の要因になっている。幸い、２００７年は天候に恵まれオーストラリアでも豊作が予測されており、例年の水準まで回復しそうだ。

小麦の生産量で世界第2位は**中国**である。世界全体の約2割を占めており、文字通りの小麦大国だ。ところが、輸出ではトップ5にすら入っていない。上位5カ国とはＥＵ、中国、インド、アメリカ、ロシアなのである。

生産量世界一（ＥＵを除く）の中国でなぜ輸出量が少ないのかというと、国内需要がことのほか旺盛で、生産された小麦のほとんどが国内消費に回されてしまうからだ。

ちなみに、日本の年間消費量は６３０万トン。このうち国産は70万トンで、残りは輸入に頼っている。最大の輸入先はアメリカで、輸入量の半分を占めている。また、オーストラリアからの輸入も多く、これは主にうどんやパスタなどめん類の原料となっている。

実は香川県の「讃岐うどん」が原材料の高騰を理由に昨年値上げされたのは、前述したオーストラリアでの干ばつが原因だったのだ。国産の小麦は生産量が十分ではなく、輸入に頼らざるを得ない。日本では古来から食べられているうどんも、今ではオーストラリアを抜きにして語れないのである。

なお、欧州では小麦もバイオエタノールの原料として使われており、今後も小麦の動向には目が離せない状況が続きそうだ。

# 大豆

# 止まらぬ需要増加による"穀物インフレ"の不安

## 日本は輸入全体の8割をアメリカ大陸に依存

### 中国の需要急増が価格高騰の主要因

大豆の生産では、生産効率を上げるための**遺伝子組換え技術**が盛んに利用されている。その是非をめぐっては盛んに議論されており、世界の多くの国々で作付けされているが、主な生産国となるとアメリカ、アルゼンチン、ブラジルなどほんの数カ国に限られる。

なかでも**アメリカの生産量が全体の4割**までを占めており、まさにアメリカが世界の大豆市場の中心といっても過言ではないのだ。アメリカでの栽培地域は中西部に集中しており、大型の農作機械を使って大量生産しているため、単位面積あたりの収穫量は生産国の中で群を抜いている。

しかし、いくら農作業を機械化しても、大豆の生育に必要な天候までコントロールすることはできない。大豆の生育で最も大切な時期に当たる7~8月に平年より気温の高い日が続いたり、あるいは逆に雨が少なかったりすると、すぐに収穫量に影響が出てしまう。

万が一アメリカで不作になるような事態が起こると、たちまち需給バランスが崩れて世界で大豆が高騰したり不足するということになる可能性もある。実際、２００３年は世界的に大豆が不作で、翌年の大豆市場は当時の市場最高値にまで高騰してしまった。

大豆の世界生産量は年間2億２０００万トン（２００５年度）だが、ここ数年は**中国の需要の伸び**がめざましく、同時に世界の消費量も増加傾向にある。今のところ生産が消費を１０００万トン近く上回っているが、このまま中国の需要が増え続けるようなら、近い将来に消費に生産が追いつかなくなり、価格も高値で張り付く可能性も十分にある。

### 輸入大豆のうち8割は食用油と飼料に加工される

一方、日本の大豆についてはそのほとんどが外国産である。国内消費のうち国産で賄っているのは、わずか16万トン程度にすぎない。それに対して輸入は４００万トンを超えており、圧倒的な輸入超過である。

最大の輸入相手国はいうまでもなくアメリカで、輸入量全体の実に7割を占めている。そのほかブラジルも全体の1割にのぼり、この2カ国で8割を占めている計算になる。ただし、輸入される大豆の8割は精製されて植物性の**大豆油**になり、絞りかすは**大豆ミール**になる。

大豆油はサラダ油など食用油として、大豆ミールは家畜の飼料として利用されており、残りの2割が豆腐やしょう油に加工されているのだ。

アメリカでは日本向けの大豆の輸出量が増えていることから、品種改良が盛んに行われ、日本人好みの味になるよう栽培されている。ちなみに、輸入大豆で豆腐の原料になっているのは、主にアメリカとカナダ産だ。

トウモロコシ、小麦とともに、大豆もバイオディーゼルの原料として期待されていることから、今後需要が減ることは考えにくい。日本人になじみの深い多くの製品が大豆に由来することを考えると、自給率を高めるとともに資源確保の努力が必要になるだろう。

## 大豆の主要生産国と輸入国

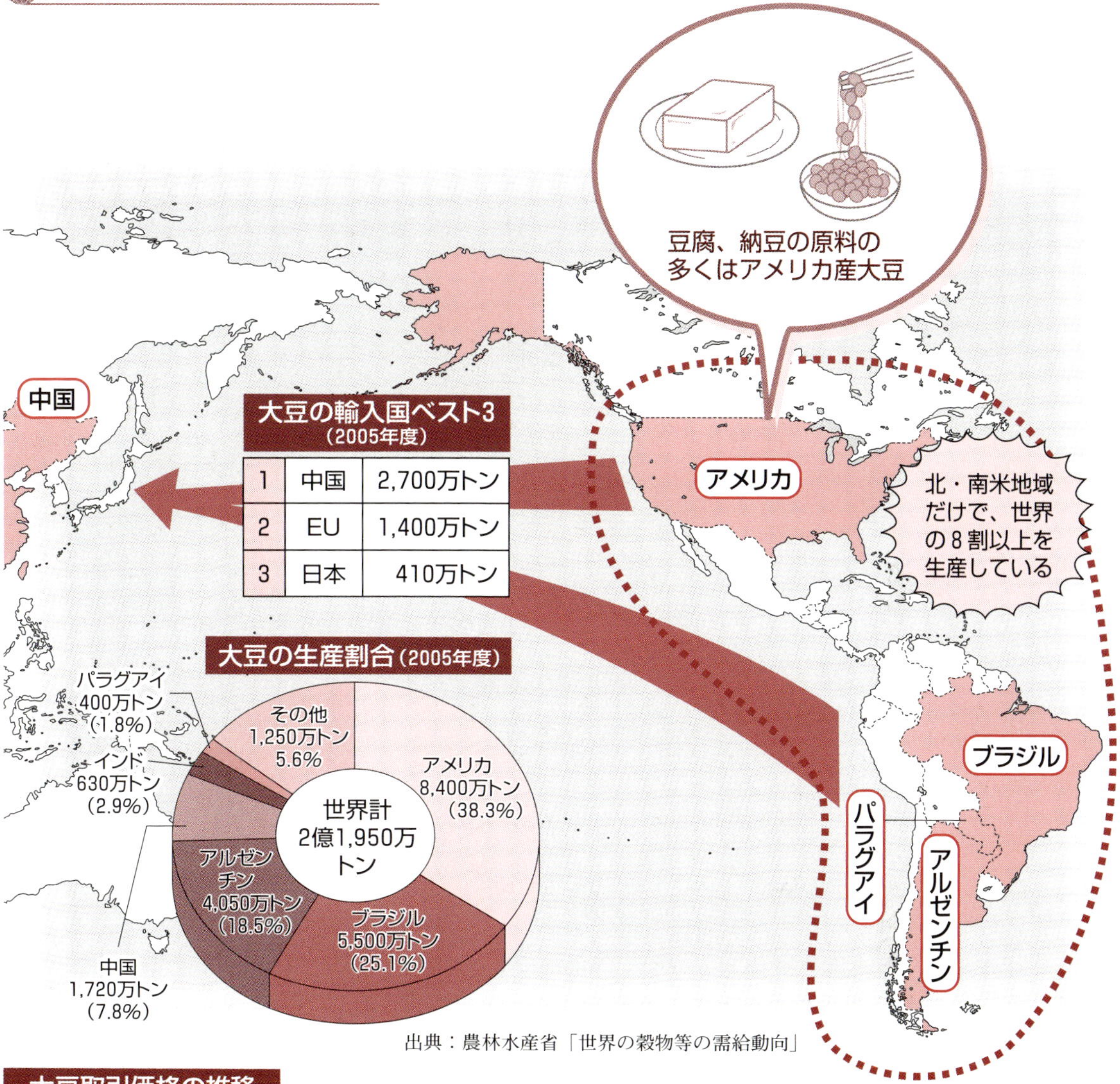
豆腐、納豆の原料の
多くはアメリカ産大豆
中国
アメリカ
北・南米地域
だけで、世界
の８割以上を
生産している
ブラジル
パラグアイ
アルゼンチン
大豆の生産割合（2005年度）
パラグアイ
400万トン
（1.8%）
インド
630万トン
（2.9%）
その他
1,250万トン
5.6%
アメリカ
8,400万トン
（38.3%）
世界計
2億1,950万
トン
アルゼンチン
4,050万トン
（18.5%）
ブラジル
5,500万トン
（25.1%）
中国
1,720万トン
（7.8%）

**大豆の輸入国ベスト3**
（2005年度）

| | | |
|---|---|---|
| 1 | 中国 | 2,700万トン |
| 2 | EU | 1,400万トン |
| 3 | 日本 | 410万トン |

出典：農林水産省「世界の穀物等の需給動向」

### 大豆取引価格の推移

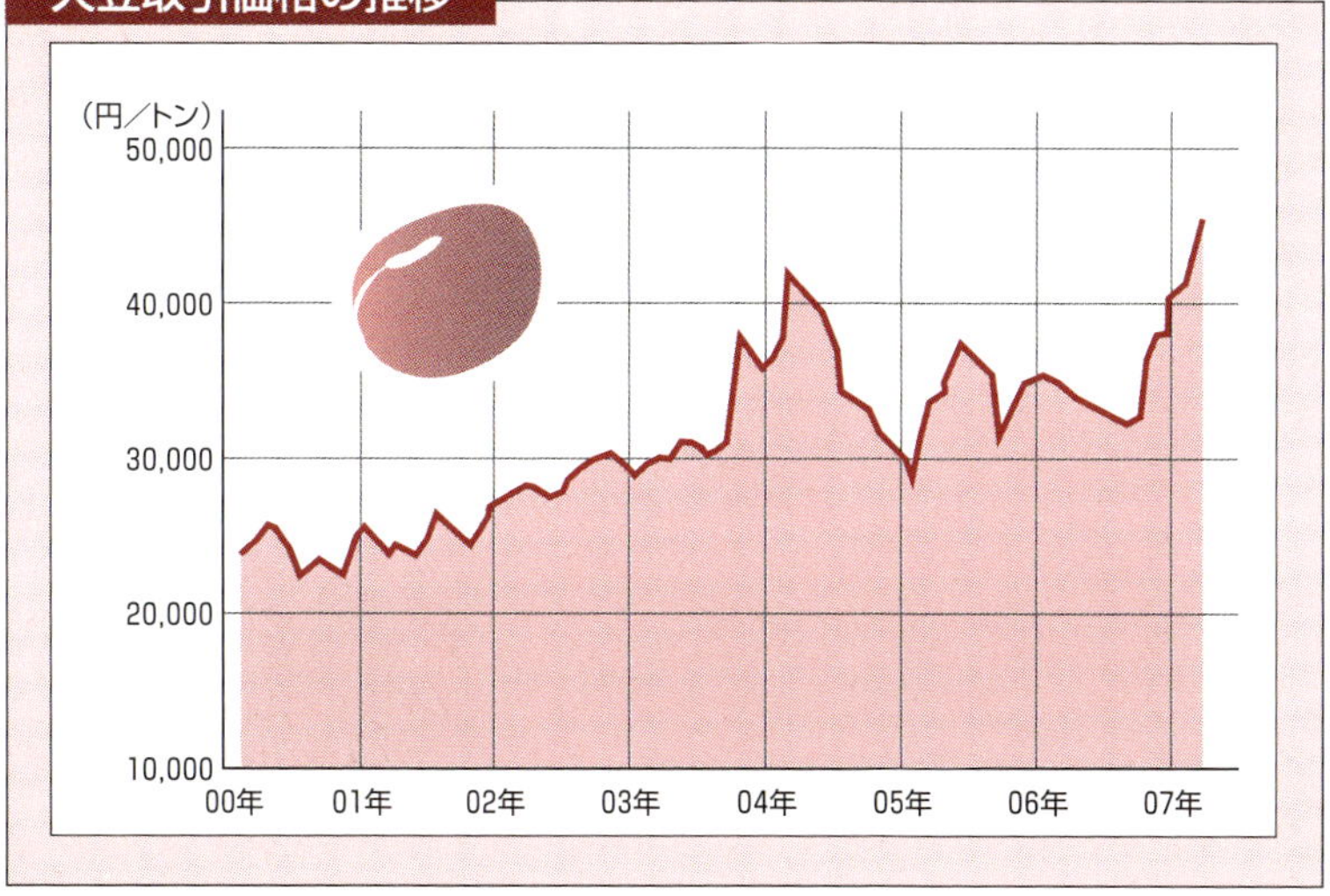
（円／トン）
50,000
40,000
30,000
20,000
10,000
00年
01年
02年
03年
04年
05年
06年
07年

# 牛肉

# BSE問題で変わる世界の「牛肉地図」

## 日本の畜産農家はブランドで差別化を図る

### 世界一の牛肉消費国は意外にもアルゼンチン

ハンバーガーや牛丼など、身近な食材として日本人に定着している牛肉。１９９０年に５・５kgだった日本人１人あたりの年間牛肉消費量も、２０００年には７・４kgと10年間で２kg近く増加している。

世界で最も牛肉を消費するのは**アルゼンチン**で、年間１人あたり62・３kg。２位がアメリカの43・２kgなので、いかに突出しているかがわかるだろう。それに比べると日本はまだまだ〝肉食国家〟とは言えないが、消費量が拡大傾向にあることに間違いはない。

日本の輸入量は世界第３位の約43万トンで、イタリアやイギリスよりも多い。狭い日本では牛の飼育はコスト的に不利な要素が多く、**牛肉の自給率は34%**しかない。50%以上を維持している豚肉や鶏肉に比べるとかなり低く、輸入に頼らざるを得ないのが現状だ。

このため、国産牛肉は質での勝負を図り、松坂牛や神戸牛などを「高級ブランド牛」としてアピールし、牛丼・ハンバーガーに代表される格安な輸入牛肉と差別化を図っている。

世界での牛肉の生産状況をみると、最大の生産国はブラジルで２００５年の飼養頭数は２億７０００万頭。世界全体の約15%を占めているが、そのうちの約80%が国内で消費されている。

最近**ＢＳＥ（牛海綿状脳症）問題**で深刻な打撃をこうむったアメリカの生産量は、ブラジル、インド、中国に次いで世界第４位。オージービーフとして日本でも馴染み深くなったオーストラリアは、生産量では世界第９位にすぎないが、輸出量は世界１位。これは牛のほうが人口（約２０００万人）よりも多く、大半を輸出に回していることと、ＢＳＥが一件も発生していないことが要因だ。

### 工場式畜産のメリットとデメリット

先進国では牛肉消費率が高いが、発展途上国においても牛肉を含めた食肉の生産は増えていて、それにともなって消費量も徐々に増えていくとみられている。

消費量が増えれば当然生産量を増やすしかないが、家畜を外で放牧する古典的な形態（牧草飼育）では対応できなくなってきている。そのため、生育スペースを限定する**工場式畜産**が急速に発展しており、世界の牛肉生産量の43%が工場式畜産になっているのが実情だ。

アジア諸国でもこの方法が将来主流になると予測されている。放牧に比べて工場式畜産は効率的で生産性が高いというメリットがある。その工場式畜産では主に飼料としてトウモロコシと大豆の混合飼料が使われるが、この飼料を食べると牛は短期間で太り、太った牛は市場でも高く売れるからだ。

しかし工場式畜産にも問題がある。飼料となる大豆などの穀物が大量に必要で、１kgの牛肉を生産するのに11kgもの飼料穀物が必要になるのだ。世界的な穀物不足のなか、穀物は食糧としても重要な位置にあるが、それが家畜の飼料として費されていることは、世界の格差を象徴している。

## 牛肉の主要生産国の養牛数と輸出入

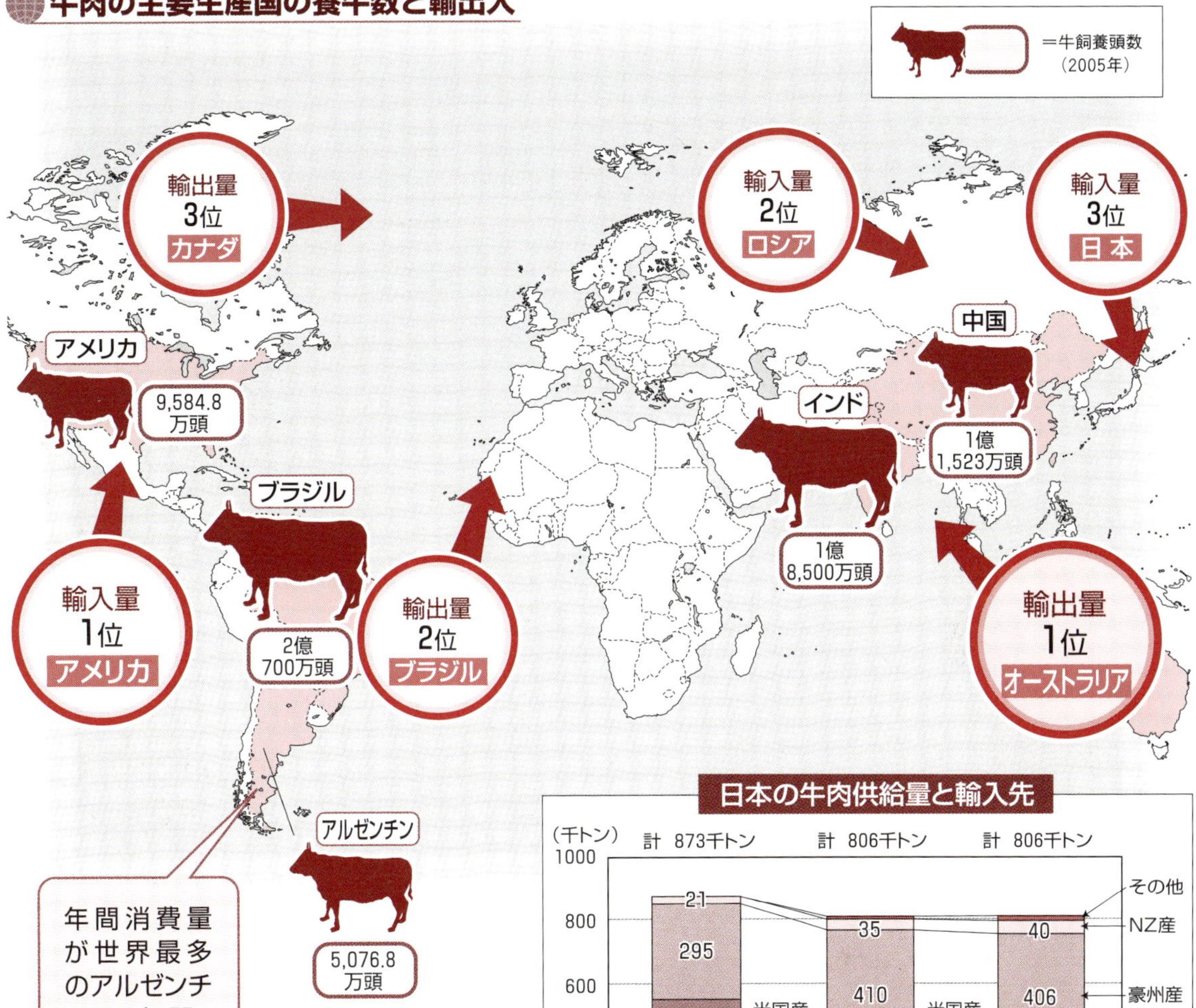

＝牛飼養頭数
（2005年）
輸出量
3位
カナダ
輸入量
2位
ロシア
輸入量
3位
日本
アメリカ
9,584.8
万頭
中国
1億
1,523万頭
インド
1億
8,500万頭
ブラジル
2億
700万頭
輸入量
1位
アメリカ
輸出量
2位
ブラジル
輸出量
1位
オーストラリア
アルゼンチン
5,076.8
万頭


年間消費量が世界最多のアルゼンチンは、年間1人あたり62.3キロも食べる!

### 日本の牛肉供給量と輸入先

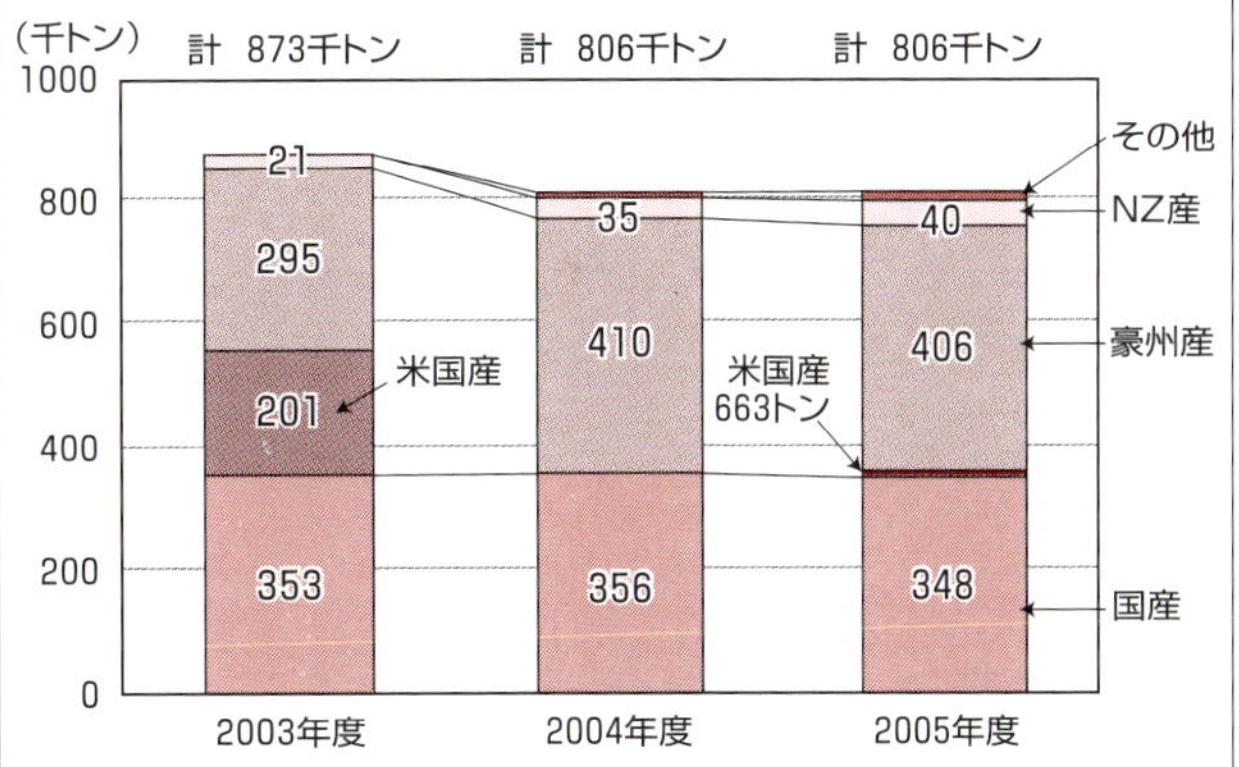

（千トン）
計 873千トン
計 806千トン
計 806千トン
1000
800
600
400
200
0
21
295
201
353
35
410
356
40
406
348
米国産
米国産
663トン
その他
NZ産
豪州産
国産
2003年度
2004年度
2005年度


出典：農林水産省「畜産物流通統計」、財務省「日本貿易統計」

BSE問題の影響で2004年から米国産牛肉が姿を消す

### 牛肉の輸出入国ベスト5（2004年）

| 輸出 | | |
|---|---|---|
| 1 | オーストラリア | 約96万トン |
| 2 | ブラジル | 約93万トン |
| 3 | カナダ | 約43万トン |
| 4 | ニュージーランド | 約42万トン |
| 5 | ドイツ | 約37万トン |

| 輸入 | | |
|---|---|---|
| 1 | アメリカ | 約111万トン |
| 2 | ロシア | 約51万トン |
| 3 | 日本 | 約43万トン |
| 4 | イタリア | 約38万トン |
| 5 | イギリス | 約28万トン |

出典：総務省統計局「世界の統計 2007」
農林水産省「農産物品目別貿易統計」

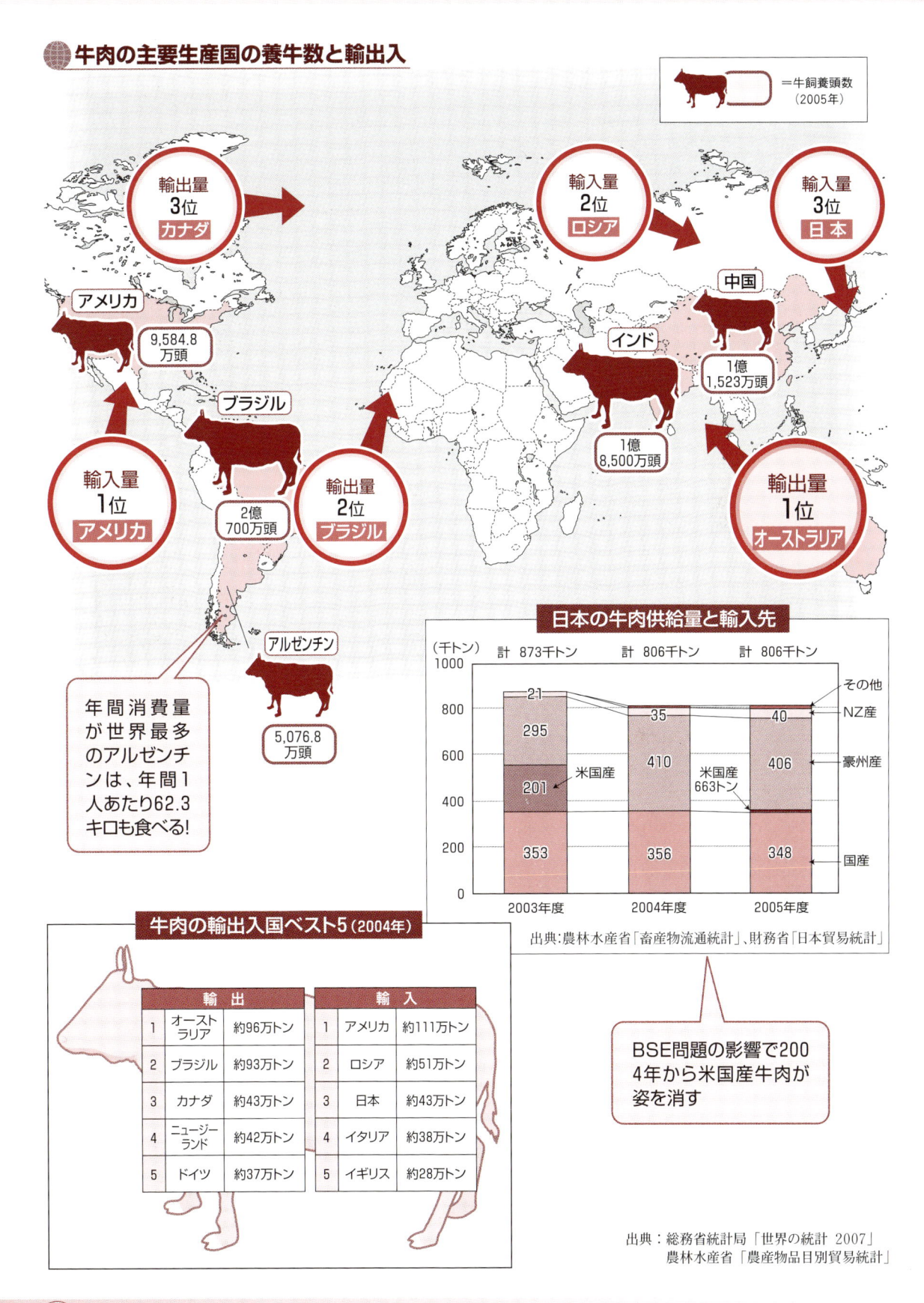

# 豚肉

# 食の安全で見直される重要な〝タンパク源〟

## 中国が飼育頭数、消費量ともにトップ

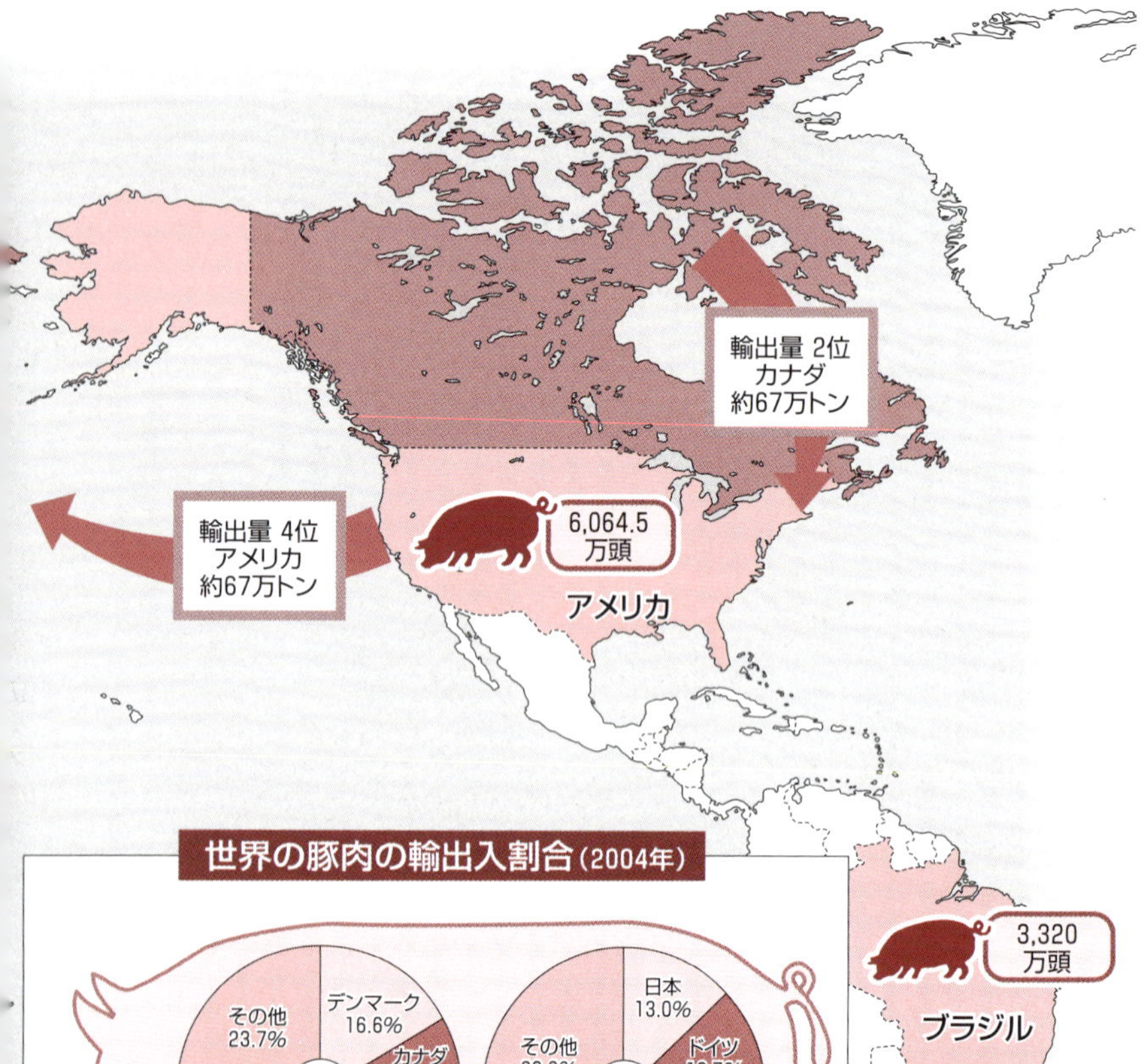
輸出量 2位
カナダ
約67万トン
輸出量 4位
アメリカ
約67万トン
6,064.5
万頭
アメリカ
3,320
万頭
ブラジル

世界の豚肉の輸出入割合（2004年）

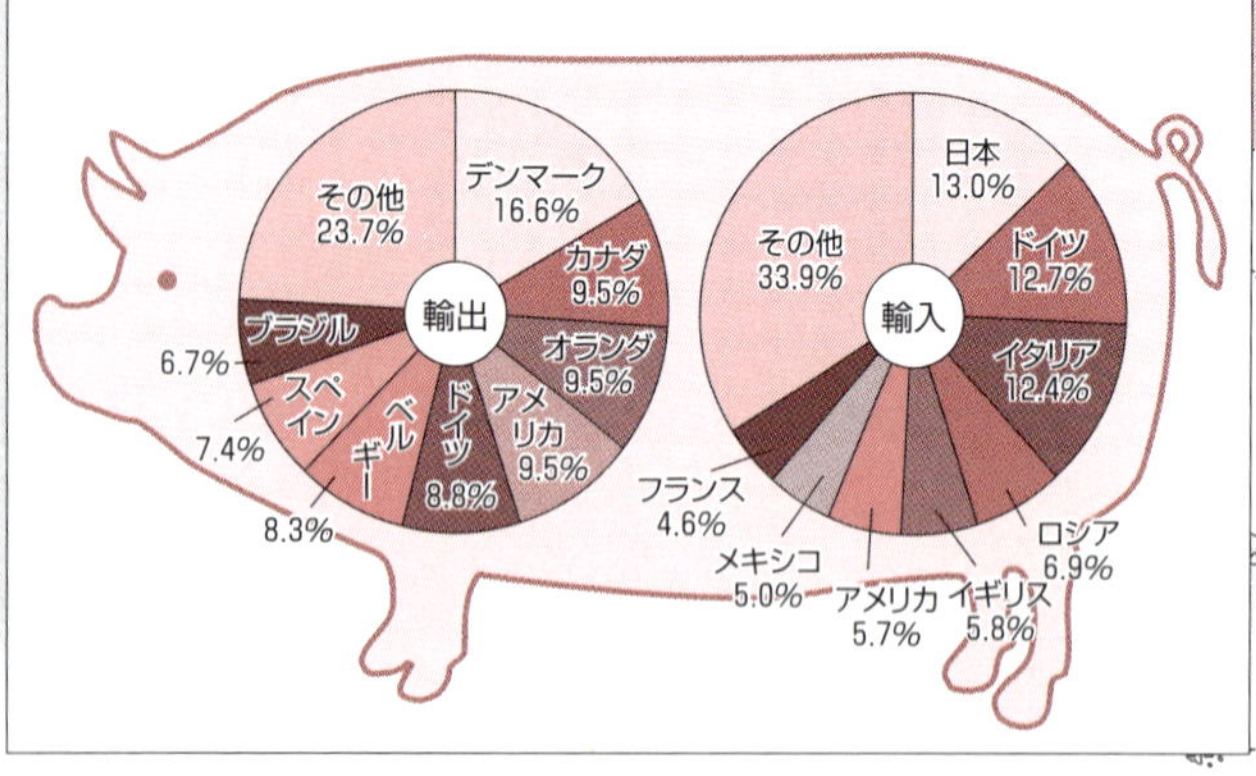
輸出
デンマーク 16.6%
カナダ 9.5%
オランダ 9.5%
アメリカ 9.5%
ドイツ 8.8%
ベルギー 8.3%
スペイン 7.4%
ブラジル 6.7%
その他 23.7%
輸入
日本 13.0%
ドイツ 12.7%
イタリア 12.4%
ロシア 6.9%
イギリス 5.8%
アメリカ 5.7%
メキシコ 5.0%
フランス 4.6%
その他 33.9%

### 日本では牛肉より重要なタンパク源

日本人１人あたりの年間消費量でみると、牛肉の12kgに対して豚肉は17kgと明らかに多い。**ＢＳＥ問題の影響**もあるだろうが、豚肉はやはり価格も手ごろであり日本人に親しみやすい肉だといえる。

牛肉に関してはその多くを輸入に頼っていることは周知の事実だが、輸入豚肉といってもいまひとつピンとこない感がある。事実、日本の豚肉自給率は51%（２００４年・重量ベース）に達し、東京都内でも行われているほど養豚業が根付いている。しかし、その養豚を行うための飼料はほとんどを輸入に頼っており、それに障害が発生すればたちまち養豚にも影響が出てしまう。

世界的にみて、圧倒的に養豚が盛んなのは**中国**で、全世界における豚の飼養頭数のほぼ半数が中国で飼育されている。中国料理で豚肉が使われる頻度が高いという事情もあり、中国人１人あたりの年間消費量は30kg以上。

## 豚肉の主要生産国の養豚数と輸出入量

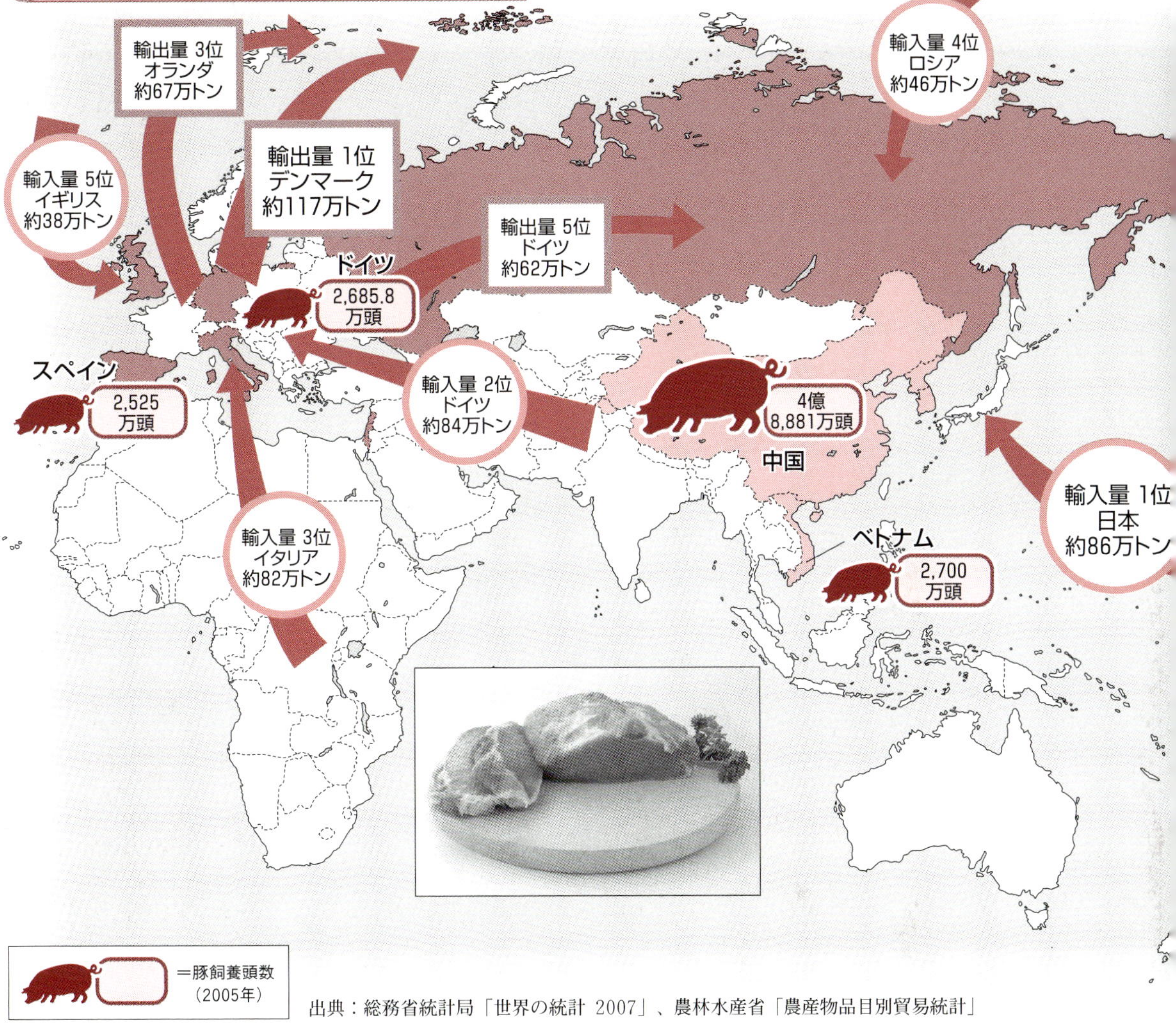

輸出量 3位
オランダ
約67万トン
輸出量 1位
デンマーク
約117万トン
輸入量 4位
ロシア
約46万トン
輸入量 5位
イギリス
約38万トン
輸出量 5位
ドイツ
約62万トン
ドイツ
2,685.8
万頭
スペイン
2,525
万頭
輸入量 2位
ドイツ
約84万トン
4億
8,881万頭
中国
輸入量 1位
日本
約86万トン
輸入量 3位
イタリア
約82万トン
ベトナム
2,700
万頭
＝豚飼養頭数
（2005年）


出典：総務省統計局「世界の統計 2007」、農林水産省「農産物品目別貿易統計」

余すところなく中国では国内で消費される豚肉が多く、輸出先は香港、北朝鮮などに限定されている。

一方、日本の輸入豚肉で一番多いのは30％を占める**デンマーク産**（２００６年）である。デンマークにおける豚の飼養頭数は世界第13位で全体の2％にも満たないが、昔からこの国での養豚は重要な伝統的産業だった。

日本でも北欧のデンマークという国の持つポジティブなイメージを利用して、盛んに宣伝活動が行われてきた。これまではハムやソーセージなど加工品主体の輸入だったが、より商品価値の高い生鮮豚肉へのシフトも図っている。

世界の豚肉の生産事情をみてみると、特徴的なのがアメリカの豚肉貿易だろう。アメリカは豚肉を大量に輸出しているものの、同時にカナダから大量の豚肉を輸入している。これはカナダとの貿易は、ＮＡＦＴＡ（北米自由貿易協定）内での単なる「移動」の意味合いが強いためである。

日本の豚肉業界では、最近のＢＳＥ問題や鶏肉の鳥インフルエンザの流行などを受けて、消費者の目を牛肉や鶏肉から豚肉に向けようと、銘柄豚肉の宣伝や生産国の売り込みなどの活動が行われている。

豚肉は牛肉と比べて**生産性が高く**、必要な飼料の量も牛肉の半分であり、広大な放牧用地も必要としない。そのため、特に発展途上地域などでの食糧問題解決の切り札として、世界的に注目されている食糧資源なのだ。

# 鶏肉

# 鳥インフルエンザが変えた貿易勢力図

## 日本で存在感を強める〝ブラジル産〟鶏肉

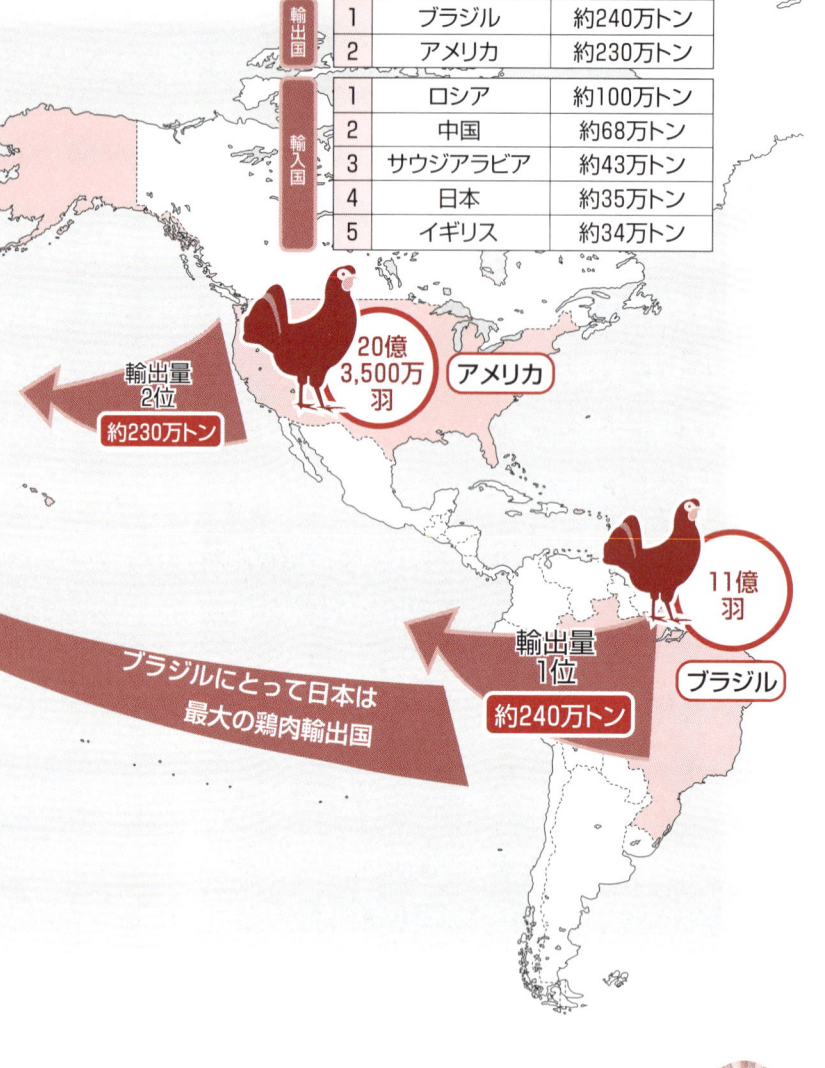

**鶏肉の主要輸出入国と輸入量(2004年)**

| | | | |
|---|---|---|---|
| 輸出国 | 1 | ブラジル | 約240万トン |
| | 2 | アメリカ | 約230万トン |
| 輸入国 | 1 | ロシア | 約100万トン |
| | 2 | 中国 | 約68万トン |
| | 3 | サウジアラビア | 約43万トン |
| | 4 | 日本 | 約35万トン |
| | 5 | イギリス | 約34万トン |

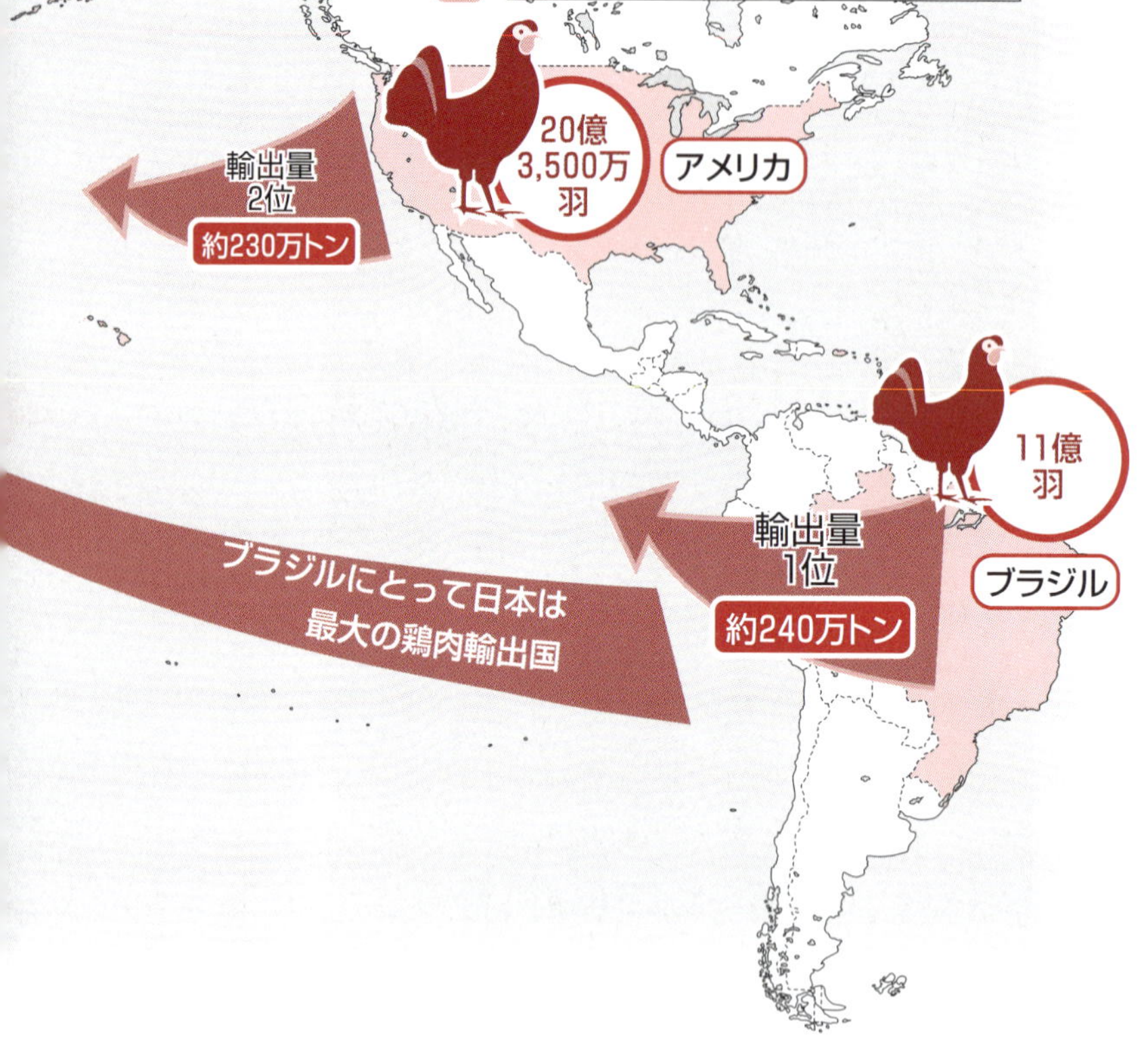

20億
3,500万
羽
アメリカ
輸出量
2位
約230万トン
11億
羽
ブラジル
輸出量
1位
約240万トン
ブラジルにとって日本は
最大の鶏肉輸出国


### 安価に大量生産できる身近なタンパク源

牛肉や豚肉に比べて脂肪が少ないため、あっさりしていて身近で好まれやすい鶏肉。さまざまな調理法で、大人から子供まで親しまれている。

ところで、日本における鶏肉の**自給率は約60%**で豚肉や牛肉と比べて高いが、これは養鶏に必要な土地面積が比較的小さいことから、国土が狭い日本でもコスト的に採算がとれるためだ。ちなみに、日本人1人あたりの平均鶏肉消費量は、年間で約10kgである。

牛肉や豚肉のように宗教的なタブーに触れることのほとんどない鶏肉は、世界中で生産されている。また、1kgの肉を生産するのに必要な穀物量は、牛肉で11kg、豚肉で7kgなのに対して、鶏肉は4kgと圧倒的に少ないため、動物性タンパク源として世界中で飼育され、食されている。

最も多く鶏を飼育しているのはここでもまた中国であり、**世界の鶏飼養数のおよそ4分**

## 主要生産国の養鶏数と鶏肉の輸出入量

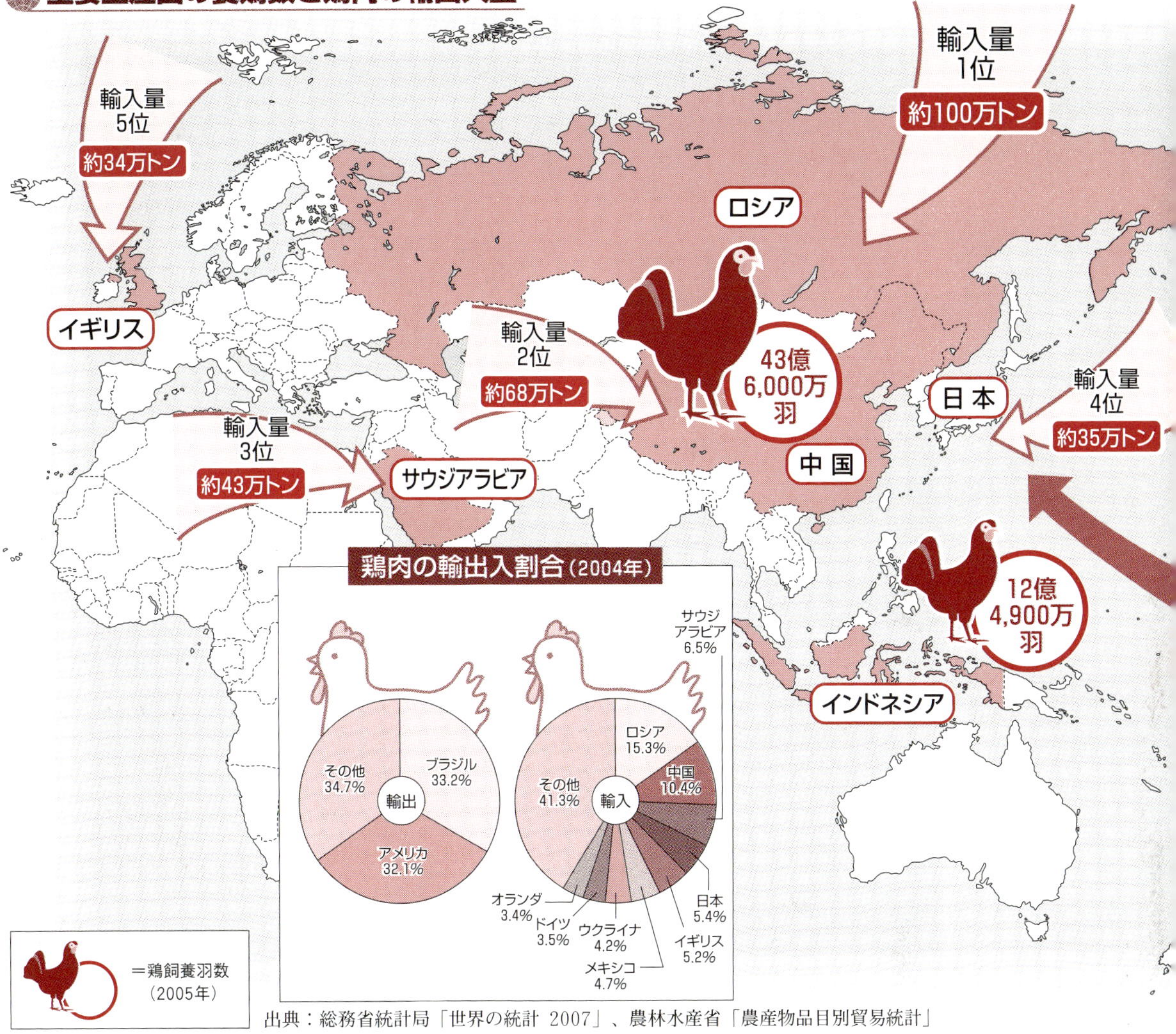
輸入量
1位
約100万トン
輸入量
5位
約34万トン
ロシア
イギリス
輸入量
2位
約68万トン
43億
6,000万
羽
輸入量
4位
約35万トン
日本
輸入量
3位
約43万トン
サウジアラビア
中国
12億
4,900万
羽
インドネシア
鶏肉の輸出入割合（2004年）
輸出
ブラジル 33.2%
アメリカ 32.1%
その他 34.7%
輸入
サウジアラビア 6.5%
ロシア 15.3%
中国 10.4%
日本 5.4%
イギリス 5.2%
メキシコ 4.7%
ウクライナ 4.2%
ドイツ 3.5%
オランダ 3.4%
その他 41.3%
＝鶏飼養羽数
（2005年）

出典：総務省統計局「世界の統計 2007」、農林水産省「農産物品目別貿易統計」

**の1**を占めている。日本も中国からの冷蔵品を輸入していたが、**鳥インフルエンザ**のヒトへの感染が起こった影響で、輸入停止措置が取られている（２００７年4月現在）。

世界各地で断続的に発生している鳥インフルエンザの影響は大きく、日本の代表的輸入先であった中国、アメリカ、タイに代わって、新たに**ブラジル**が台頭してきている。ブラジルの鶏肉輸出は、１９９９年にブラジルの通貨レアルが変動相場制に移行して以来増加を続けており、これは、レアル安になることでブラジル産鶏肉が価格競争力を高めた結果でもある。

輸出先のなかでも日本は金額、数量ともに最大の相手国で、鳥インフルエンザ問題が起きてからは、日本における鶏肉の輸入量のほとんどがブラジル産になった。

一方、鳥インフルエンザの被害を受けた中国、タイの鶏肉輸出に関しては、加熱調整品（焼き鳥、から揚げ）のみ輸入を許可する国が増えたことから、なんとか難をしのいでいる。これら加熱調整品は日本では主に、低コストが求められる外食チェーンなどで使われている。

２００７年3月、中国保健省は鳥インフルエンザウイルスのヒトへの感染による**新たな死亡例**を報告した。

近年の世界的な健康志向の高まりにより鶏肉が注目を集めているだけに、今後感染が拡大しないよう世界的な連携を強めていかなければならないだろう。

## 野菜・果実

# 流通手段の進化により低下する日本の自給率

### アメリカと中国からの輸入が大半を占める

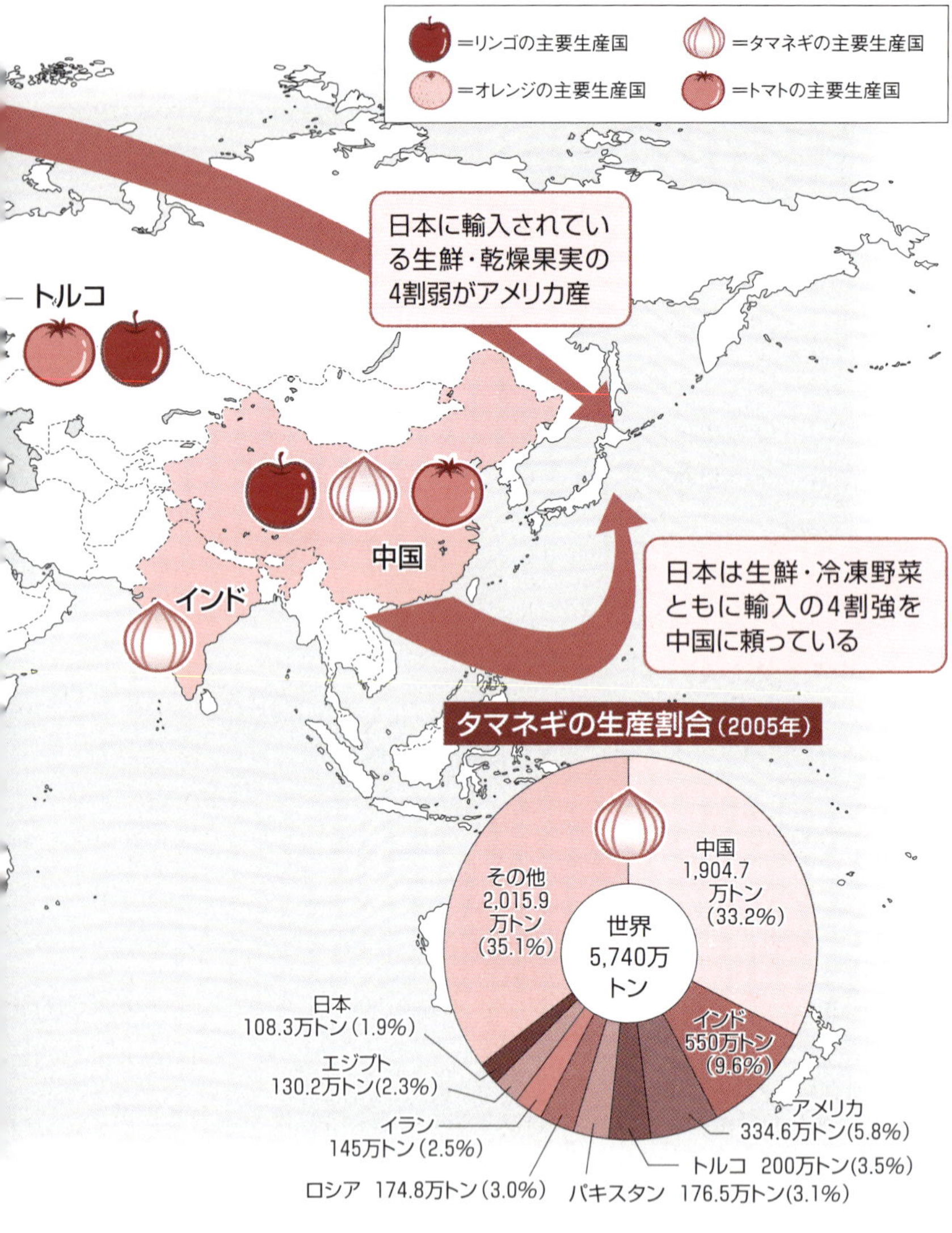

＝リンゴの主要生産国
＝タマネギの主要生産国
＝オレンジの主要生産国
＝トマトの主要生産国
日本に輸入されている生鮮・乾燥果実の4割弱がアメリカ産
トルコ
中国
インド
日本は生鮮・冷凍野菜ともに輸入の4割強を中国に頼っている
タマネギの生産割合（2005年）
世界 5,740万トン
中国 1,904.7万トン（33.2%）
その他 2,015.9万トン（35.1%）
インド 550万トン（9.6%）
アメリカ 334.6万トン（5.8%）
トルコ 200万トン（3.5%）
パキスタン 176.5万トン（3.1%）
ロシア 174.8万トン（3.0%）
イラン 145万トン（2.5%）
エジプト 130.2万トン（2.3%）
日本 108.3万トン（1.9%）


### 国家間の摩擦にもなった中国の残留農薬問題

野菜や果実は昔から「旬のもの」が一番とされ、産地直送が最も尊ばれている。長期保存が難しいため貿易には適さないというのが常識だった。だが、運送技術の進歩により、野菜や果物の流通範囲は確実に広がり、**グローバル化**しているのが現状だ。

広く生産されている野菜4品目（キャベツ・トマト・キュウリ・タマネギ）に関してみると、中国がやはり圧倒的に高い生産量を誇っている。温帯性の気候や広い土地に恵まれていることがこれらの野菜生産にとって有利なのは言うまでもない。

果実に関しては生育に適した条件が品目によって違うので一概に言えないが、代表的な果実についてみてみると、オレンジは比較的温暖な気候のブラジルやアメリカ、リンゴは寒冷な気候の地域が多い中国北部、バナナは熱帯性の気候のインドやブラジルの生産量が多くなっている。

## 主な野菜・果物の生産地と日本の輸入国

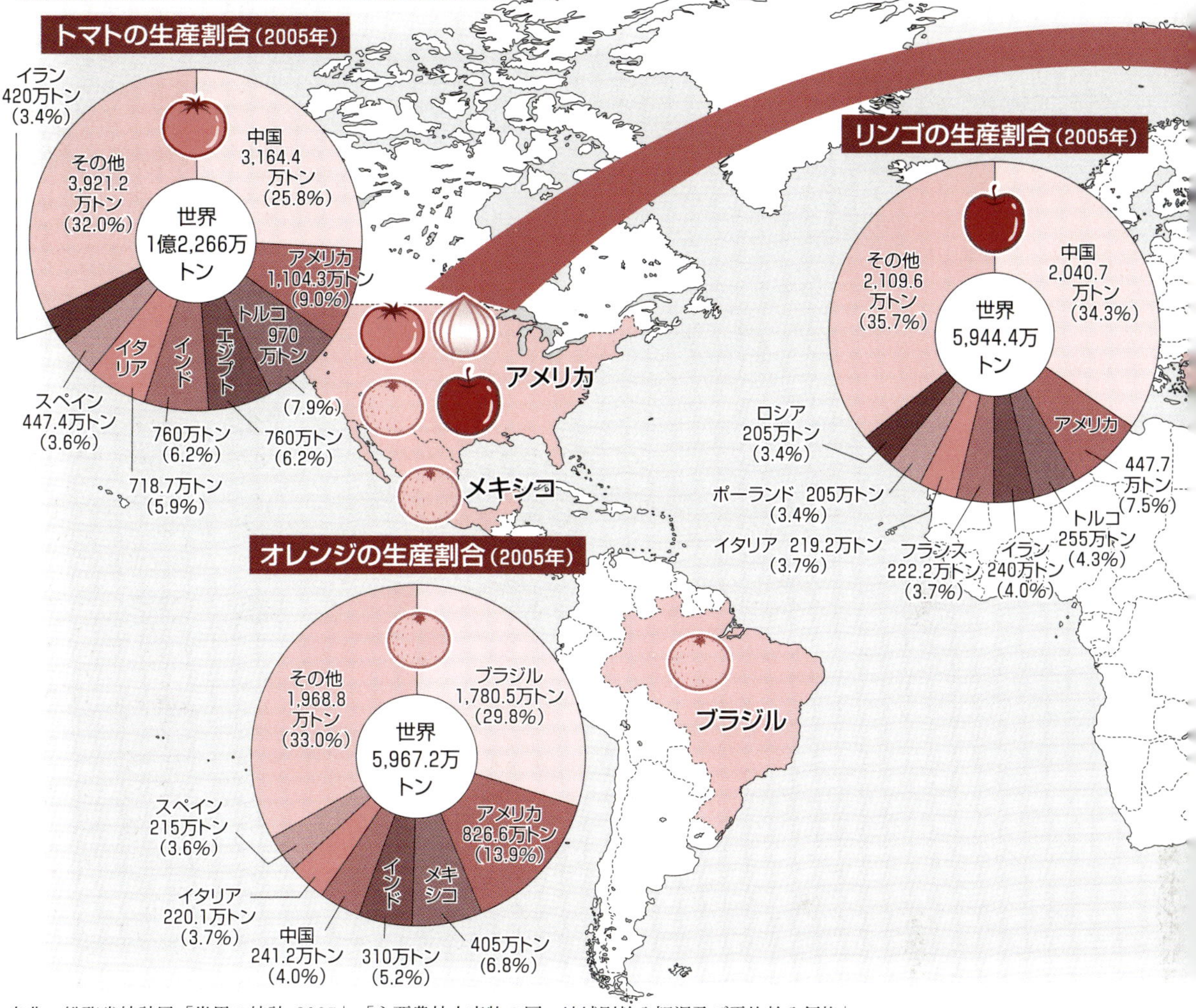

トマトの生産割合（2005年）
世界 1億2,266万トン
中国 3,164.4万トン（25.8%）
アメリカ 1,104.3万トン（9.0%）
トルコ 970万トン（7.9%）
エジプト 760万トン（6.2%）
インド 760万トン（6.2%）
イタリア 718.7万トン（5.9%）
スペイン 447.4万トン（3.6%）
イラン 420万トン（3.4%）
その他 3,921.2万トン（32.0%）
リンゴの生産割合（2005年）
世界 5,944.4万トン
中国 2,040.7万トン（34.3%）
アメリカ 447.7万トン（7.5%）
トルコ 255万トン（4.3%）
イラン 240万トン（4.0%）
フランス 222.2万トン（3.7%）
イタリア 219.2万トン（3.7%）
ポーランド 205万トン（3.4%）
ロシア 205万トン（3.4%）
その他 2,109.6万トン（35.7%）
アメリカ
メキシコ
ブラジル
オレンジの生産割合（2005年）
世界 5,967.2万トン
ブラジル 1,780.5万トン（29.8%）
アメリカ 826.6万トン（13.9%）
メキシコ 405万トン（6.8%）
インド 310万トン（5.2%）
中国 241.2万トン（4.0%）
イタリア 220.1万トン（3.7%）
スペイン 215万トン（3.6%）
その他 1,968.8万トン（33.0%）


出典：総務省統計局「世界の統計 2007」「主要農林水産物の国・地域別輸入概況及び平均輸入価格」

食糧自給率の低い日本にあって、かつて**野菜は唯一高い自給率**を維持していた。しかし1985年の95%から徐々に減り続け、2003年における日本の野菜の自給率は78%にまで落ちている。

果実に関していえば、未成熟な状態で収穫して流通後、強制的に成熟（追熟）させる手法は古くから行われてきたが、野菜（特に葉物野菜）については冷凍以外に効果的な流通技術がなかったこともあり、今まではあまり国際的な流通は行われてこなかったのだ。

しかし、ここにきて冷凍品の流通コストの低下や食生活の変化などにより、冷凍食品に対しての抵抗が薄れてきたため、冷凍野菜の形で輸入されるケースも増えてきた。特にカット済みの野菜や果実の場合、手間が省けるという理由で一般家庭においても好んで受け入れられるようになってきているのだ。

さらに、予冷技術（野菜を収穫後速やかに冷やし、生体活動を低下させたうえで流通）が確立し、運送日数の短縮化も進んできた。そのため、今まで不可能だった野菜を生に近い状態で流通できるようになっている。

しかし、野菜の輸入には問題も数多くある。特に、2003年には中国産冷凍ほうれん草の**残留農薬**が大きな問題となり、輸入が自粛される騒動になった。

もはや日本にとって輸入野菜や果実は必須のものとなっている。生産段階から関与することによって、「食の安全」を確保する努力も必要になってくるだろう。

## コーヒー豆

# ビッグマネーが動く「コーヒー」の経済

## 取引額は4年で3倍に急増中

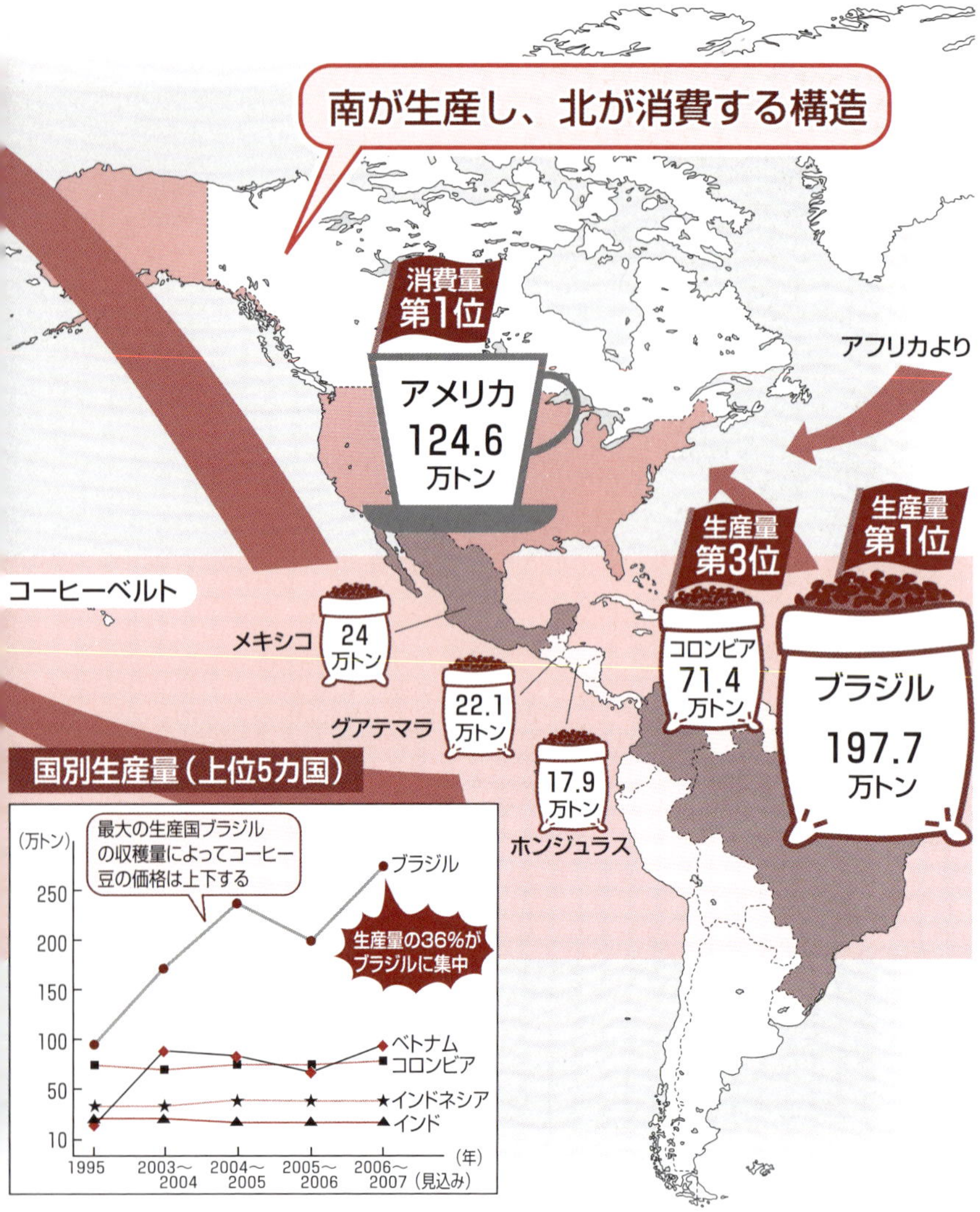
南が生産し、北が消費する構造
消費量 第1位
アメリカ 124.6 万トン
アフリカより
生産量 第3位
生産量 第1位
コーヒーベルト
メキシコ 24 万トン
グアテマラ 22.1 万トン
ホンジュラス 17.9 万トン
コロンビア 71.4 万トン
ブラジル 197.7 万トン
国別生産量（上位5カ国）
（万トン）
最大の生産国ブラジルの収穫量によってコーヒー豆の価格は上下する
生産量の36%がブラジルに集中
ブラジル
ベトナム
コロンビア
インドネシア
インド
250 200 150 100 50 10
1995 2003〜2004 2004〜2005 2005〜2006 2006〜2007（見込み）（年）

### 需要急増で懸念される「コーヒーパニック」

日本の「コーヒー豆」輸入量は年間あたり約42万トン（2006年）。これはアメリカ、ドイツに次ぐ**世界第3位の輸入量**だ。コーヒー豆は赤道を挟んだ南北緯25度の「コーヒー・ベルト」と呼ばれる地域で生産されており、主な生産国はブラジル、コロンビア、インドネシア、エチオピア、ベトナムなど。総生産量は年間約650万トンにものぼるが、このうちの**3割はブラジルで生産**されている。

世界中で愛飲されているコーヒーだが、その**取引額は砂糖や小麦をも上回り、石油に次いで2番目に多い**。そんな世界的な需要に対して十分な供給がされているように思えるが、実はここ数年、供給が停滞し取引額が高騰している。そのため、穀物相場では格好の投機の対象となっているのだ。

仕入れコストの上昇という影響もあり、2006年に日本のコーヒーメーカー各社は値

CAFE

## コーヒー豆の主要生産国と流れ

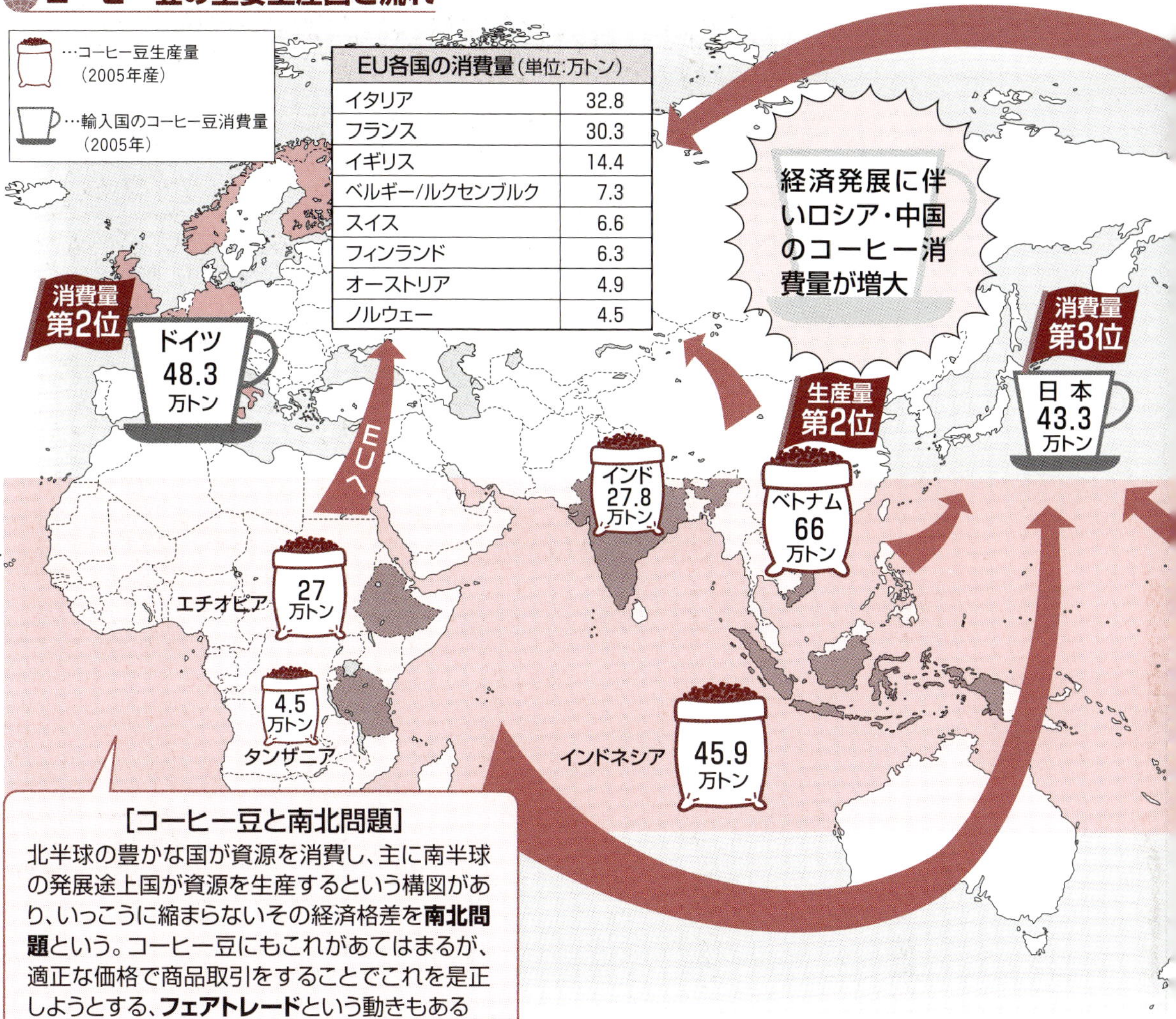
…コーヒー豆生産量（2005年産）
…輸入国のコーヒー豆消費量（2005年）
消費量第2位
ドイツ 48.3万トン
EUへ
経済発展に伴いロシア・中国のコーヒー消費量が増大
生産量第2位
ベトナム 66万トン
消費量第3位
日本 43.3万トン
インド 27.8万トン
エチオピア 27万トン
4.5万トン タンザニア
インドネシア 45.9万トン

| EU各国の消費量（単位:万トン） | |
|---|---|
| イタリア | 32.8 |
| フランス | 30.3 |
| イギリス | 14.4 |
| ベルギー/ルクセンブルク | 7.3 |
| スイス | 6.6 |
| フィンランド | 6.3 |
| オーストリア | 4.9 |
| ノルウェー | 4.5 |

**［コーヒー豆と南北問題］**

北半球の豊かな国が資源を消費し、主に南半球の発展途上国が資源を生産するという構図があり、いっこうに縮まらないその経済格差を**南北問題**という。コーヒー豆にもこれがあてはまるが、適正な価格で商品取引をすることでこれを是正しようとする、**フェアトレード**という動きもある

出典：全日本コーヒー協会「世界の国別生産量」「世界の国別消費量」

上げに踏み切っている。コーヒー豆の取引額はこの4年間で実に3倍も増えており、取引価格も年々値上がりを続けているのだ。

値上がりした理由のひとつに、年を追うごとに需要が旺盛になってきたということがある。なかでも、これまで消費量の少なかった**中国やロシア**が、経済の発展に伴ってコーヒーを大量に飲むようになってきたということが大きな要因になっている。

このため、万一コーヒー豆の生育期に干ばつや霜の被害が起きて生産量が著しく減少するようなことがあると、世界的にコーヒー豆が足りなくなり〝コーヒーパニック〟が起こる可能性もある。そうでなくともコーヒー豆の産地は毎年のように豊作と不作を繰り返しており、供給量が安定していないのだ。

このため44の生産国と18の輸入国+EUは、「国際コーヒー機関（ICO）」を設置して需給バランスの調整を図ろうとしているが、各国の利害が深く絡み合っているため協議の域を出ていない。

また、生産地国側も「コーヒー生産国連合（ACPC）」を結成し、中南米諸国を中心にして輸出可能量から一定の在庫を留保する制度などが協議されているが、こちらも生産各国の利害と思惑が複雑に関係しており、その実行力となるとまだ未知数だ。価格低迷時や高騰時にどのような方針を打ち出すか、まだはっきりとしていない。

コーヒー1杯の値段が安定しているかどうかは、まさに天候次第というわけだ。

# ワイン

# 生産地帯に忍び寄る地球温暖化の危機

## 消費減に悩むフランスと台頭するアメリカ

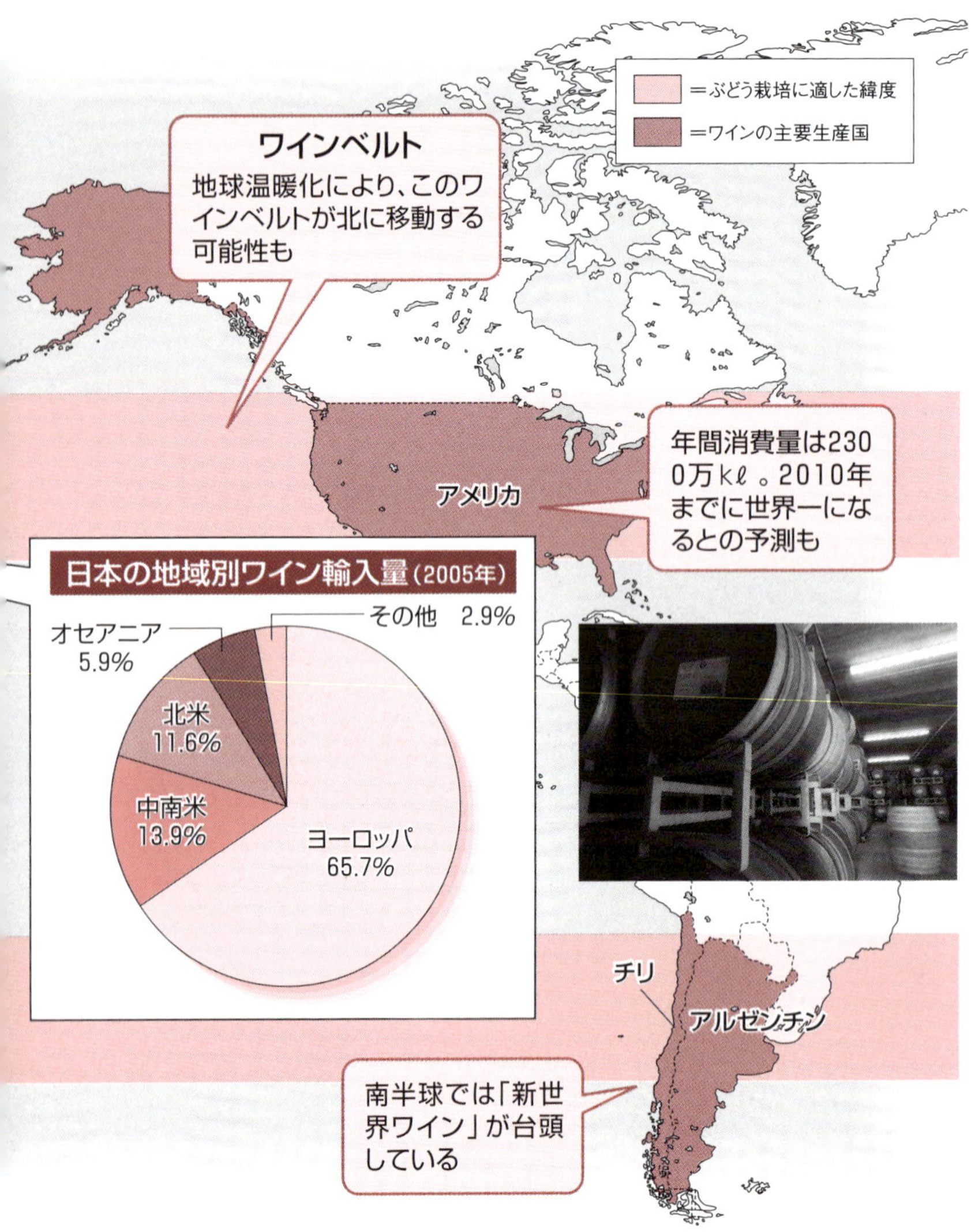
＝ぶどう栽培に適した緯度
＝ワインの主要生産国
ワインベルト
地球温暖化により、このワインベルトが北に移動する可能性も
アメリカ
年間消費量は2300万kℓ。2010年までに世界一になるとの予測も
日本の地域別ワイン輸入量（2005年）
その他 2.9%
オセアニア 5.9%
北米 11.6%
中南米 13.9%
ヨーロッパ 65.7%
チリ
アルゼンチン
南半球では「新世界ワイン」が台頭している

### 2010年にはアメリカが世界一のワイン大国へ

世界では、ワインの消費に大きな変化が起きようとしている。2010年までに、消費国ランキングが大きく入れ替わるのではないかと予測されているのだ。

これまでワインの4大消費国といわれてきたのは、フランス、イタリア、ドイツ、イギリスの4カ国。ところが、このなかでも最大の消費国だったフランスで、年々ワインの消費量が減少しているのだ。

背景にあるのはフランス人の健康志向。50年前に年間130ℓだった成人1人あたりのワイン消費量が、現在ではその半分の64ℓにまで落ち込んでしまっている。

そんなフランスを尻目に、ワインの消費量を急増させているのが**アメリカ**だ。2001年からの5年間で消費量を2割も増やしており、このまま推移すると2010年までにフランスを追い抜き、**世界最大のワイン消費国**となりそうな勢いなのだ。

## ぶどうとワインの主要生産国と輸出入

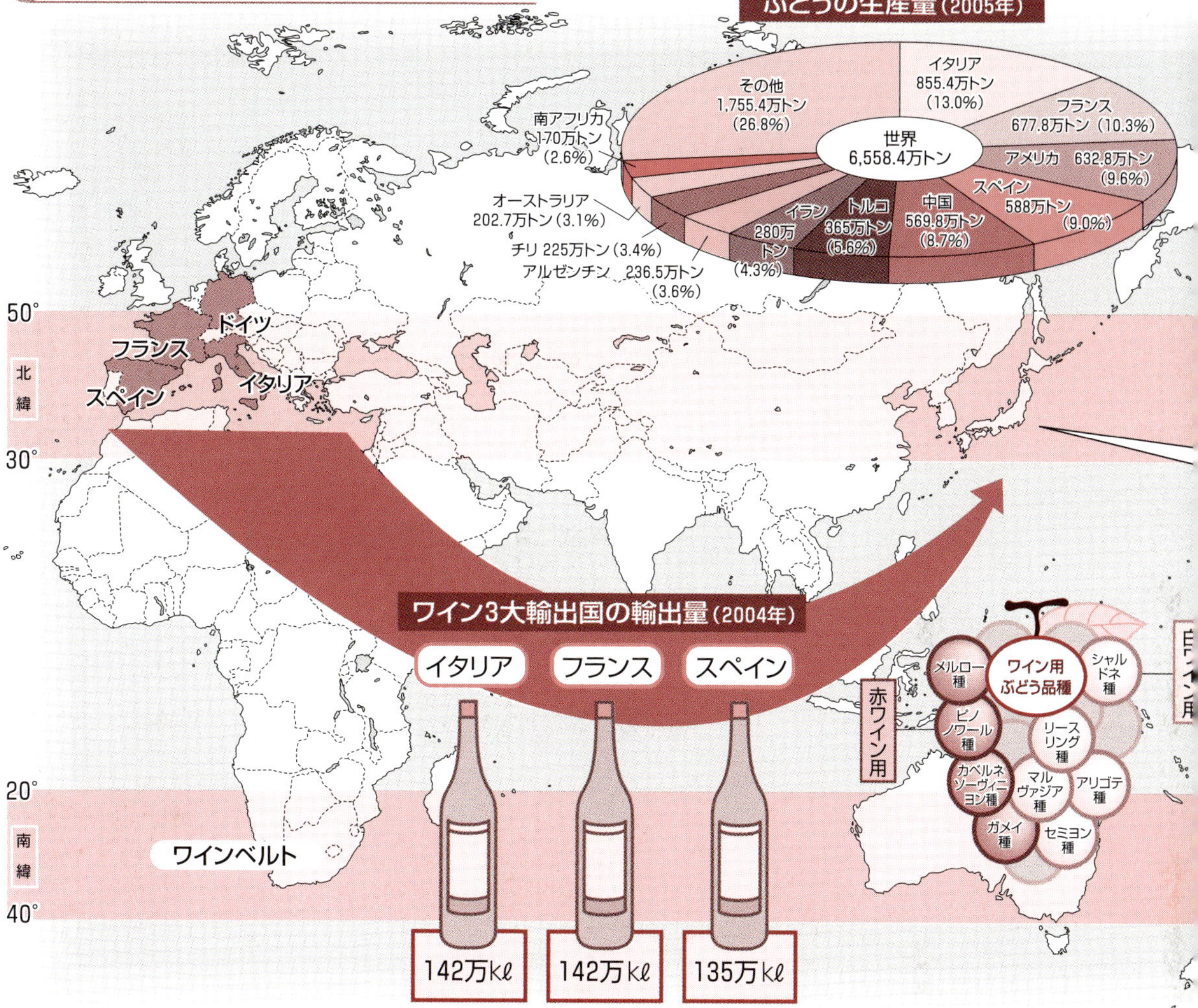
ぶどうの生産量（2005年）
世界
6,558.4万トン
イタリア
855.4万トン
（13.0%）
フランス
677.8万トン（10.3%）
アメリカ 632.8万トン
（9.6%）
スペイン
588万トン
（9.0%）
中国
569.8万トン
（8.7%）
トルコ
365万トン
（5.6%）
イラン
280万
トン
（4.3%）
アルゼンチン 236.5万トン
（3.6%）
チリ 225万トン（3.4%）
オーストラリア
202.7万トン（3.1%）
南アフリカ
170万トン
（2.6%）
その他
1,755.4万トン
（26.8%）
50°
北緯
30°
20°
南緯
40°
ドイツ
フランス
スペイン
イタリア
ワインベルト
ワイン3大輸出国の輸出量（2004年）
イタリア
142万kℓ
フランス
142万kℓ
スペイン
135万kℓ
赤ワイン用
ワイン用
ぶどう品種
メルロー種
シャルドネ種
ピノノワール種
リースリング種
カベルネソーヴィニヨン種
マルヴァジア種
アリゴテ種
ガメイ種
セミヨン種

出典：総務省統計局「世界の統計 2007」、大阪税関「特集ワインの輸入」

現在ワインは世界60カ国で約2800万kℓが生産されており、その主な産地はフランス、イタリア、スペイン、ドイツの欧州勢に加えてアメリカ、アルゼンチン、オーストラリアなどの7カ国。

ちなみに、日本のワイン生産量は世界で30番目で、輸入ワインを含め年間26万kℓ（2005年）を消費している。これは10年前の1・6倍で、アメリカに劣らずワイン好きの日本人が増えていることになる。国産では、北海道の「十勝ワイン」や山梨県の「勝沼ワイン」が有名だ。

ところで、このワインの品質を左右するのがブドウの収穫量とその質である。ワインに適したブドウは**年間平均気温が10〜20度**の土地でなければ十分に生育しない。

この気温に合致するのは、地球上で北緯30〜50度と南緯20〜40度の地域だけ。このことが、将来のワイン生産に大きな不安をもたらしている。というのは、このまま**地球温暖化**が進んで世界の平均気温が1度でも上がるような事態に陥ると、ブドウの生育に支障が生じる地域が出てくるのだ。

たとえば、ワイン産地として有名なアメリカのカリフォルニアでは、このまま地球温暖化が進むと、今世紀末までにワイン用ブドウの生産量が大幅に減少すると懸念されているのだ。もちろん、このことはヨーロッパ各国でも同じ状況で、ワインの将来はまさに地球温暖化が握っていると言っても過言ではないだろう。

# 水資源

# 世界の水を支配するウォーター・メジャー

## 人が利用できる淡水は地球全体の0・01%

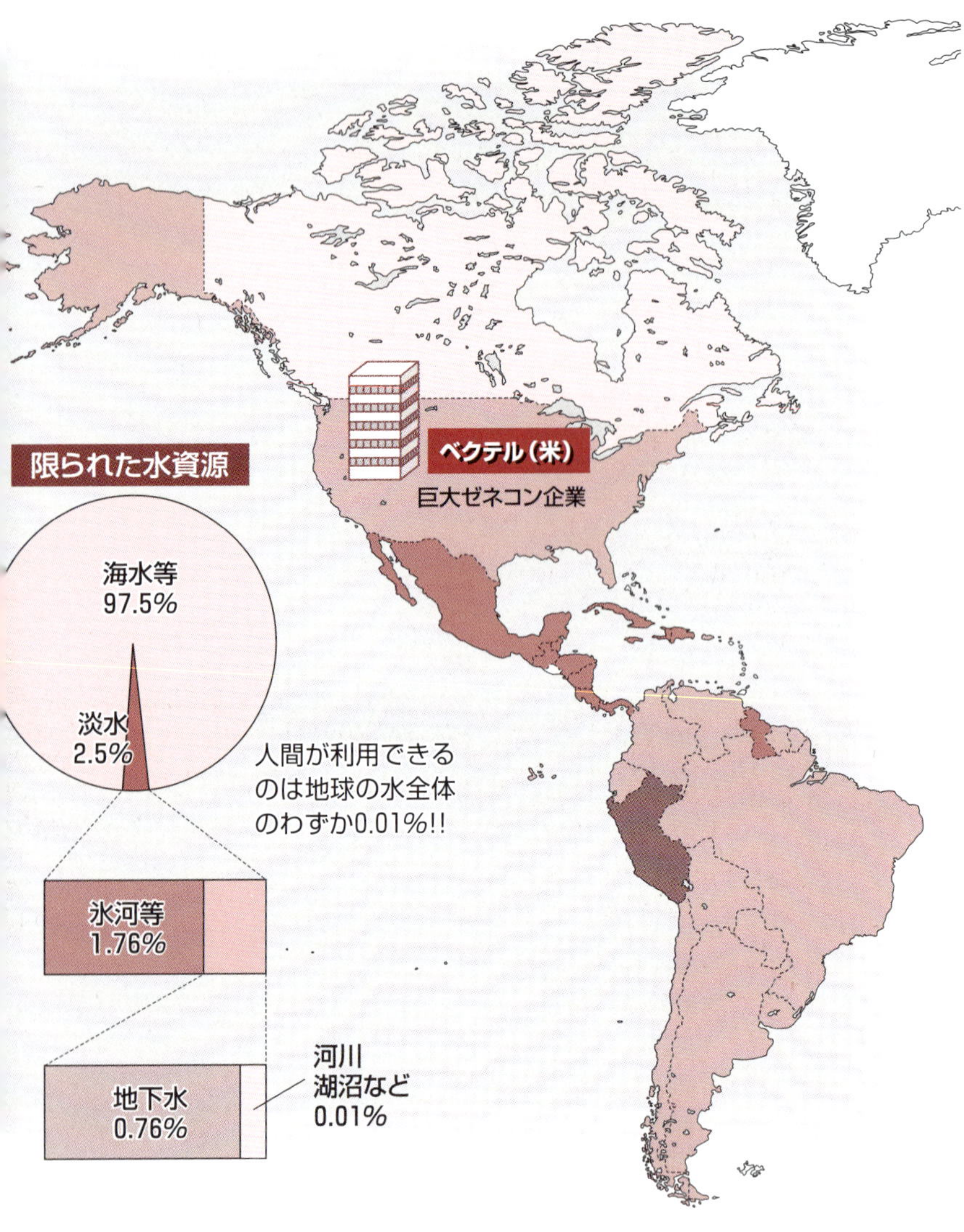

限られた水資源
海水等
97.5%
淡水
2.5%
人間が利用できるのは地球の水全体のわずか0.01%!!
氷河等
1.76%
地下水
0.76%
河川
湖沼など
0.01%
ベクテル（米）
巨大ゼネコン企業

### 水環境の悪化に伴い活発になるウォーター・ビジネス

世界の水使用量は、1950年から1995年の45年間に約2・6倍になっている。これは同期間の人口の増加率（約2・2倍）より大きい。今後、地球の人口は2025年には約80億人に達すると見込まれており、それに伴って水資源も枯渇が予想されている。

地球全体にある水のうち、人間にとって使いやすい形で存在するのは**全体の0・01%**でしかない。農業、工業、そして生活に欠かせない最重要資源として、水を確保することは国の命運を左右しかねないのだ。

こうした状況から、欧米のグローバル水企業が世界中の「ウォーター・ビジネス」に参入している。水道事業といえば公共機関が運営するものというイメージだが、世界的な規制緩和の流れで民間業者にも門戸が開かれてきており、今や水に関するビジネスは、**知られざる巨大産業**になっているのだ。

世界で民営水道会社のビッグスリーと呼ば

## 水不足の危険度

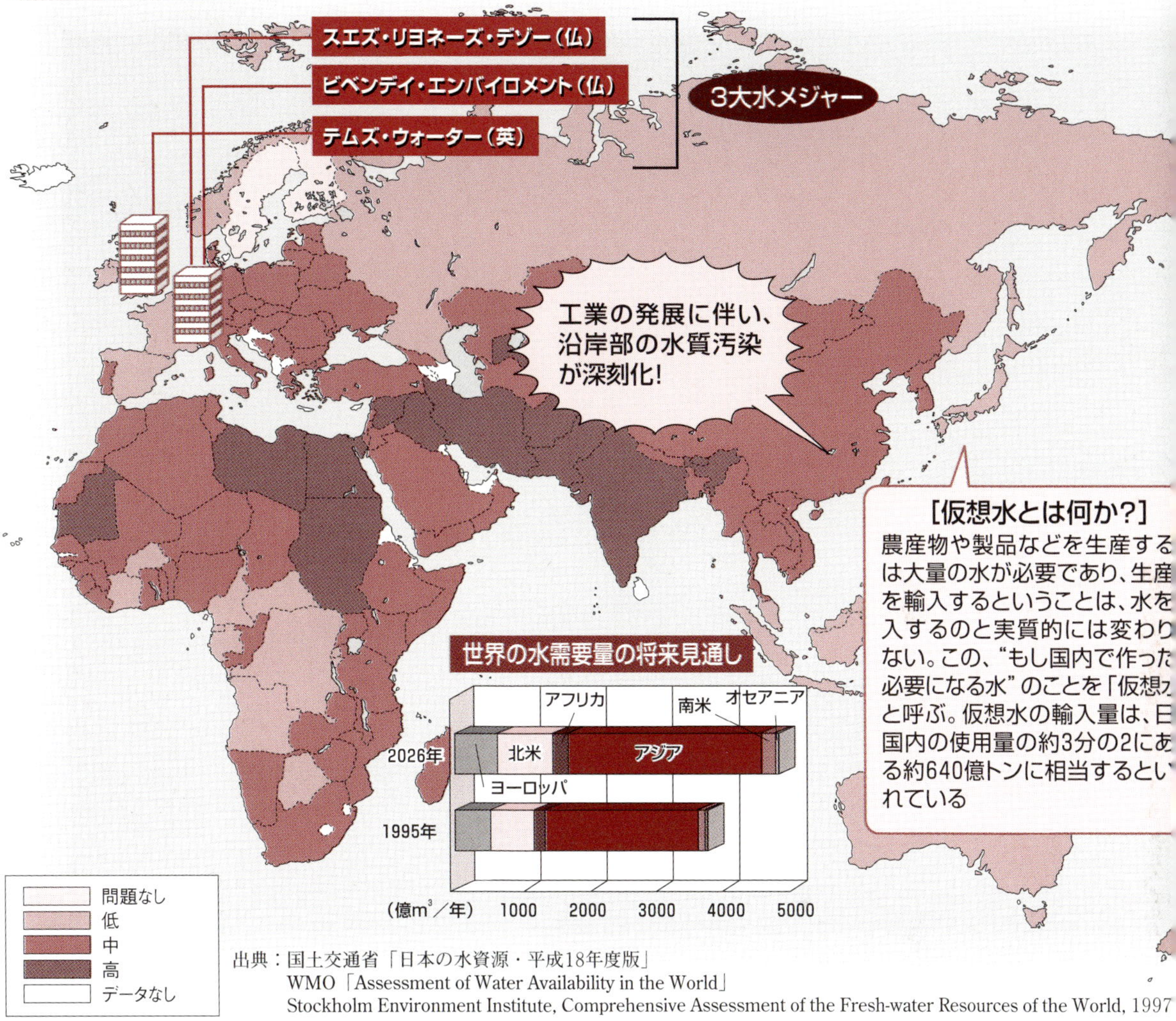
スエズ・リヨネーズ・デゾー（仏）
ビベンディ・エンバイロメント（仏）
テムズ・ウォーター（英）
3大水メジャー
工業の発展に伴い、沿岸部の水質汚染が深刻化！
[仮想水とは何か?]
農産物や製品などを生産する
は大量の水が必要であり、生産
を輸入するということは、水を
入するのと実質的には変わり
ない。この、“もし国内で作った
必要になる水”のことを「仮想
と呼ぶ。仮想水の輸入量は、日
国内の使用量の約3分の2にあ
る約640億トンに相当するとい
れている
世界の水需要量の将来見通し
アフリカ
南米
オセアニア
2026年
北米
アジア
ヨーロッパ
1995年
（億m³／年）
1000
2000
3000
4000
5000
問題なし
低
中
高
データなし

出典：国土交通省「日本の水資源・平成18年度版」
WMO「Assessment of Water Availability in the World」
Stockholm Environment Institute, Comprehensive Assessment of the Fresh-water Resources of the World, 1997

れているのが、スエズ・リヨネーズ・デゾー（仏）、ビベンディ・エンバイロメント（仏）、テムズ・ウォーター（英）だ。こうした水メジャー企業は、非効率な各国の公共事業に代わって水道料を値下げし、発展途上国に水道を普及させて貧困から救うという題目を掲げ、世界の100カ国以上で上下水道事業を展開している。しかし、ライフラインである水道事業を民営化することにはさまざまな問題があり、一概にこうした企業の活動がうまくいっているとは限らない。

日本でも、2002年に施行された「改正水道法」によって、民間に水道事業の運営や管理を任せることができるようになった。2006年にはビベンディ傘下のヴェオリア・ウォーター社が広島市と埼玉県の下水処理場の運転・維持管理事業を受託している。日本も、世界的な流れに無関係というわけではない。

水資源で懸念されているのが、中国の水質汚染問題だ。環境対策が遅れている中国では、工業発展に伴う水質汚染が深刻化しており、特に深刻なのは渤海《ぼっかい》湾、江蘇《えそ》省沿岸、長江《ちょうこう》河口、杭州《こうしゅう》湾などの沿岸海域で、貝類などが汚染の影響を受けたほか、広範囲にわたって赤潮が多発している。また、淡水に棲息する「ヨウスコウイルカ」は、2004年以来目撃されておらず、絶滅が危惧されている。

日本としては、円借款をこうした環境対策に特化することで、日本にも影響が及びかねない中国の水質汚染にしっかりと歯止めをかけたいところだ。

CHECK POINT

# 資源のない先進国が途上国より豊かな訳

## 資源で浮き彫りになる国家間の格差問題

### 苛酷な世界規模の経済格差の現状

バブル崩壊後、日本経済は長い間低迷していたものの、明日の糧を心配する人はほとんどいなかった。それほど、日本を含む豊かな先進国の生活基盤は依然保たれたままだ。

日本でも最近、働いても豊かになれないワーキングプア階層が社会問題視されているが、個人所得格差の範疇の話だといえる。これを世界規模の経済格差と比較してみると、貧富の差はより激しくなっている。

国連の下部組織であるUNDP（国連開発計画）は、2005年度の報告書のなかで世界の約4割にあたる25億人が1日あたり2ドル以下で暮らしていると発表している。つまり**世界の半数近い人々がいまだに貧困層**のままだということだ。現在、世界で最も貧困層が多いのはアフリカだが、他にもアジアや南米を中心に約50カ国もある。このうち最も貧困とされる人々は約4億人いるが、彼等の所得を合計しても、世界で著名な資産家500人の所得より少ないというのが現状だ。

貧困にあえぐ国の現実は苛酷である。食糧不足の影響から乳幼児死亡率が高く、病気になっても医者に診てもらうこともままならず、診てもらったにしても薬も不足している。成人であっても満足に食べることすらできず、栄養不足の人々はFAO（国連食糧農業機関）によれば8億人以上いるとされている。

### 中国、インドが経済大国になる日

先進諸国はODAなどで貧しい国々を援助してはいるものの、熱帯雨林の伐採に代表されるように、先進国の**大量消費社会**が途上国の資源を奪っているのも事実であり、途上国にしても資源を供給して豊かになるはずが、現実はますます貧困の度合を増している。

貿易においても先進諸国は途上国に市場開放するように圧力をかける反面、農産物などは各国に割り当て量を設けて輸入を制限、自国の農業に対しては助成金を支給している。

工業品に関しては貿易の関係上、途上国が自国の工業界に対して助成金を出すことさえ禁じている国が多い。これでは途上国が技術開発をできるはずもない。世界各地で起きる紛争や戦争も世界の貧困化に拍車をかける原因となっている。貧困地域で一度戦争が起きれば多くの難民が飢餓状態に陥るが、軍事力を有する先進諸国では兵器メーカーや武器商人たちが大きく潤うことも事実なのだ。

しかし、途上国も希望がまったく持てないわけではない。なかでも**中国**や**インド**の経済発展は目覚しいものがあり、予想では中国は2050年にGDPでアメリカや日本を抜き1位となり、インドも2位の座を占めるとされているのだ。

特に中国は上海などを含む沿岸部の経済特区と内陸部との経済格差はあるものの、**新シルクロード**の開通などにより内陸地域の開発は進んでおり、資源が豊富な国だけに、今後大きく注目されることは間違いない。

1960年代に起こった先進資本国と発展途上国の南北問題は、その格差が多少だが縮まっているといえるかもしれない。

# Part 3

# 水産資源

# Fisheries Resources

- マグロ
- クジラ
- タコ
- エビ
- ハマグリ・アサリ
- カニ
- ウニ
- フカヒレ

マグロ

# 世界的日本食ブームで懸念される価格高騰

## 世界における漁獲量の4分の1は日本が消費

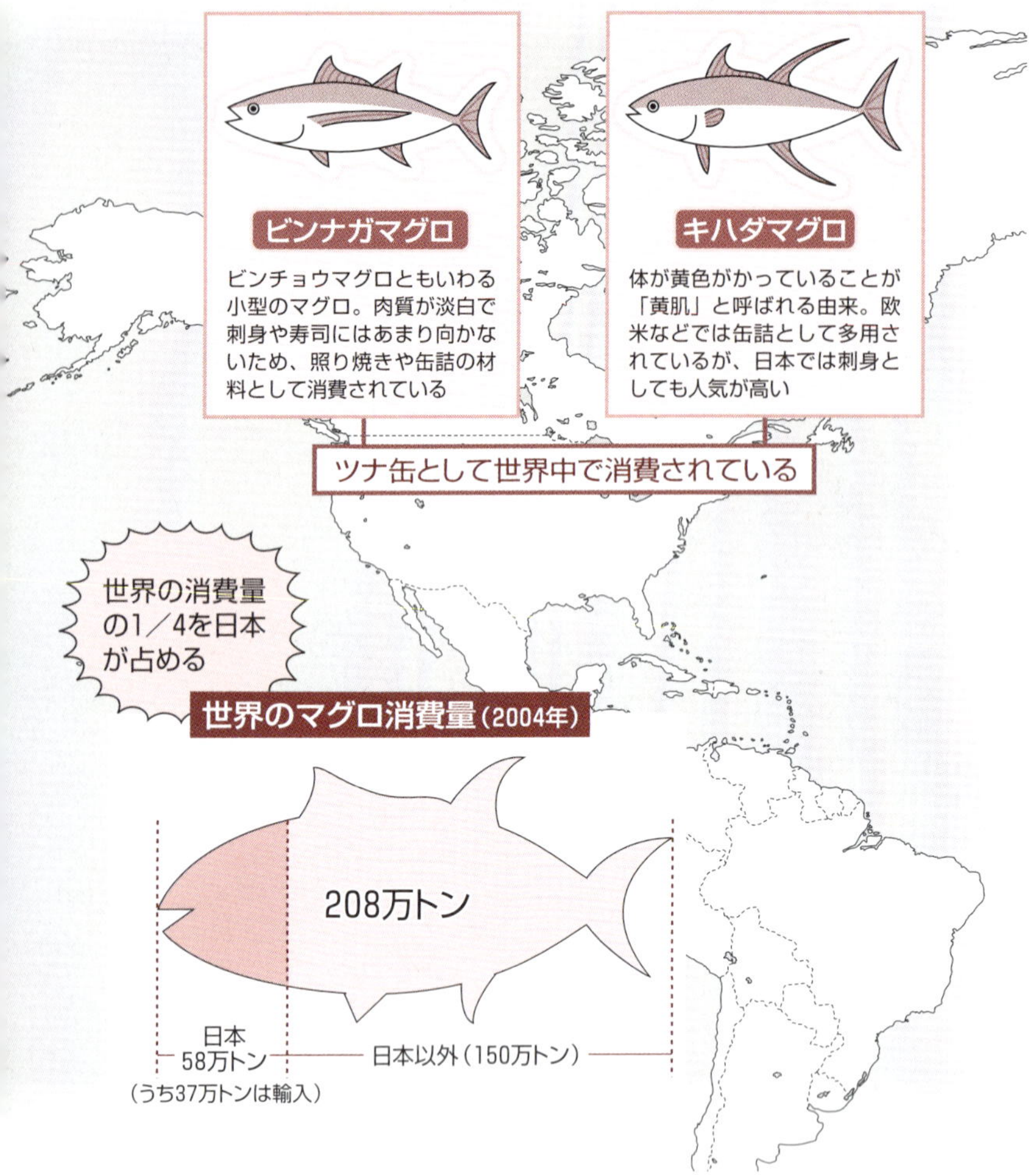
ビンナガマグロ
ビンチョウマグロともいわる小型のマグロ。肉質が淡白で刺身や寿司にはあまり向かないため、照り焼きや缶詰の材料として消費されている
キハダマグロ
体が黄色がかっていることが「黄肌」と呼ばれる由来。欧米などでは缶詰として多用されているが、日本では刺身としても人気が高い
ツナ缶として世界中で消費されている
世界の消費量の1／4を日本が占める
世界のマグロ消費量（2004年）
208万トン
日本 58万トン
（うち37万トンは輸入）
日本以外（150万トン）

### 急激な資源減少を背景に規制が進むマグロ漁

国連食糧農業機関（ＦＡＯ）によると、２００４年における世界のマグロ漁獲量は約２００万トン。このうち日本の漁獲量は25万トンでトップだが、日本人の胃袋はこれだけでは満足しておらず、さらに30万トン以上も輸入している。つまり**日本は世界のマグロ漁獲量の4分の1を食べている**のだ。

実は、このマグロのなかで、日本では「ミナミマグロ」の漁獲量が今年から半減することになっている。これはなにもマグロ漁が不漁になることを予想した結果ではない。マグロ資源の保護を目的とした国際機関の「みなみまぐろ保存委員会（ＣＣＳＢＴ）」が、日本の漁獲割当をこれまでの年間６０００トンから３０００トンに引き下げたのが理由だ。

ミナミマグロは「クロマグロ」と並ぶ高級魚として知られ、寿司ネタや刺身としても人気がある。ところが、日本人の旺盛な需要にこたえようと獲りすぎてしまい、１９６０年

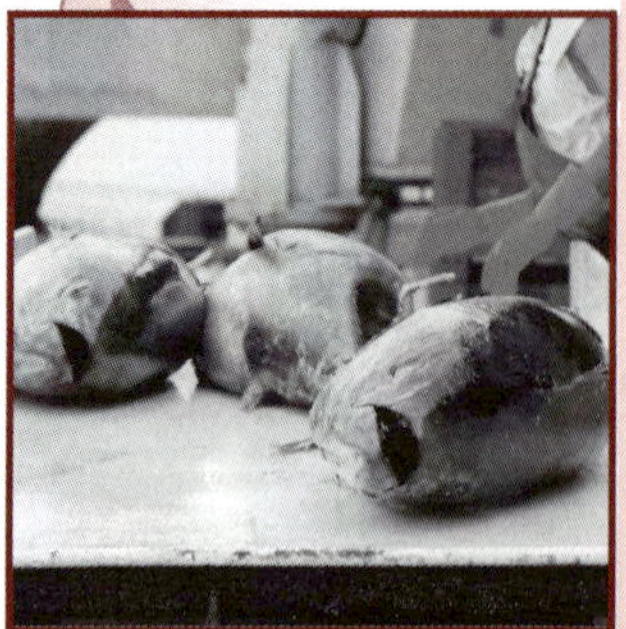

## 世界のマグロの消費量と日本のマグロ輸入国

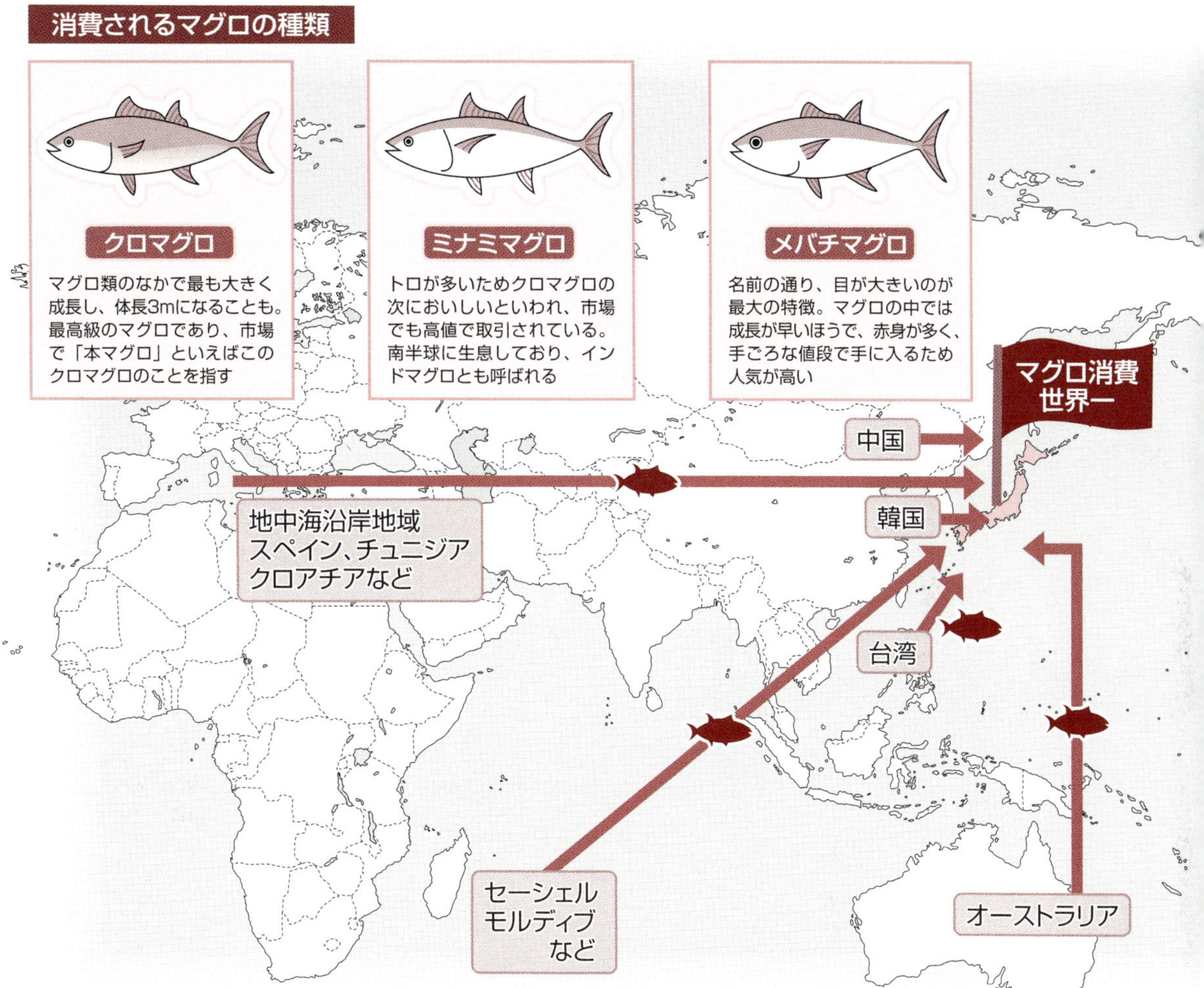
消費されるマグロの種類
クロマグロ
マグロ類のなかで最も大きく成長し、体長3mになることも。最高級のマグロであり、市場で「本マグロ」といえばこのクロマグロのことを指す
ミナミマグロ
トロが多いためクロマグロの次においしいといわれ、市場でも高値で取引されている。南半球に生息しており、インドマグロとも呼ばれる
メバチマグロ
名前の通り、目が大きいのが最大の特徴。マグロの中では成長が早いほうで、赤身が多く、手ごろな値段で手に入るため人気が高い
マグロ消費世界一
中国
韓国
地中海沿岸地域
スペイン、チュニジア
クロアチアなど
台湾
セーシェル
モルディブ
など
オーストラリア

出典：WWF「マグロについて：漁獲量と消費量」

代に世界で年間8万トン以上あった漁獲量が急速に減り始め、各国が操業を自粛してもいっこうに回復の兆しがみられないのだ。

そこで、このまま放置すると絶滅の危険さえあるということになり、国際機関が各国に漁獲量の上限を割り当てることでミナミマグロの保護に乗り出したのである。

ちなみに、同じ理由で2006年からクロマグロも漁獲量が制限されている。こちらも段階的に漁獲量を減らし、2010年までに現状の2割を削減することになっている。

なお、マグロにはこのほかメバチ、ビンナガ、キハダなどの種類があるが、いずれも乱獲が心配されており、将来はこれらも規制対象になることが予想されている。

### 増加する違法操業と急がれるルール作り

これほどマグロが減少してしまった背景には、**各国の漁法が進化**しているという要因もある。マグロ漁には、おもに4つの方法がある。海中に網を張って行う「定置網」、小型船で網を引っ張る「曳き網」。そして枝状に伸ばしたロープに餌を付けた「はえ縄」、船団で網を張る「まき網」だ。

なかでもまき網漁はマグロの群れを取り囲んで一網打尽にするので、一度に大量の捕獲が可能だ。近年、ヨーロッパや韓国でこの漁法が増えて問題視されている。

さらにいま問題になっているのは、CCSBTと同じ国際機関の「大西洋まぐろ類保存国際委員会（ICCAT）」が定めたルールを無視してクロマグロ漁を行う漁船があとを絶たないことだ。たとえば、台湾は割当漁獲量を越えた操業を告発され、結果的に大型マグロはえ縄漁船の一部が廃船にまで追い込まれている。また、ボリビアやグルジアなどの国はICCATなどの国際機関に加盟していないため、漁船の船籍をそれらの国に移し、ミナミマグロを乱獲しているケースもある。

このような不正行為を締め出すため、ICCATでは適正なマグロ漁を行う漁船のリストを作って各国に配布し、リストアップされていない漁船からマグロを買いつけないように働きかけている。また、マグロを輸出する際には適正に漁獲されたことを政府が証明するように要請している。

## 回転寿司でも大トロが食べられる理由

クロマグロの漁獲量が制限されているのなら、店頭に並ぶマグロの刺身は、手が届かないほど値上がりしてしまうのだろうか？　実際には、それほど値上がりしているわけではない。回転寿司でも「大トロ」を気軽に食べることができるのだ。

この背景には**蓄養マグロ**が増えたという事情がある。これは海に巨大な〝いけす〟を作り、そこに捕獲した小型のクロマグロやミナミマグロを放して餌を与え、しっかりと脂が乗るまで成育させる方法だ。

### 日本のマグロ漁獲量、輸入量、輸出量の推移

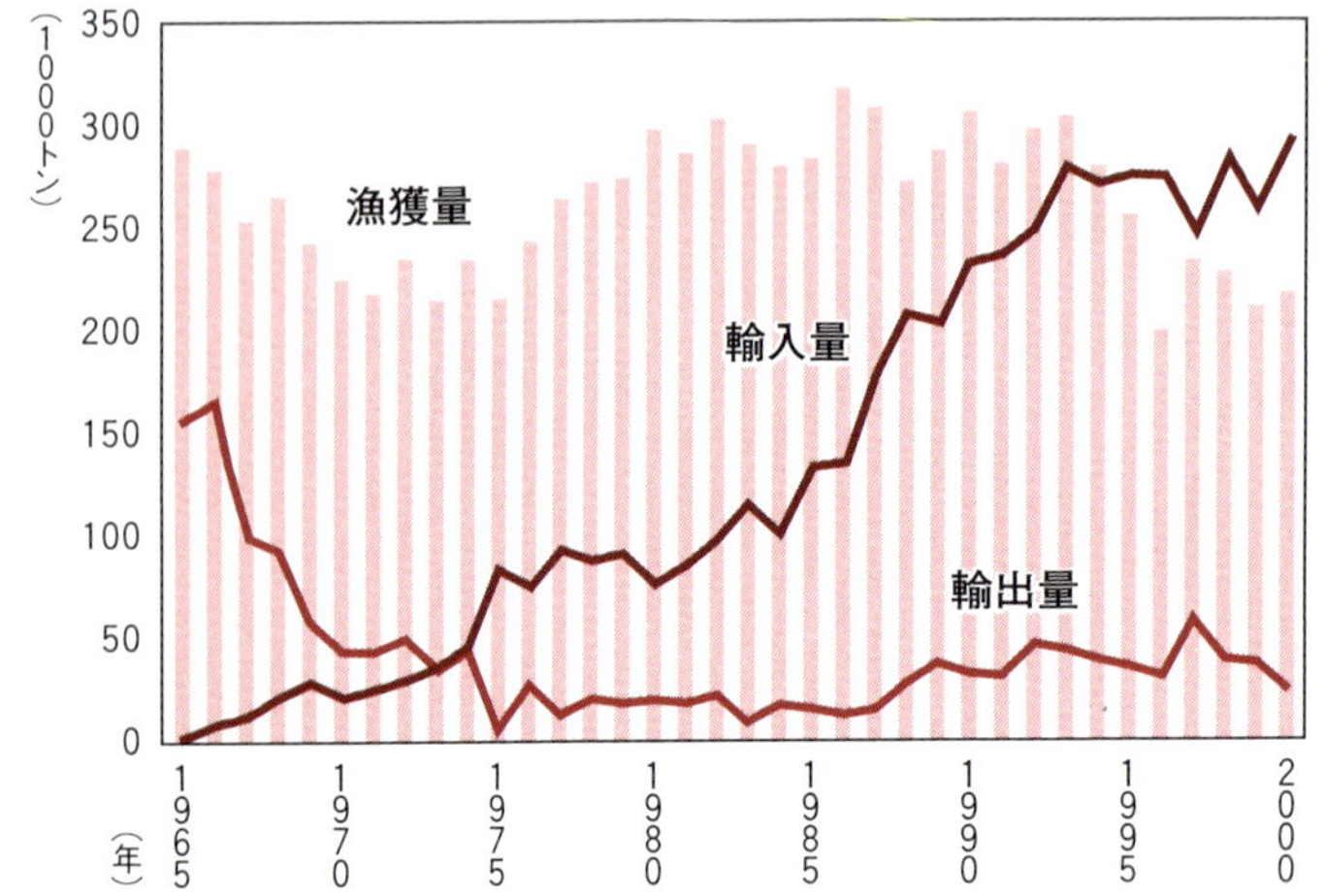

出典・FAO（国連食糧農業機関）「FISHSTAT」

いけすで育てられたマグロは餌を十分に与えられるため、脂肪分がたっぷりと含まれる「トロ」の割合が大きくなる。現在、この蓄養マグロは地中海、オーストラリア、アメリカなど世界各地で生産されており、そのほとんどが日本に輸出されている。天然のクロマグロと比べて低コストで生産できるため、値段も安く抑えられるという。

各国の正確な蓄養マグロの生産量は不明だが、2004年における日本人の食卓には、およそ年間4万トンが供給されているといわれている。一見するとこの生産方式は効率的であり、マグロの資源保護につながるようにも思えそうだが、実は多くの問題点がある。

まず蓄養のために捕獲したマグロは港に水揚げされず、そのままいけすに入れられてしまう。そのため、蓄養マグロのために乱獲が行われても、マグロの正確な漁獲量が把握できなくなってしまう。

また、マグロの蓄養が盛んな地中海一帯には、餌として与えられているイワシは存在しない。このことが、生態系に悪影響を及ぼすのではないかと強く懸念されている。

## 欧米でも広がるマグロ食という文化

ところで、このマグロの消費は日本以外でも増加傾向にある。アメリカやヨーロッパでは、以前はほとんどが「ツナ缶」のように加工された形で消費されていたが、**近年の日本食ブーム**によって、刺身や寿司用に鮮魚としての需要が高まっているという。

また、台湾でも数年前からのマグロが大ブームで消費量が急増中。さらに、中国でもマグロが高級食として好まれるようになっている。このまま世界的に消費が増えるようだと、需要が供給を大幅に上回り、マグロの価格が高騰することも十分に考えられる。

マグロという資源は、もはや日本だけのものではない。マグロ食文化発祥の国として、日本が世界の資源管理をリードするという姿勢を見せてもいいのではないだろうか。

Part 3 水産資源

# クジラ

## 科学的根拠に乏しい世界的な反捕鯨の動き

### 個体数の増減は種別によって異なる

#### すべてのクジラが減っているわけではない

先史時代からクジラを捕獲してきた日本人にとって、捕鯨はかつて信仰の対象であり、祭りや芸能と密接に結びついたビッグイベントでもあった。しかし現代では、この捕鯨もクジラの資源保護という名目で、商業目的のものは国際捕鯨委員会（ＩＷＣ）によって全面的に禁止されてしまった。

だが、本当にＩＷＣが言うようにクジラの数は激減しているのだろうか。ＩＷＣが管理対象としているクジラは、地球上に約80種いるとされるクジラ類のなかで「ザトウクジラ」など大型のクジラの13種。

日本の調査によれば、このなかで乱獲によってその頭数を激減させたのは「シロナガスクジラ」や「コククジラ」など数種類にすぎない。たしかに、シロナガスクジラは過去の乱獲で現在約１７００頭しか地球上に生息しておらず、文字通り絶滅の危機に瀕しているということに間違いはない。

ところがこのほかのクジラのなかには、**数が減っていない種類もある**のだ。たとえば、「ニタリクジラ」は過去から現在に至るまでその頭数は減少していないし、「ミンククジラ」に至っては、シロナガスクジラが減ったことで餌が豊富に獲れるようになり、反対に数を増しているという。

#### ＩＷＣの非科学的な商業捕鯨の全面禁止

ではなぜ、ＩＷＣは商業捕鯨を全面的に禁止してしまったのだろうか。それはＩＷＣが大型のクジラを〝種別〟で捉えず、すべてを同一視していることに原因がある。つまり、増えているか減っているかに関係なく、クジラは絶滅の恐れがあるので全種保護しなければならない、と考えているのである。

日本政府は、こうした考え方にまっこうから反対している。農林水産省は、商業捕鯨の全面禁止を「非科学的で到底受け入れられるものではない」と明確に表明している。

すべての大型クジラが保護されるようにな

#### IWC（国際捕鯨委員会）が管理するクジラ

| | 科 | 和名 |
|---|---|---|
| ヒゲクジラ | ナガスクジラ科 | シロナガスクジラ、ナガスクジラ、イワシクジラ、ニタリクジラ、ミンククジラ、ザトウクジラ |
| | コククジラ科 | コククジラ |
| | セミクジラ科 | ホッキョククジラ、セミクジラ |
| | コセミクジラ科 | コセミクジラ |
| ハクジラ | マッコウクジラ科 | マッコウクジラ |
| | アカボウクジラ科 | ミナミトックリクジラ、キタトックリクジラ |

出典：日本捕鯨協会「世界の捕鯨の現状」

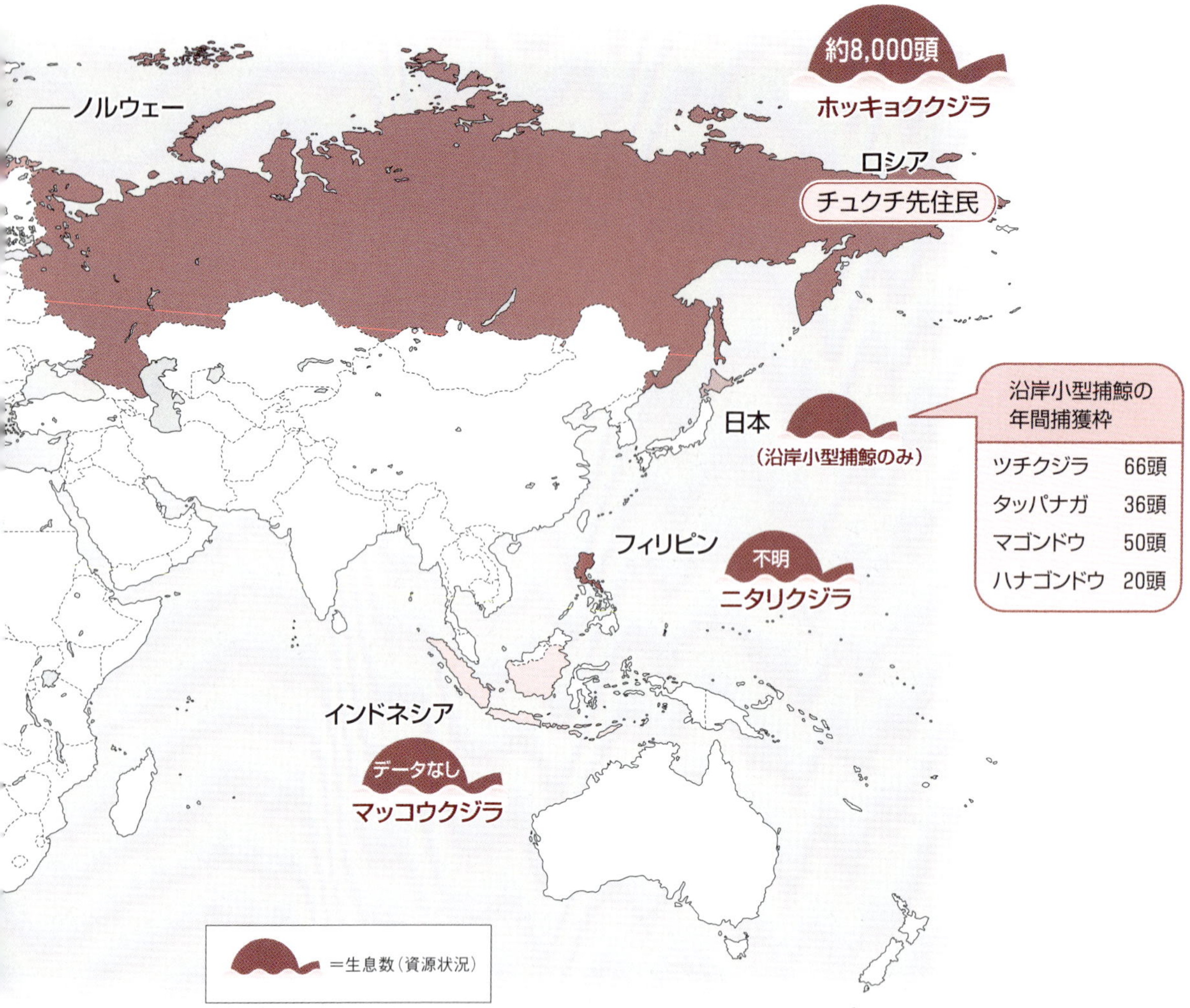
約8,000頭
ホッキョククジラ
ノルウェー
ロシア
チュクチ先住民
日本
(沿岸小型捕鯨のみ)
沿岸小型捕鯨の
年間捕獲枠
ツチクジラ 66頭
タッパナガ 36頭
マゴンドウ 50頭
ハナゴンドウ 20頭
フィリピン
不明
ニタリクジラ
インドネシア
データなし
マッコウクジラ
=生息数(資源状況)

出典：日本捕鯨協会「世界の捕鯨の現状」

ったのは、1986年から。これは反捕鯨国が多数派工作のために捕鯨とは直接関係のない国々をメンバーに迎え入れ、反捕鯨国にまわるよう要請したことによる。会議の議案は多数決で決まるため、商業捕鯨の全面禁止へと至ってしまったのだ。

ただ、現在では捕鯨推進国の加盟も増えたことから反捕鯨国との力関係が拮抗するようになり、**商業捕鯨の解禁**に向けて光明が見え始めている。クジラの保護は大切だが、そこには捕鯨推進国を納得させるだけの科学的な根拠も必要だろう。

## 今も店頭に流通する 小型クジラと調査捕鯨の鯨肉

商業捕鯨が禁止されたにもかかわらず、街には鯨食専門店があるし、またスーパーの店頭でもときおり鯨肉が販売されている。これらの鯨肉は、なぜ流通しているのだろうか。

国内で販売されている鯨肉は、IWCが禁止していない「ツチクジラ」「ハナゴンドウクジラ」などの小型のクジラと、**調査捕鯨**で獲ったミンククジラやニタリクジラなのだ。

このうち小型のクジラは宮城県や北海道などの沿岸地域に生息しており、地元の小型捕鯨船が捕獲している。当然これらのクジラの捕獲量は政府に管理されており、IWCの規制外といってもきちんと保護されているのだ。たとえば、ツチクジラの年間捕獲枠は66頭、ハナゴンドウクジラは20頭と規定されている。調査捕鯨とは、クジラを保護するうえでデ

## 捕鯨が行われている国（民族）と生息数（資源状況）

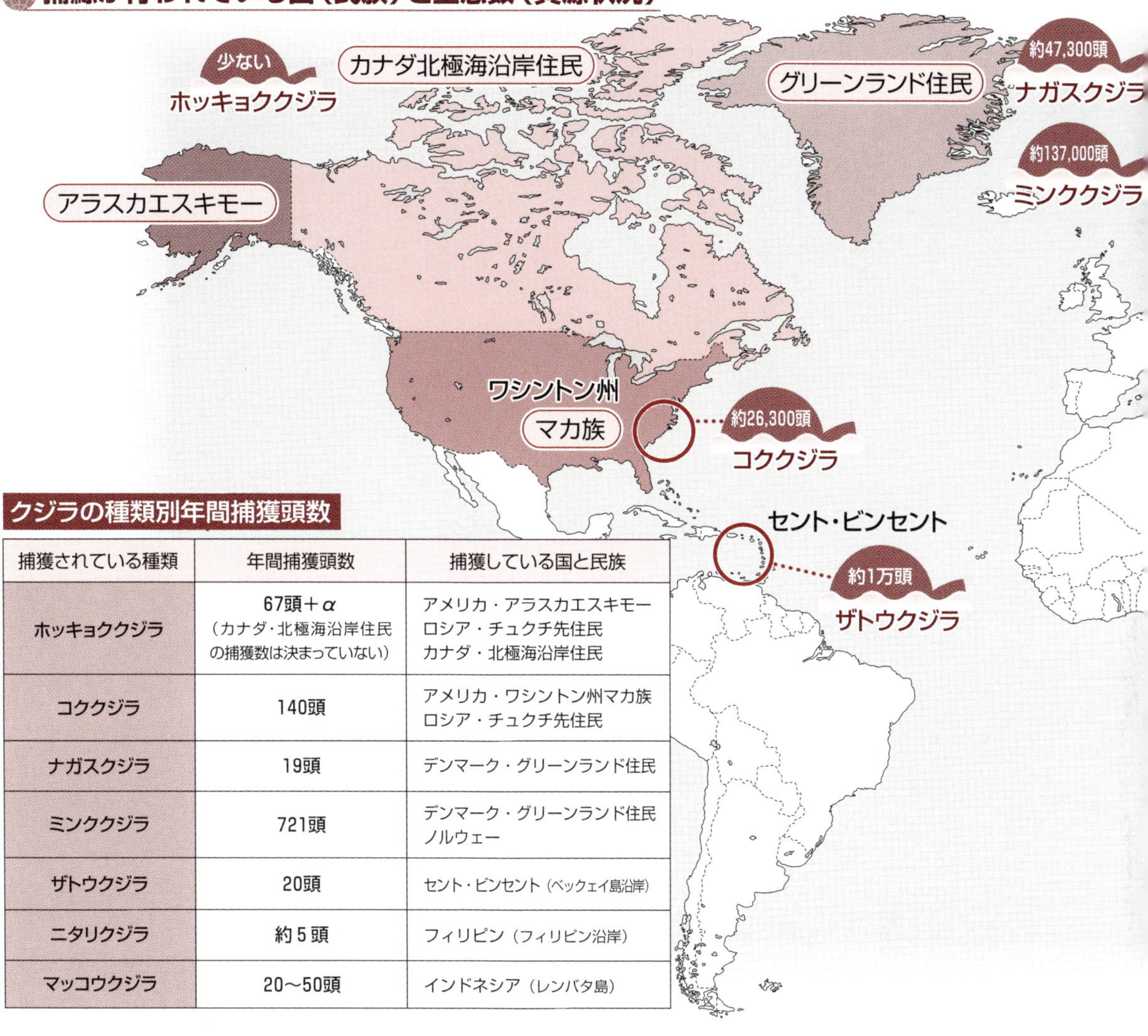

少ない
ホッキョククジラ
カナダ北極海沿岸住民
グリーンランド住民
約47,300頭
ナガスクジラ
約137,000頭
ミンククジラ
アラスカエスキモー
ワシントン州
マカ族
約26,300頭
コククジラ
セント・ビンセント
約1万頭
ザトウクジラ


**クジラの種類別年間捕獲頭数**

| 捕獲されている種類 | 年間捕獲頭数 | 捕獲している国と民族 |
|---|---|---|
| ホッキョククジラ | 67頭＋α（カナダ・北極海沿岸住民の捕獲数は決まっていない） | アメリカ・アラスカエスキモー<br>ロシア・チュクチ先住民<br>カナダ・北極海沿岸住民 |
| コククジラ | 140頭 | アメリカ・ワシントン州マカ族<br>ロシア・チュクチ先住民 |
| ナガスクジラ | 19頭 | デンマーク・グリーンランド住民 |
| ミンククジラ | 721頭 | デンマーク・グリーンランド住民<br>ノルウェー |
| ザトウクジラ | 20頭 | セント・ビンセント（ベックェイ島沿岸） |
| ニタリクジラ | 約５頭 | フィリピン（フィリピン沿岸） |
| マッコウクジラ | 20〜50頭 | インドネシア（レンバタ島） |

ータとして必要な生息数、年齢、性別構成を調べるために行っている捕鯨のことで、これも当然政府の許可のもとに行われている。

２００５年から２０１１年にかけて南極海で実施される調査捕鯨では、ミンククジラ８５０頭、ザトウクジラ50頭、ナガスクジラ50頭などの採集を予定している。鯨肉市場に流通するのは、この調査終了後のクジラということになる。

### ＩＷＣ加盟国でも捕鯨は行われている

ＩＷＣが商業捕鯨を全面的に禁止しているからといって、加盟国すべてがそれに従っているわけではない。たとえばノルウェーは、ＩＷＣの非科学的な根拠に基づいた全面禁止措置に「異議申し立て」をして、北大西洋で１９９３年からミンククジラの商業捕獲を始めており、２００６年の捕獲数は５４６頭にのぼる。また、２００６年からはアイスランドも商業捕鯨を再開している。

このほか、ＩＷＣに加盟していないフィリピン、インドネシア、カナダなども「ニタリクジラ」や「ホッキョククジラ」の捕鯨を行っている。もっとも、これらの国々の捕獲数はごくわずかなものとみられ、乱獲というのには当たらないのだ。

たしかにクジラを絶滅させてはならないが、かといっていたずらに保護するばかりでなく、持続可能な水産資源としてバランスのとれた利用をしたいものである。

# タコ

## 全漁獲量の約7割を食べ尽くす日本人

### 資源枯渇をもたらす日本の旺盛な需要

### 「アフリカ産」に頼る日本のタコ焼き事情

タコ焼きといえば大阪が誇る食文化のひとつだが、このタコ焼きが初めて作られた当時は、瀬戸内海産のタコが材料として使われていた。しかし、現在食べられているタコはほとんどが海外産だ。タコ焼きが全国区になったためタコの消費量が急増し、国産だけでは賄い切れなくなったのだ。

年間5・5万トンという日本のタコの漁獲量に対して、消費量は11万トン以上にものぼる。日本人は、**全世界の漁獲量の約3分の2以上を一国で消費**するという、世界一タコ好きな国民なのである。

世界の主なタコの産地はモロッコ、モーリタニア、カナリー諸島、タイ、スペイン、ベトナム、中国の7カ国で、日本はこれらの国から年間5・5万トン（２００５年）を輸入し、国内消費量の多くを賄っている。

なかでもモーリタニアからの輸入量が最も多く、全体の3割を占めている。モーリタニアといっても聞き覚えがない人も多いだろうが、アフリカの西端に位置している国で、世界的にみても豊かな漁場を有している。漁業全体の年間漁獲量は70万トンを誇るが、この国ではタコを食べることがほとんどないので、大部分をヨーロッパや日本などに輸出して外貨を稼いでいる。

モーリタニア産のタコはその歯ごたえが瀬戸内海のタコに近いとされ、特に日本人に好まれているのだ。また、同じく輸入量の多いモロッコはモーリタニアの隣国で、やはり豊かな漁場に恵まれていることから業漁全体の漁獲量も年間１００万トン近くある。

### 乱獲防止策によって資源量は回復傾向

最近の日本のタコの輸入量は、モロッコとモーリタニアからの輸出が激減したため、数年前と比べて半減している。というのは、この両国が日本のタコ焼き需要を満たすためにタコを乱獲してきた結果、**資源が枯渇し漁獲量が激減**してしまったのだ。これに危機感を持った両国政府が、季節によって長期間休漁するという措置をとったのである。

たとえば、モロッコには半年以上の休漁期間があり、さらに漁獲できる大きさに制限を設けている。それによって、十分に成育していないタコを捕らないように規制しているし、モーリタニアでも同じように、休漁期間の設定により総漁獲量を抑えているのだ。

この規制は功を奏し、2年ほど前から少しずつ漁獲量が回復傾向にあるという。たとえば、モロッコから日本に輸入されたタコは２００４年が５０００トンだったが、翌２００５年には約９０００トンに増えている。もっとも、一時期にはモロッコ一国で7万トン以上も輸出しており、最盛期と比べれば漁獲量はまだ10分の1程度でしかない。

西欧諸国ではタコを「悪魔の魚」と考えているため、食用にされることは少ないが、昨今の日本食ブームで、近い将来タコ焼きも食べられるようになるかもしれない。そうなれば、タコをめぐる新たな資源戦争が起きる可能性もあるだろう。

## タコの漁獲国と日本の輸入量

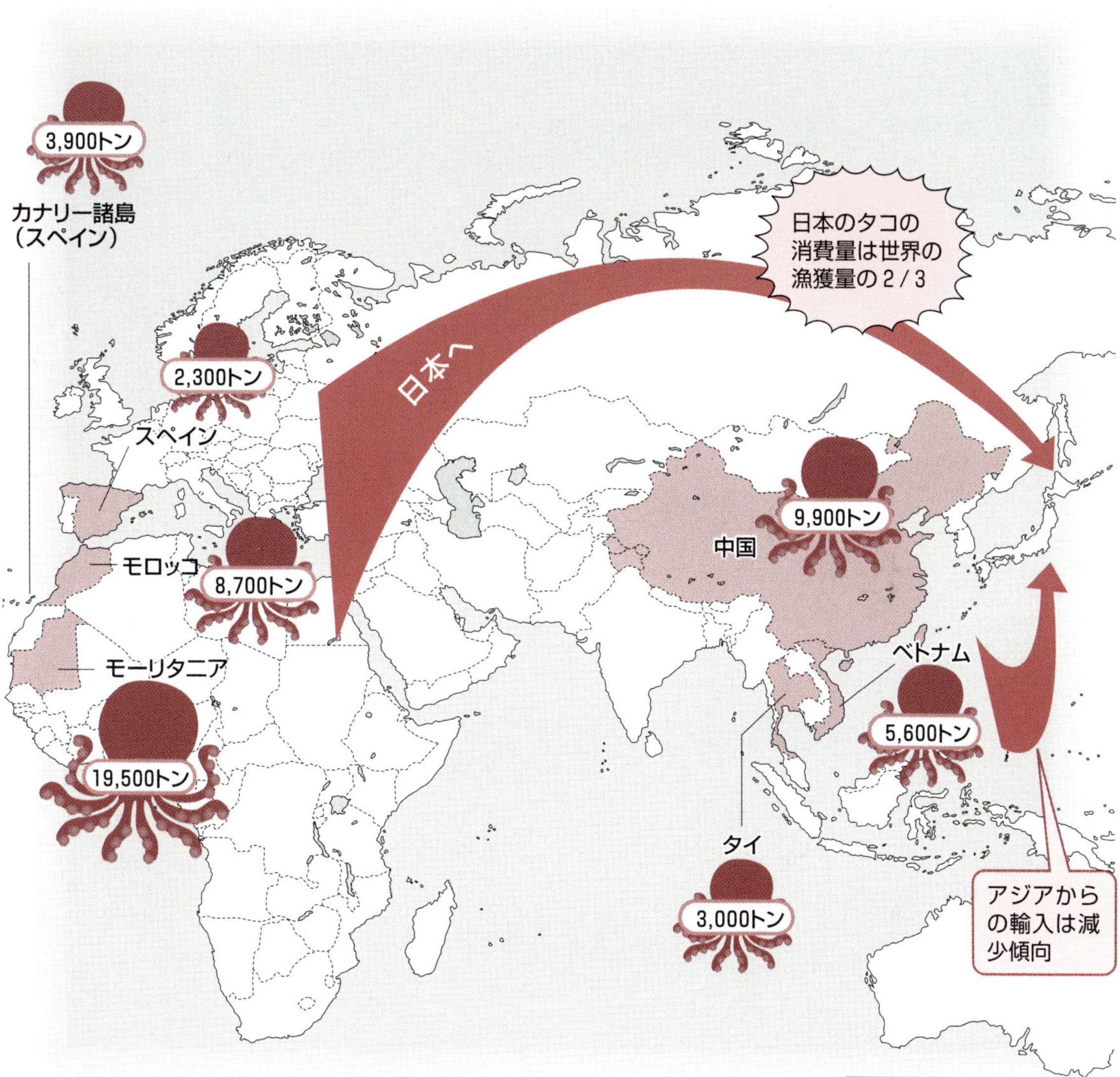
3,900トン
カナリー諸島
（スペイン）
2,300トン
スペイン
モロッコ
8,700トン
モーリタニア
19,500トン
日本へ
日本のタコの
消費量は世界の
漁獲量の2/3
中国
9,900トン
ベトナム
5,600トン
タイ
3,000トン
アジアから
の輸入は減
少傾向

＝各国からの
日本のタコの輸入量

タコの国内漁獲量と輸入の割合（2005年）

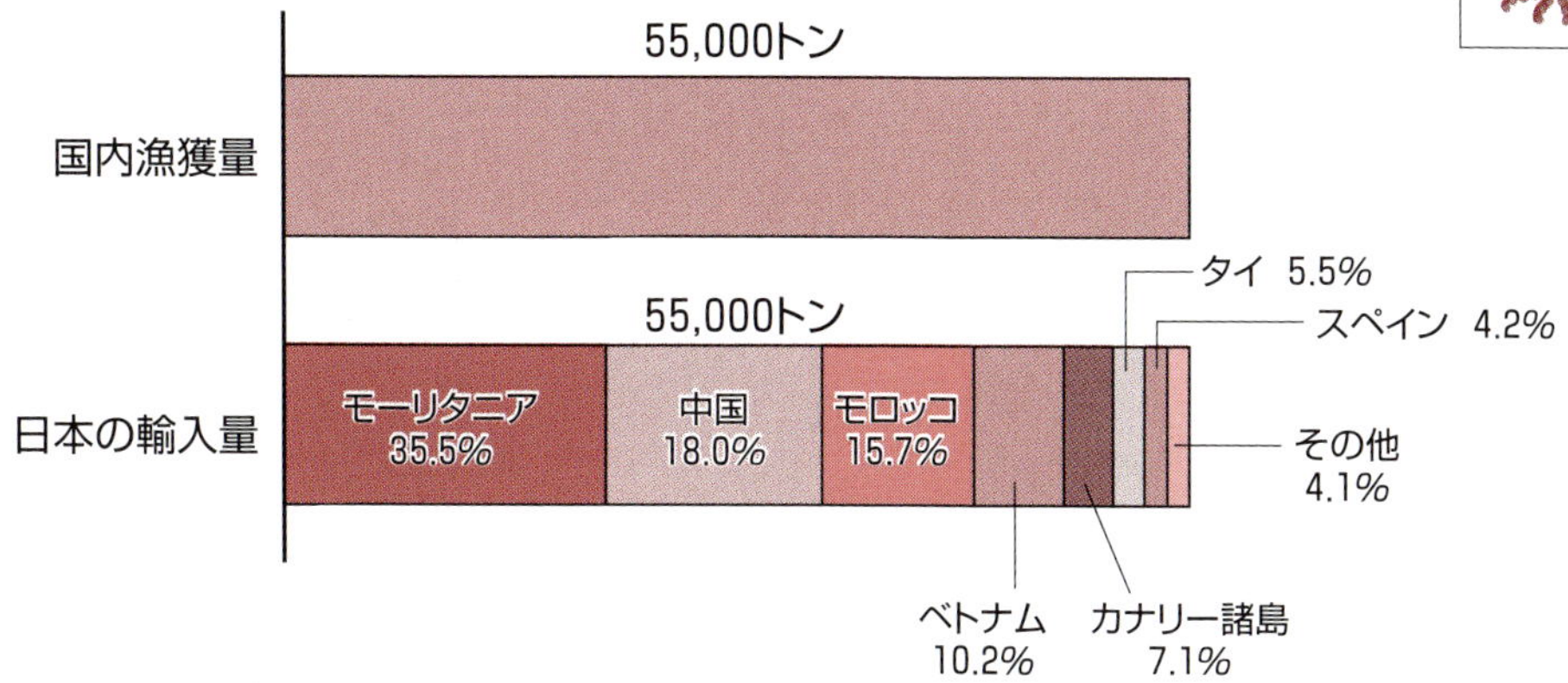
55,000トン
国内漁獲量
55,000トン
日本の輸入量
モーリタニア
35.5%
中国
18.0%
モロッコ
15.7%
ベトナム
10.2%
カナリー諸島
7.1%
タイ 5.5%
スペイン 4.2%
その他
4.1%

出典：（社）漁業情報サービスセンター

# エビ

# 養殖で賄われる日本人の旺盛な食欲

## 世界の約4割を占める中国産の養殖エビ

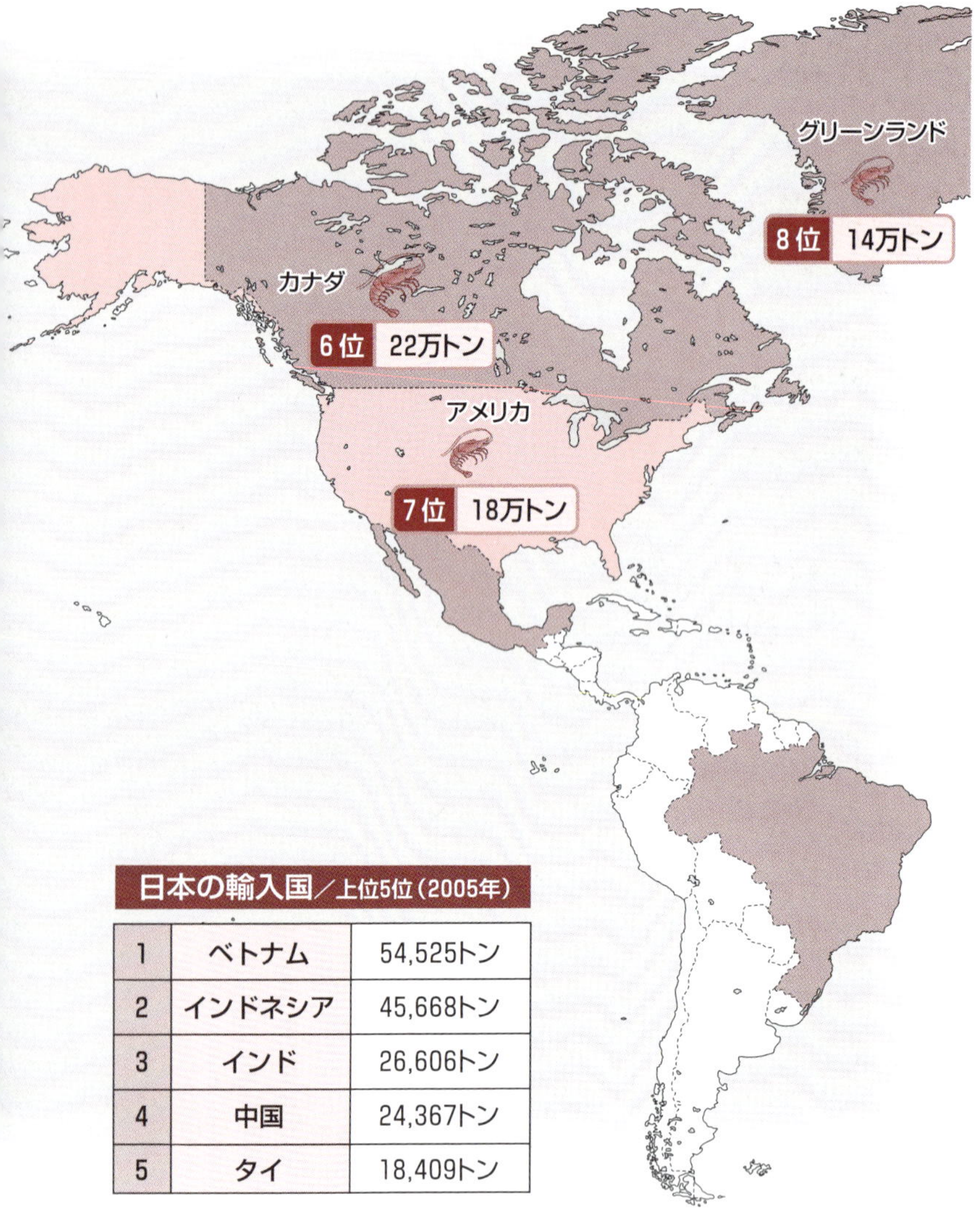
グリーンランド
8位 14万トン
カナダ
6位 22万トン
アメリカ
7位 18万トン

**日本の輸入国／上位5位（2005年）**

| | | |
|---|---|---|
| 1 | ベトナム | 54,525トン |
| 2 | インドネシア | 45,668トン |
| 3 | インド | 26,606トン |
| 4 | 中国 | 24,367トン |
| 5 | タイ | 18,409トン |

### 大規模な養殖が環境に負荷を与える可能性も

日本における1世帯あたりの年間消費量が3kg（2004年）というエビ。エビフライに換算すると、1週間に1度は食卓にのぼるという計算になる。世界中で好まれている食材でもあるが、なかでも日本人のエビ好きは群を抜いているといえる。

日本の年間輸入量は24～26万トンで、これはアメリカに次いで**世界で2番目**に多い。最大の輸入先はベトナムで、次いでインドネシア、インド、中国、タイの順となっており、この5カ国だけで日本の総輸入量の実に7割を占めているのだ。

ただし漁獲量でみると、この順番が変わってくる。2004年における世界のエビの総漁獲量は380万トンで、このうち4割を中国が占め、次いでインド、そしてインドネシアが続く。これらの国では、その多くが自国内での消費ではなく、海外への輸出に回されている。各国政府にとって、エビは**外貨獲得**

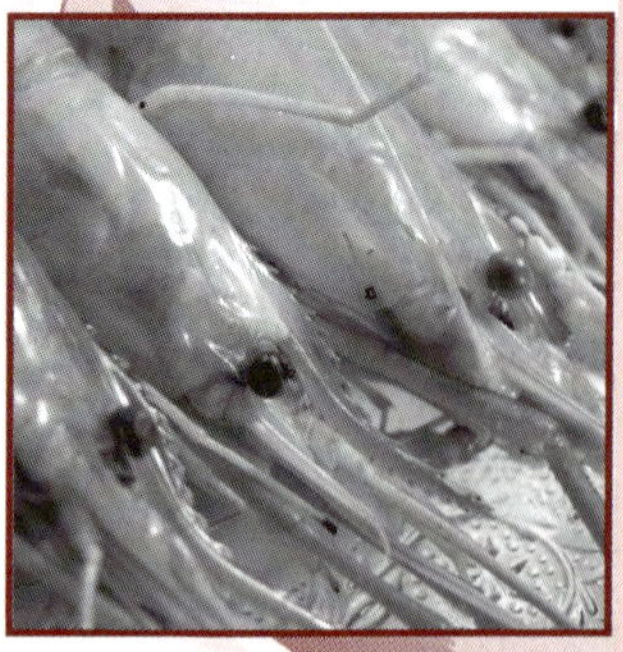

## 世界のエビの生産量と日本の輸入国

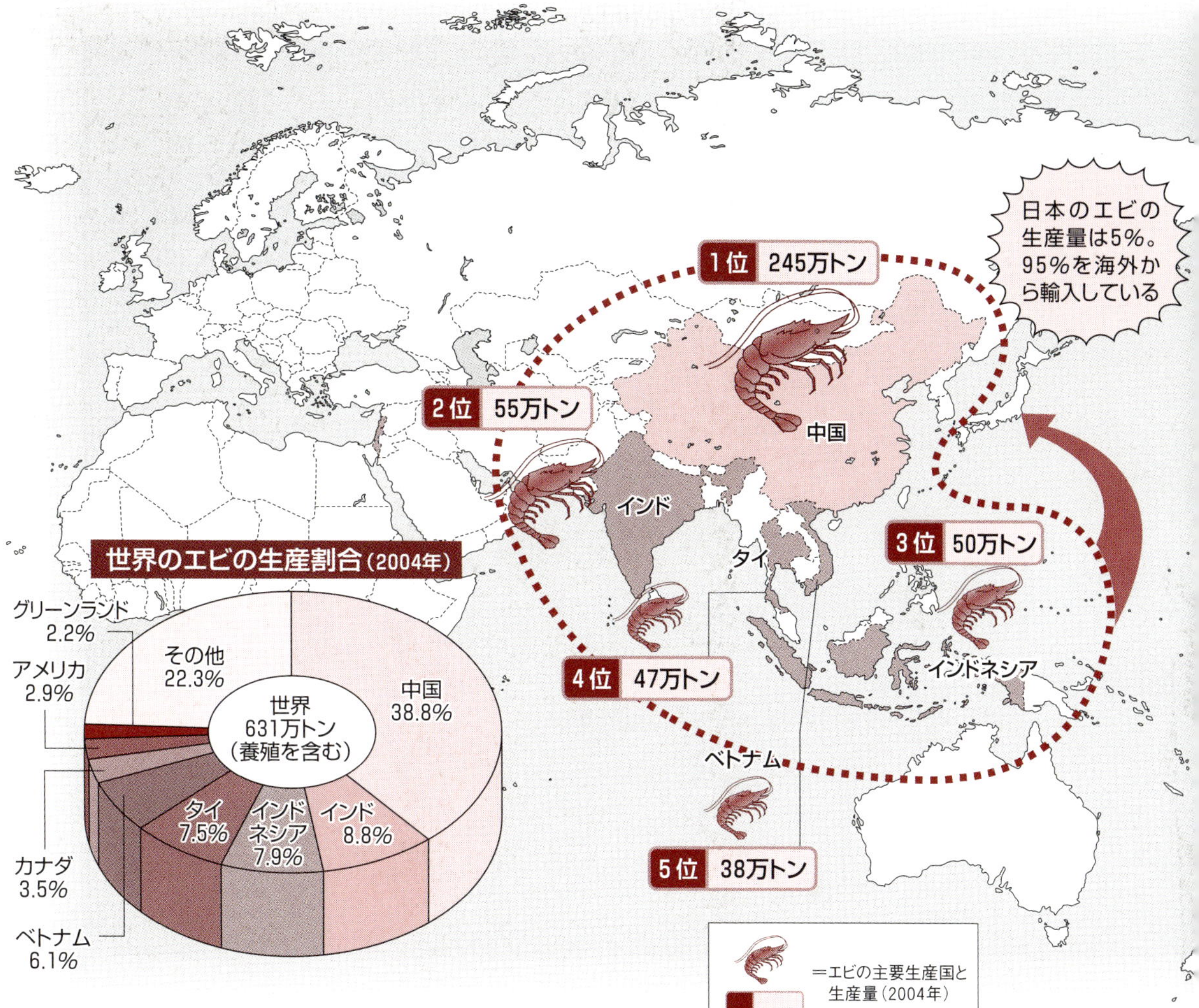
日本のエビの生産量は5%。95%を海外から輸入している
1位 245万トン
2位 55万トン
3位 50万トン
4位 47万トン
5位 38万トン
中国
インド
タイ
ベトナム
インドネシア
=エビの主要生産国と生産量（2004年）
世界のエビの生産割合（2004年）
世界 631万トン（養殖を含む）
中国 38.8%
インド 8.8%
インドネシア 7.9%
タイ 7.5%
ベトナム 6.1%
カナダ 3.5%
アメリカ 2.9%
グリーンランド 2.2%
その他 22.3%

出典：農林水産省「海外統計情報」

のための重要な資源なのだ。

　この漁獲量とは別に、東南アジアでは**養殖**も盛んに行われている。主に養殖されているのは「ブラックタイガー」で、日本に輸入される冷凍エビの3割近くがこれだ。

　生産地は中国、タイ、ベトナム、インドネシアなど各国にわたっているが、養殖を含めた生産量でも中国がトップ。その伸びはめざましく、２００２年に40万トンだった養殖エビが、２００３年には一挙に倍の80万トンにまで膨れ上がり、さらに２００４年には95万トンまで増えている。ちなみに、タイも生産量が多いが、それでも中国の半分以下の40万トンにとどまる。

　また、東南アジアは水産物の生産地であるだけでなく、加工拠点でもある。人手不足・高コストの日本で食品加工をするより、人件費が日本よりはるかに安い現地で加工までするほうがメリットは大きい。

　エビの大量供給に欠かせない養殖だが、問題もある。いけすで大量に生産できるため低コストな点がメリットだが、1尾でもウイルス性の病気に感染すると、たちまちいけす全体に伝染し、すべてのエビに感染する。最悪の場合は全滅してしまうからだ。

　最近では、タイにある養殖場がウイルスに感染してエビが全滅してしまい、壊滅的な打撃を受けた。ウイルスがいけすに蔓延すると、周囲の生態系にまで多大な悪影響を与えることもあるため、一部からは**養殖による環境汚染**を心配する声も上がっている。

# ハマグリ・アサリ

# 「国産」でも安心できない身元不明な海産物

## 消費量の多くを中国などからの輸入に依存

### アサリの産地詐称に利用される「蓄養」

日本はアサリの消費量の6割を中国や韓国からの輸入に頼っている。周囲を海に囲まれ、豊かな海岸があるにもかかわらず、なぜ国産で消費を賄えないのだろうか。

理由は**海浜の環境破壊**にある。アサリの消費量そのものはこれまでほぼ横ばいで推移しているが、１９８０年代中頃を境に、アサリが生息できる海浜が日本から激減してしまった。経済成長を最優先させてきたツケが、こんな形で現われたのである。

このアサリ、これまでは**北朝鮮が主要な輸入先**だった。日本人はアサリを年間9万トン消費しているが、このうち3割にあたる3万トン、金額にして40億円が北朝鮮産だった。

しかし北の核開発に伴う**経済制裁**の一環として、日本政府は２００６年10月から北朝鮮産アサリを輸入禁止にした。この措置でどの程度の影響を与えられるのかは不明だが、いずれにせよ店頭から北朝鮮産アサリは消え、現在販売されているのは、国産を除けば中国産あるいは韓国産である。

ただ、店頭に並んでいるアサリの原産国表示は、大部分が「国産」と表示されている。消費量の半分以上が輸入なのだから、本来なら外国産の表示がもっと目立つはずだが、実は、これには独特な流通形態が関係している。

アサリは中国や韓国などから船で運ばれて港に着くと、そのまま出荷せず、いったん瀬戸内海や有明海などの浜辺にまかれることが多い。このまま1～2カ月間放置することを、業界では「蓄養」と呼んでいる。

原産地表示を規定しているＪＡＳ法によると、蓄養では国内の成育期間より外国での成育期間のほうが明らかに長いことから、「輸入前に採捕された国」を原産国として表示することとされている。

ところが、この蓄養されたアサリを出荷する際、原産地を「国産」と表示する業者もいる。つまり、スーパーの店頭で売られているアサリのなかには、「外国生まれの日本育ち」のものもあるのだ。

また、中国の貨物船が北朝鮮産のアサリを中国産と偽り、不正に輸入する事件も起こっている。アサリの「出生」に関しては、なかなか一筋縄ではいかないのが現状だ。

### 中国産のハマグリをせっせと潮干狩り!?

アサリ同様に日本人によく食べられている貝にハマグリがあるが、何を隠そう、これもほとんどが中国産である。日本に古来から生息していた在来種の「ハマグリ」は環境汚染や乱獲から激減してしまい、今では熊本でわずかに採取されるにすぎない。

初夏の風物詩として、東京や千葉などでも潮干狩りを楽しむ家族連れを見かけることがあるが、これも事前に中国産のハマグリを海岸にまき蓄養させている場合が少なくない。

また、スーパーの店頭で販売されているハマグリもそのほとんどは、中国産の「シナハマグリ」や「チョウセンハマグリ」。国産の貝が再び豊富に採取できるようになる日は、いつの日になるのだろうか。

## ハマグリ・アサリの生産国と日本の輸入国

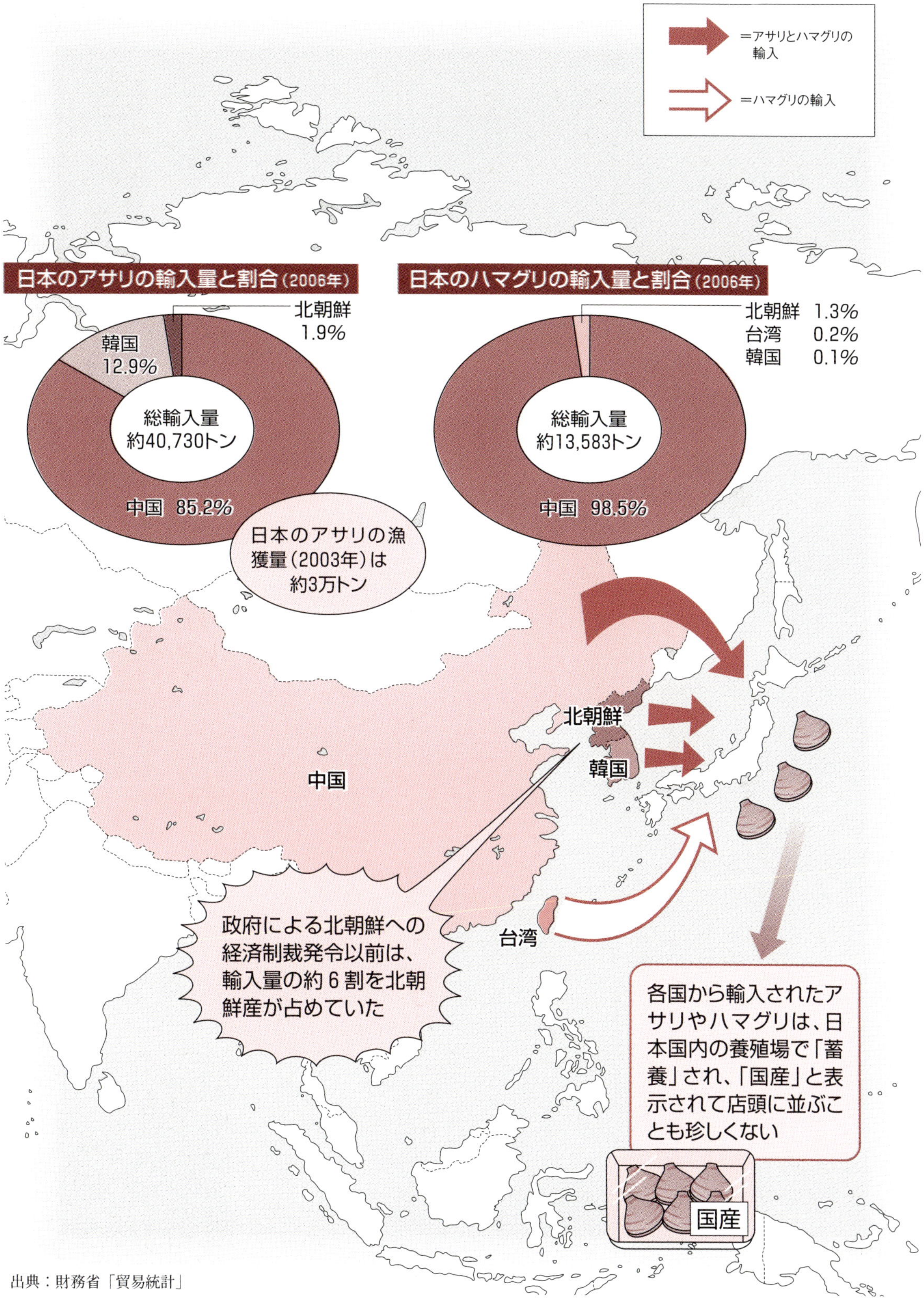
＝アサリとハマグリの輸入
＝ハマグリの輸入
日本のアサリの輸入量と割合（2006年）
北朝鮮 1.9%
韓国 12.9%
総輸入量 約40,730トン
中国 85.2%
日本のハマグリの輸入量と割合（2006年）
北朝鮮 1.3%
台湾 0.2%
韓国 0.1%
総輸入量 約13,583トン
中国 98.5%
日本のアサリの漁獲量（2003年）は約3万トン
北朝鮮
韓国
中国
台湾
政府による北朝鮮への経済制裁発令以前は、輸入量の約6割を北朝鮮産が占めていた
各国から輸入されたアサリやハマグリは、日本国内の養殖場で「蓄養」され、「国産」と表示されて店頭に並ぶことも珍しくない
国産

出典：財務省「貿易統計」

# カニ

# 日本で消費されるのはほとんどがロシア産

## 北方領土の資源をめぐる摩擦も

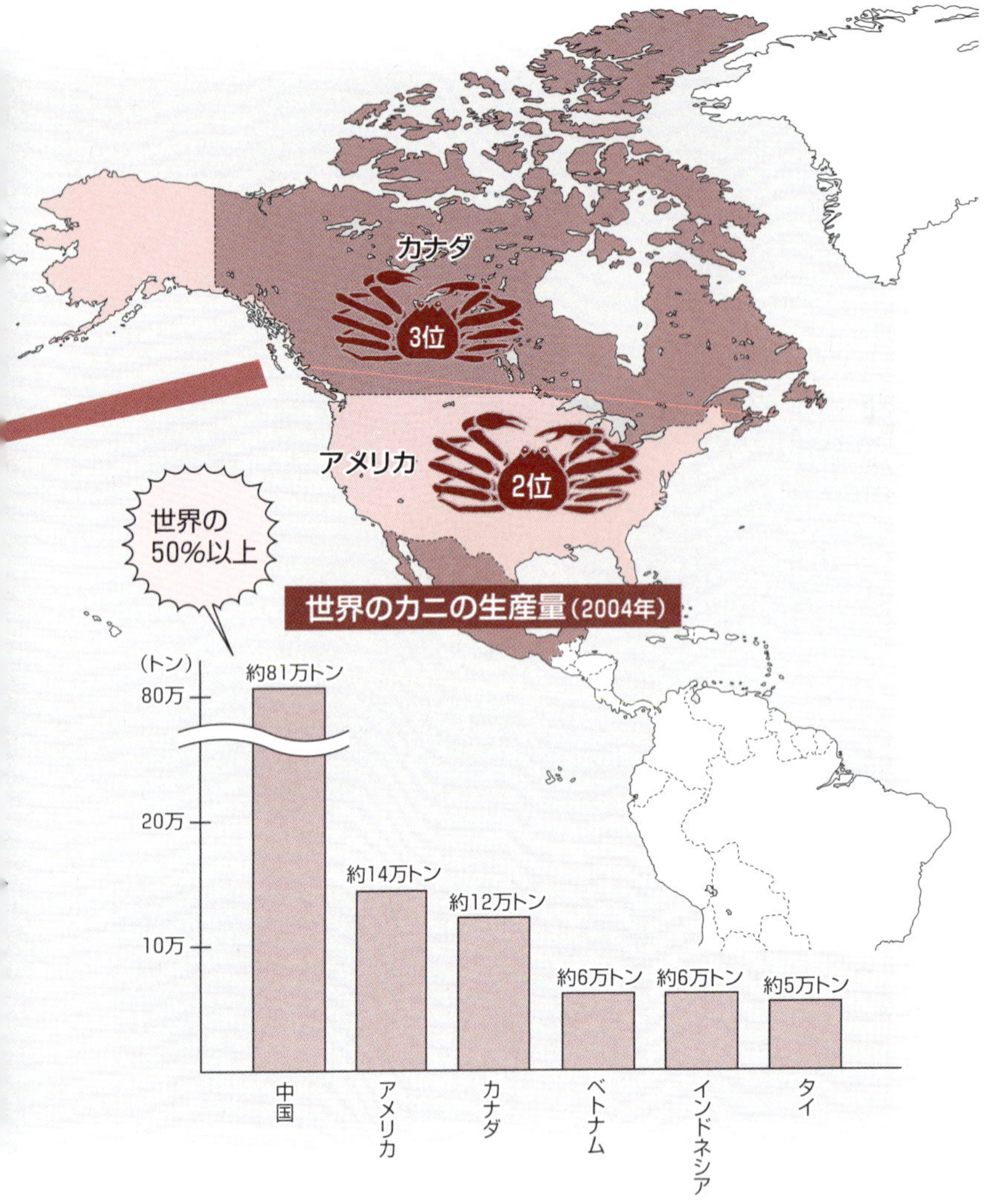
カナダ
3位
アメリカ
2位
世界の50%以上
世界のカニの生産量（2004年）
（トン）
80万
20万
10万
約81万トン
約14万トン
約12万トン
約6万トン
約6万トン
約5万トン
中国
アメリカ
カナダ
ベトナム
インドネシア
タイ

### 世界のカニの半分は中国が生産している

世界でも高級な食材のひとつとされるカニ。日本人は年間13～14万トンものカニを胃袋に収めているが、このうちの**7割は輸入**されたものだ。たとえば、２００４年の国内漁獲量は約3万トンにすぎず、残りはすべて外国産である。しかも近海で獲れるカニのほとんどは「ズワイガニ」で、そのほかの種類は獲れてもわずか。主な輸入国はロシアで、日本の総輸入量の8割を占めている。なかでも「タラバガニ」は大半がロシア産だ。

ところで、世界のカニ漁の現状はどうなっているのかというと、漁獲量の最も多いのが中国。実に年間81万トンにものぼり、世界で獲れるカニの半分以上を占めている。

次いで多いのがアメリカ、以下カナダ、ベトナム、インドネシアで、日本の主要輸入国であるロシアは、世界からみるとそれほど漁獲量が多いというわけではない。

一方、カニにも人工的にいけすで成育する

## 世界のカニの生産量と日本の輸入国

### カニの国内漁獲量と輸入量

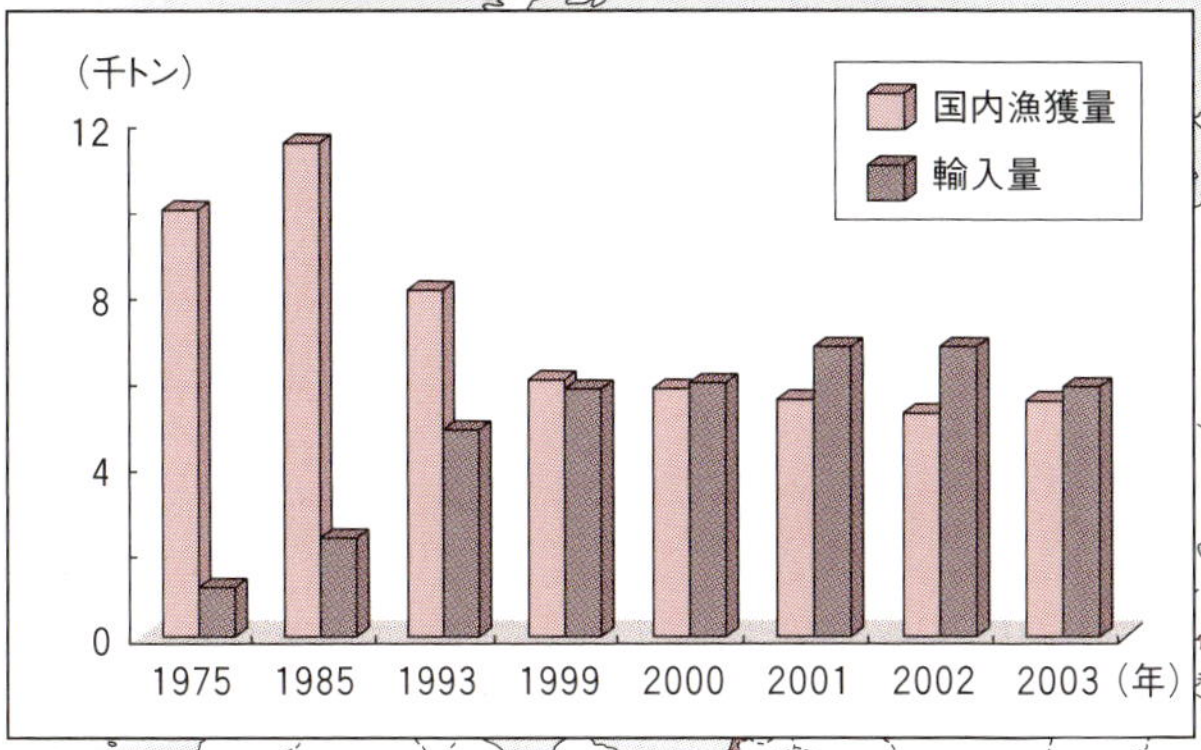
（千トン）
12
8
4
0
国内漁獲量
輸入量
1975
1985
1993
1999
2000
2001
2002
2003
（年）

輸入ものの8割はロシアから
ロシア
1位
中国
ベトナム
4位
タイ
6位
インドネシア
5位
＝カニの主要生産国

### 日本の輸入国／上位6位（2005年）

| | | |
|---|---|---|
| 1 | ロシア | 75,103トン |
| 2 | カナダ | 8,835トン |
| 3 | 中国 | 4,106トン |
| 4 | アメリカ | 4,021トン |
| 5 | 北朝鮮 | 3,171トン |
| 6 | ベトナム | 1,148トン |

出典：農林水産省「海外統計情報」

「養殖」がある。この養殖ガニの生産でも中国がトップで、年間19万トンもの生産量を誇っている。ちなみに、養殖されるカニの多くは中華料理でおなじみの「上海ガニ」だ。本場上海だけでも年間数万トンが養殖され、国内向けに出荷されているという。

カニの養殖はフィリピンやインドネシアなどでも行われているが、やはり**中国**が抜きん出て多く、養殖ガニのマーケットは中国の独壇場となっている。

世界的な肉食離れや中国の旺盛な需要増によって、世界のカニの消費量は年々増えている。そこで心配されるのが乱獲だが、各国はこれを防止するためにカニの**漁獲規制**を始めている。すでにアメリカとカナダは雌の漁獲を厳禁とするなど、規制を強めつつある。

また、極東海域のカニはソ連崩壊後の乱獲によって漁獲高が激減しており、ロシアも密漁を防ぐために日本側に協力を求めている。このような流れのなかで起きたのが、2006年8月の「カニかご漁船銃撃事件」だ。

これは北方領土の貝殻島付近で、北海道根室市のカニかご漁船が領海侵犯による密漁を理由にロシア警備隊から銃撃を受け、乗組員1人が死亡し、他の乗組員も拿捕《だほ》されたというものだ。貝殻島は納沙布岬から3・7キロメートルと目と鼻の先の島で、カニが豊富に獲れることでも知られている。

カニ資源の枯渇が懸念されるなかで、危険と隣り合わせの操業が続く厳しい現状を浮き彫りにした事件だといえるだろう。

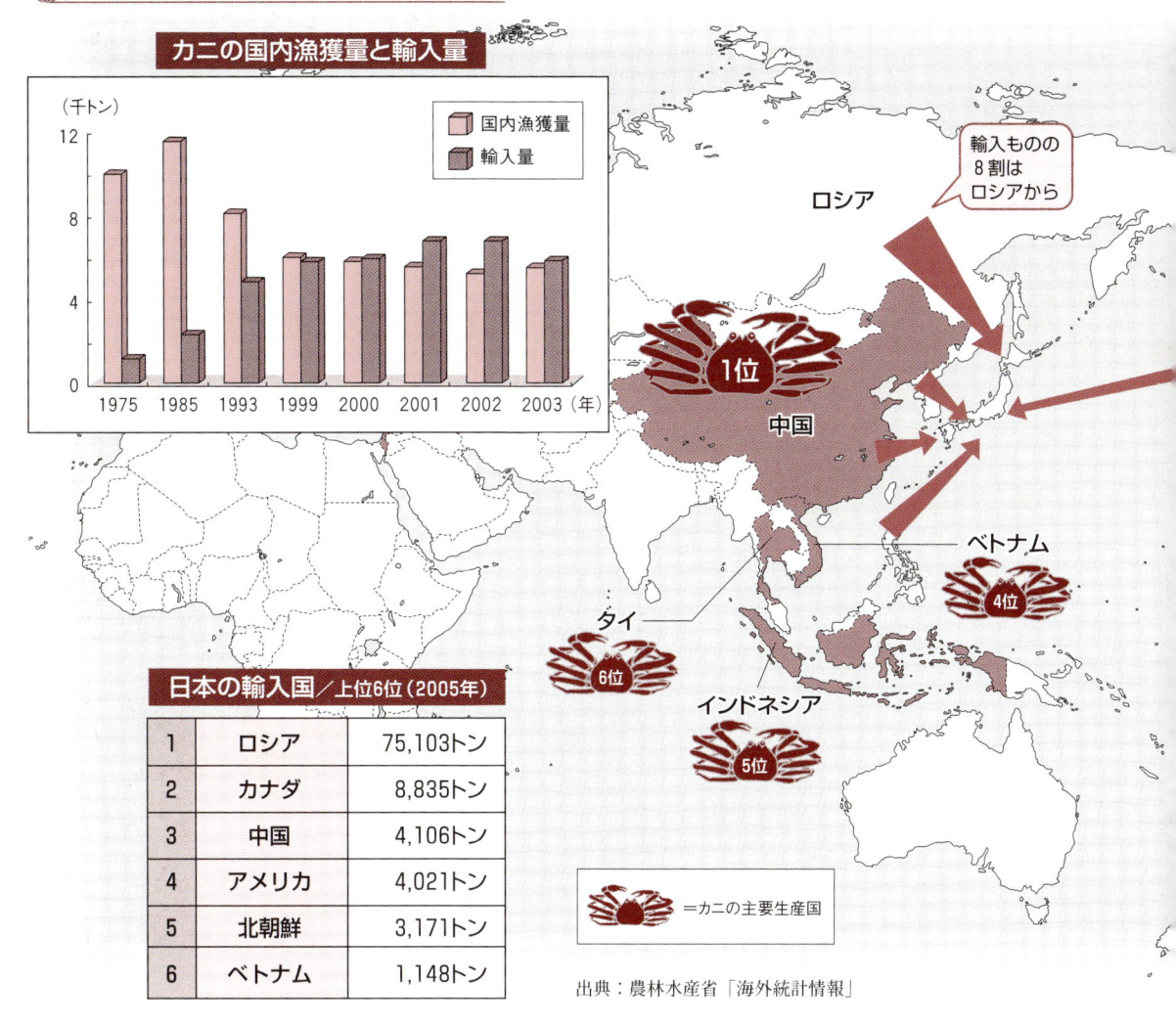

# ウニ

# 日本による日本のための水産資源

## 日本人の胃袋を支える生鮮ウニ市場

### 北方四島産のウニをロシア産として輸入

寿司や海鮮丼のネタとして使われることが多いウニ。フランス料理や中華料理でも食材として使ってはいるものの、生のままで食べているのは日本人だけだろう。

最近の〝Ｓｕｓｈｉブーム〟で、外国でも生ウニが食べられるようになったというが、好んで食べているのはほんの一部の人たちだけで、大半の人にとっては無縁の食材だ。

日本人はこのウニを生鮮、加工を含めて年間3万トンも胃袋に納めている（２００６年）。このうち2万トンが外国産で、国産はわずか1万トンにすぎない。

主な輸入国は**ロシア**で、輸入量全体の7割を占めている。このほかアメリカ、チリ、カナダなどからも輸入されており、産地は世界各国にわたっている。以前は漁業の対象になっていなかったウニだが、日本で高く売れるとあって、各国とも急速に漁獲量を増やしたのだ。ちなみに、昨年10月までは北朝鮮からも年間１４００トンが輸入されていた。

輸入の大半を占めるロシア産ウニも、入荷量が年々増加している。これはロシアが**北方四島**の沿岸で主にウニ漁をしているからで、北海道には花咲港をはじめとして釧路港、根室港など輸入ウニを陸揚げする港が多い。

一時はロシア政府が密漁を厳しく監視したため漁獲量が激減したこともあったが、その後合法的な漁が増え再び輸入量を拡大している。輸入港のひとつである花咲港では、過去10年間一貫してウニの入荷量が前年を下回っていないという。

### 進化する養殖技術が旺盛な需要を満たす

ひとくちに〝ウニ〟と言っても、その種類は日本だけで実に１００種類を超える。とはいえ、食用として供されるのはこのうちの数種類でしかない。たとえば、寿司店などで出されているのは全体が2～3ミリの短いとげで覆われている「バフンウニ」や、とげの長い「ムラサキウニ」である。

また、ウニのなかで食用にされているのは「生殖巣」、つまり精巣や卵巣の部分で、１００グラムの殻付きウニから取れる量は、わずかスプーン一杯ほどでしかないのだ。

日本のウニ需要は毎年着実に増えており、さらに漁獲量を増やしていかなければならない。しかしその漁獲量には当然ながら限りがあり、そこで当然考えられるのが**養殖**である。

養殖いけすでウニを人工的に増やすことができれば、大量生産も可能だ。現在、人工的にウニを繁殖させる方法としては「人工種苗」がある。

これはコンクリートブロックなどを海底に沈めて、海草に人工授精したウニの卵を放流するという方法。孵化した稚ウニは海草を棲家とするので、ウニを大量に育てることができる。この方法は全国的に実施されて実績もあがってきており、将来のウニの増産につながりそうである。

一方、いけすに入れた養殖についてはまだ研究段階にあり、まだまだ解決しなければならない問題が多いという。

## ウニの生産国と種類

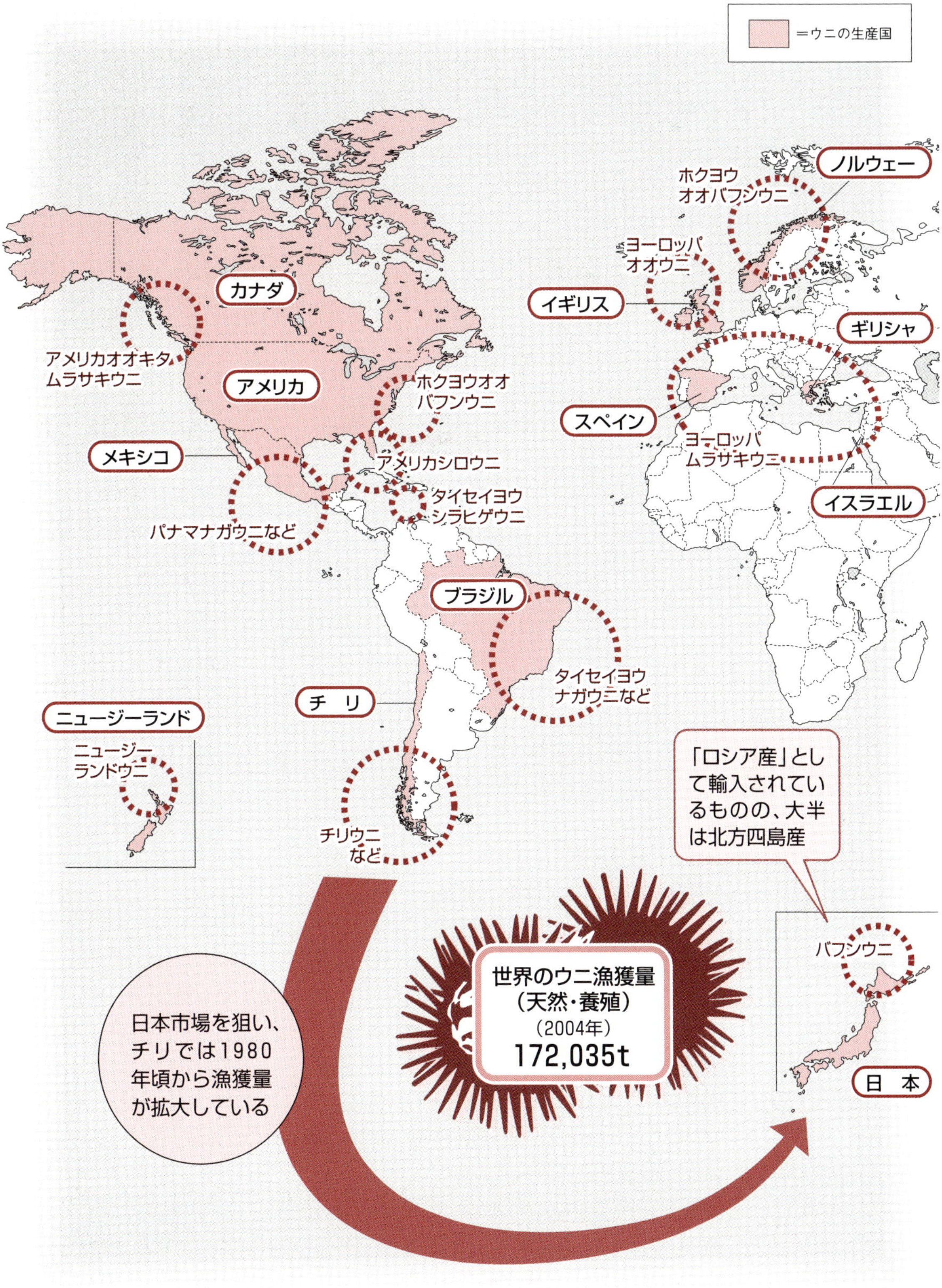
＝ウニの生産国
カナダ
アメリカカオオキタムラサキウニ
アメリカ
ホクヨウオオバフンウニ
メキシコ
アメリカシロウニ
パナマナガウニなど
タイセイヨウシラヒゲウニ
ブラジル
タイセイヨウナガウニなど
チリ
チリウニなど
ニュージーランド
ニュージーランドウニ
ノルウェー
ホクヨウオオバフンウニ
ヨーロッパオオウニ
イギリス
ギリシャ
スペイン
ヨーロッパムラサキウニ
イスラエル
「ロシア産」として輸入されているものの、大半は北方四島産
バフンウニ
日本
世界のウニ漁獲量（天然・養殖）
（2004年）
172,035t
日本市場を狙い、チリでは1980年頃から漁獲量が拡大している

出典：FAO（国連食糧農業機関）

# フカヒレ

## 食材でも展開される「日中争奪戦」

### 高級中華料理が普及するにつれ需給が逼迫

### 宮城県の特産品はマグロ漁の「副産物」

中華料理の人気メニュー「フカヒレスープ」。独特の食感があり、美容に効果を発揮するコラーゲン（タンパク質）をたっぷり含んでいるため、女性にも人気がある。大型のサメを「鱶《フカ》」と呼ぶが、この尾ビレや背ビレ、胸ビレを乾燥させた食材を、フカヒレ（鱶鰭）と呼ぶ。元をただせば〝サメ〟のヒレなのだ。

中華料理の材料として流通しているのは、切り取ったサメのヒレをそのまま乾燥させたもの。これを長時間煮続けることで、タンパク質がゼラチン化され、あの独特の〝トロリ感〟を出しているのだ。

フカヒレが採れるのは、世界に３００種類もいるサメのうち「ヨシキリザメ」「アオザメ」「ネズミザメ」など20種ほど。しかも食用になるのは8枚あるヒレのうち、尾ビレや胸ビレなどわずか4枚しかない。1尾のサメから採れる量が決まっているため、必然的に高級食材となってしまうのだ。

また、その希少価値を高めているもうひとつの理由が、サメの漁獲方法だ。いくら高級食材になるからといって、フカヒレだけを目的に「サメ漁」をしているわけではない。サメは、マグロ漁のひとつである「はえ縄漁」により、マグロとともに〝混獲〟されるものなのだ。つまり、サメのヒレはいわば**副産物**。需要に合わせて漁獲量を調整するということはできない。

このため、国内トップのフカヒレ生産量を誇るのは、マグロはえ縄漁の水揚げ高日本一を誇る**宮城県**だ。２００３年のサメ類の漁獲高は全国で約3万トンだが、このうち宮城県が6割以上を占めている。

### 世界で繰り広げられる中国との争奪戦

現在、世界では日本と中国の消費拡大を背景に、このフカヒレの争奪戦が繰り広げられている。

そもそもフカヒレは、江戸時代中期には幕府統制の貴重な貿易品であり、「干しなまこ」や「干しあわび」とともに、長崎の出島から中国に輸出されていた。そして、それはほんの20年ほど前まで続いており、日本のフカヒレが本場中国の中華料理を担っていたのだ。

しかし、日本人がフカヒレを好んで食べるようになると、そのほとんどが国内で消費されるようになり、中国への供給はストップしてしまう。それでも足りなくなってしまった日本は、スペインやシンガポールなどからの輸入を始めたのである。

一方の中国も、経済発展により**富裕層が急増**したおかげで、高級食材であるフカヒレの人気が高まってきている。そのため日本に代わる供給国を求めて、世界中でフカヒレを買いあさっているというのが現状だ。

この争奪戦に追い討ちをかけているのが、原材料となるサメの供給不足。マグロの漁獲量が世界的に規制されるようになったため、マグロはえ縄漁船が減船。必然的に、混獲されていたサメの漁獲量も激減している。フカヒレ業者にとっては、まさに泣きっ面にハチの状態が続いているのだ。

## フカヒレとして利用されるサメの捕獲国と捕獲量

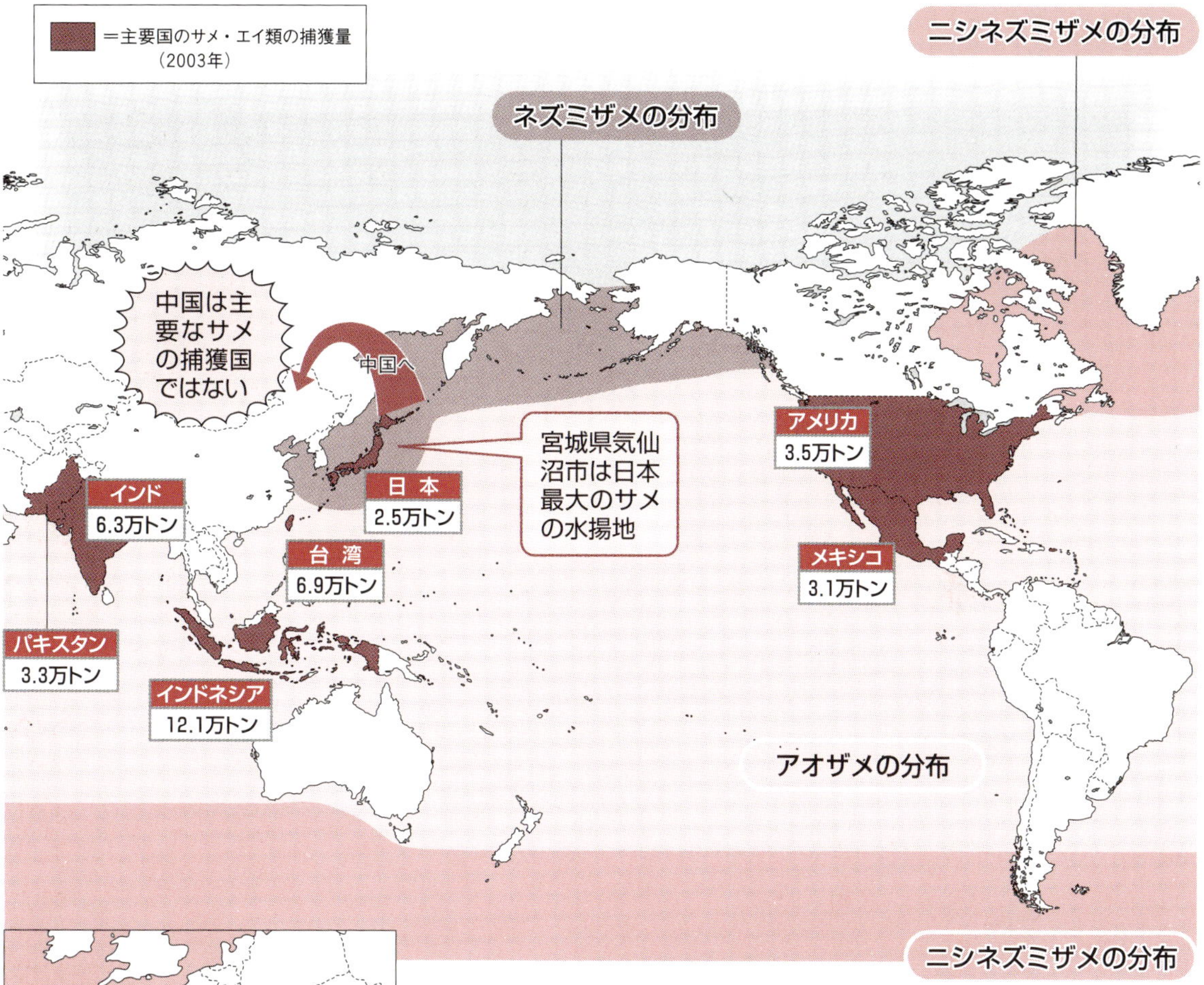

＝主要国のサメ・エイ類の捕獲量（2003年）
ニシネズミザメの分布
ネズミザメの分布
中国は主要なサメの捕獲国ではない
中国へ
宮城県気仙沼市は日本最大のサメの水揚地
アメリカ 3.5万トン
メキシコ 3.1万トン
インド 6.3万トン
日本 2.5万トン
台湾 6.9万トン
パキスタン 3.3万トン
インドネシア 12.1万トン
アオザメの分布
ニシネズミザメの分布

スペイン 6.2万トン
ニシネズミザメの分布


### フカヒレになる部位とサメの種類

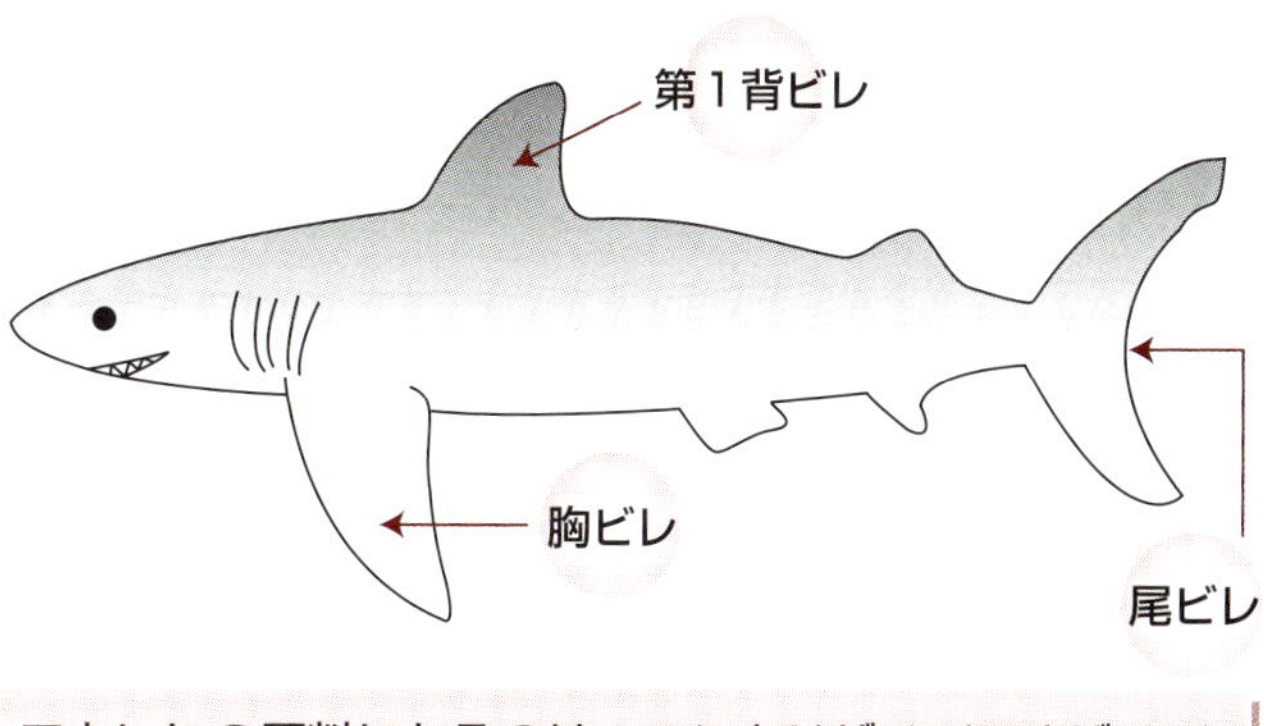

第１背ビレ
胸ビレ
尾ビレ


フカヒレの原料になるのは、ヨシキリザメ／アオザメ／ネズミザメ／ニシネズミザメなど約20種類がある

出典：農林水産省「サメ類の漁業と資源調査」、（独）農林水産省消費技術センター「大きな目小さな目」第62号

CHECK POINT

# マグロが高騰している本当の理由とは

### 遠く中東に起因する意外な原因

マグロの高騰が続いている。2006年2月にkgあたり9500円まで急騰した卸売価格は、2007年2月に6300円まで値を下げた。しかし、それでも一昨年と比べればまだ2000円以上も高い状態だ。しかも、今後マグロの卸売価格が下がる見通しはまったく立っていない。

この高騰の背景には水揚げ量の減少がある。たとえば、2005年に25万トンあったマグロの漁獲量は2006年に23万トンまで減っているのだ。これは「マグロ」の項でふれたように、クロマグロやミナミマグロなどの漁獲量が制限されたためだが、しかし本当の理由はそれだけではない。意外なことに、そこにはイラク戦争以来高値で推移している**原油価格の影響**がある。

マグロ漁は近海だけでなく、世界中にマグロを追い求める遠洋漁業も行われている。この遠洋漁業のマグロ漁船が、原油高の影響で大きく減っているのである。

遠洋漁業において操業経費の大半を占めるのが燃料費だ。これまでのようにマグロが大量に獲れれば、多少原油価格が値上がりしても採算が取れる。ところが、割り当ての漁獲量が減らされてしまうと、燃料費のほうが高くつくようになり、マグロ漁が採算に合わなくなってしまったのだ。

マグロ漁船が燃料として使用しているのは**A重油**と呼ばれるものだが、1ℓあたりの小売価格が4年前と比べて2倍近く値上がりしている。たとえば、遠洋マグロ漁が盛んな宮城県気仙沼の漁港の場合、これまで1航海あたり約4000万円程度に抑えてきた燃料費が、現在では6000万円を超えるようになっているのだ。

さらに原油高は燃料ばかりでなく、ロープや釣り糸といった**漁業資材**にも影響しており、そのほとんどの価格が上がっている。あまりにも操業経費がかかるようになってしまったことから、漁業会社のなかには倒産に追い込まれる会社も少なくないという。

## 国産マグロに深刻な影響を及ぼす原油高

燃料費が値上がりした分をマグロの卸売価格に反映させればいいように思うかもしれないが、世界最大の消費地である日本には、海外から冷凍マグロや蓄養マグロが大量に輸入されている。このため、国産マグロが海外産との競争力を維持するには、自ずとその価格転嫁にも限界があるのだ。

### 規則違反を犯した台湾から輸入が激減

マグロ高騰のもうひとつの理由に、**台湾からの輸入量が激減**したこともある。実は、台湾は2005年に「大西洋マグロ類保存委員会（ICCAT）」が定めた漁獲量をはるかに超えるマグロ漁を行っていたとして告発され、漁獲枠を1万6500トンから4600トンに大幅に削減されているのだ。

これにより日本に入荷される台湾産のマグロが極端に少なくなってしまい、マグロの品薄状態に拍車をかけたのである。

庶民にとってマグロは、さらに高嶺の花となってしまったのかもしれない。

# Part 4

# 森林資源

## Forest Resources

- 木材
- 綿花
- パーム油
- 天然ゴム
- カカオ
- ケナフ
- 羊毛・毛皮
- 絹
- タバコ
- 花卉

# 木材

# 現代社会に欠かせない持続可能な自然資源

## 日本は年間消費量の約8割を輸入に頼る

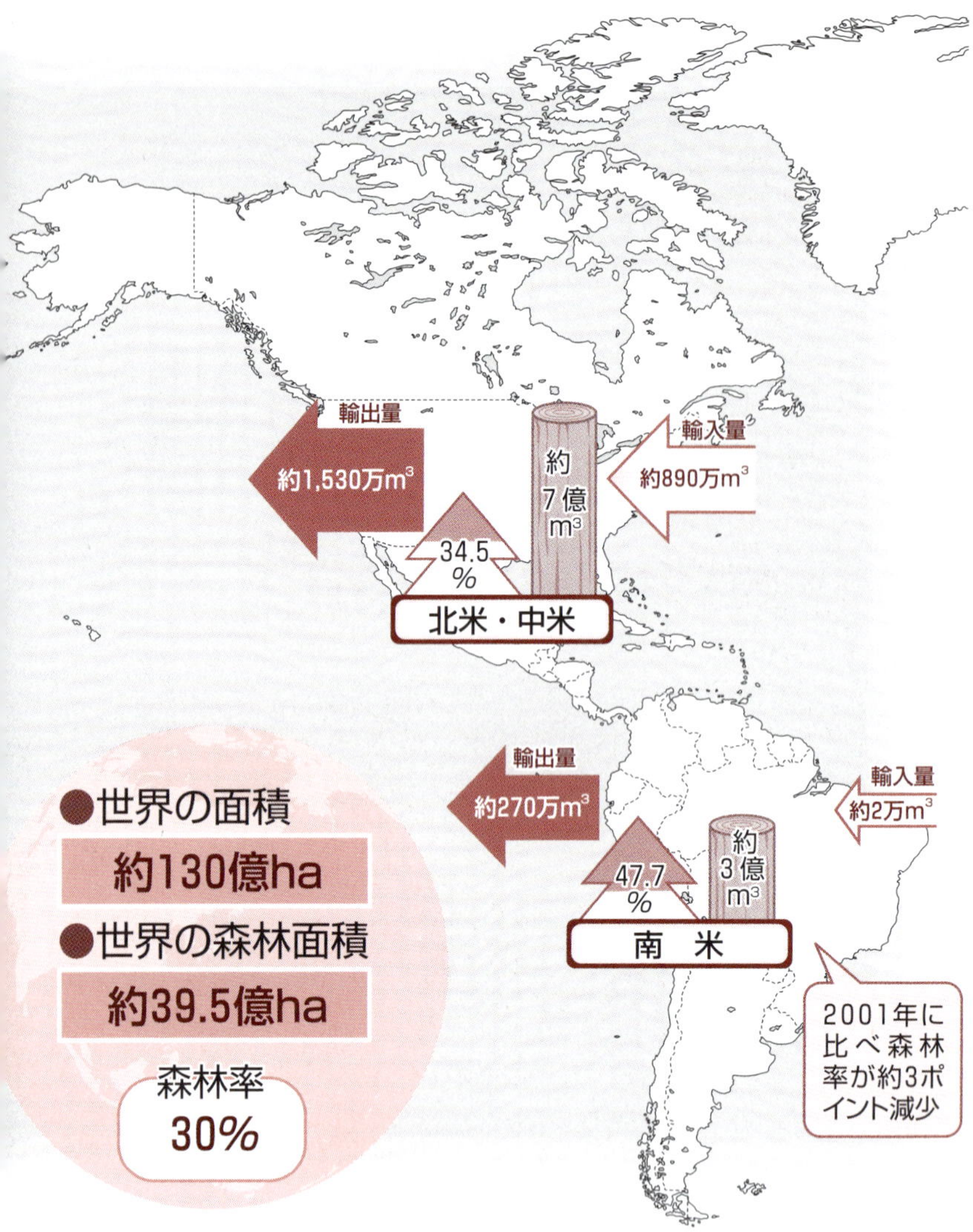
輸出量
約1,530万m3
輸入量
約890万m3
約7億m3
34.5%
北米・中米
輸出量
約270万m3
輸入量
約2万m3
約3億m3
47.7%
南米
2001年に比べ森林率が約3ポイント減少
●世界の面積
約130億ha
●世界の森林面積
約39.5億ha
森林率
30%

### 長期的に減少し続ける世界の森林面積

元アメリカ合衆国副大統領のアル・ゴア氏が制作したドキュメンタリー映画『不都合な真実』が話題を集めたが、そのテーマは人間の文明がいかに自然環境に無頓着であるかというものだ。

たしかに環境保全は大切なことだが、高度に発達した社会では、やむを得ず自然を破壊しなければならないことが多い。木材もそのひとつだが、**適正な森林管理**が行われれば、持続可能な形で森林経営をし続けることは可能だ。そのためには森林の現状を把握して、適切に森林資源を管理することである。

木材を原料とする製品は丸太、薪炭、合板、木材パルプ、紙などで、先進国を中心に大量に消費されている。木材資源は森林伐採によって得られるが、世界の森林総面積は約39億ヘクタール。1990年から2000年までの10年間に、約9000万ヘクタール近く減少している。

## 各地の森林率、丸太の生産量とその流れ

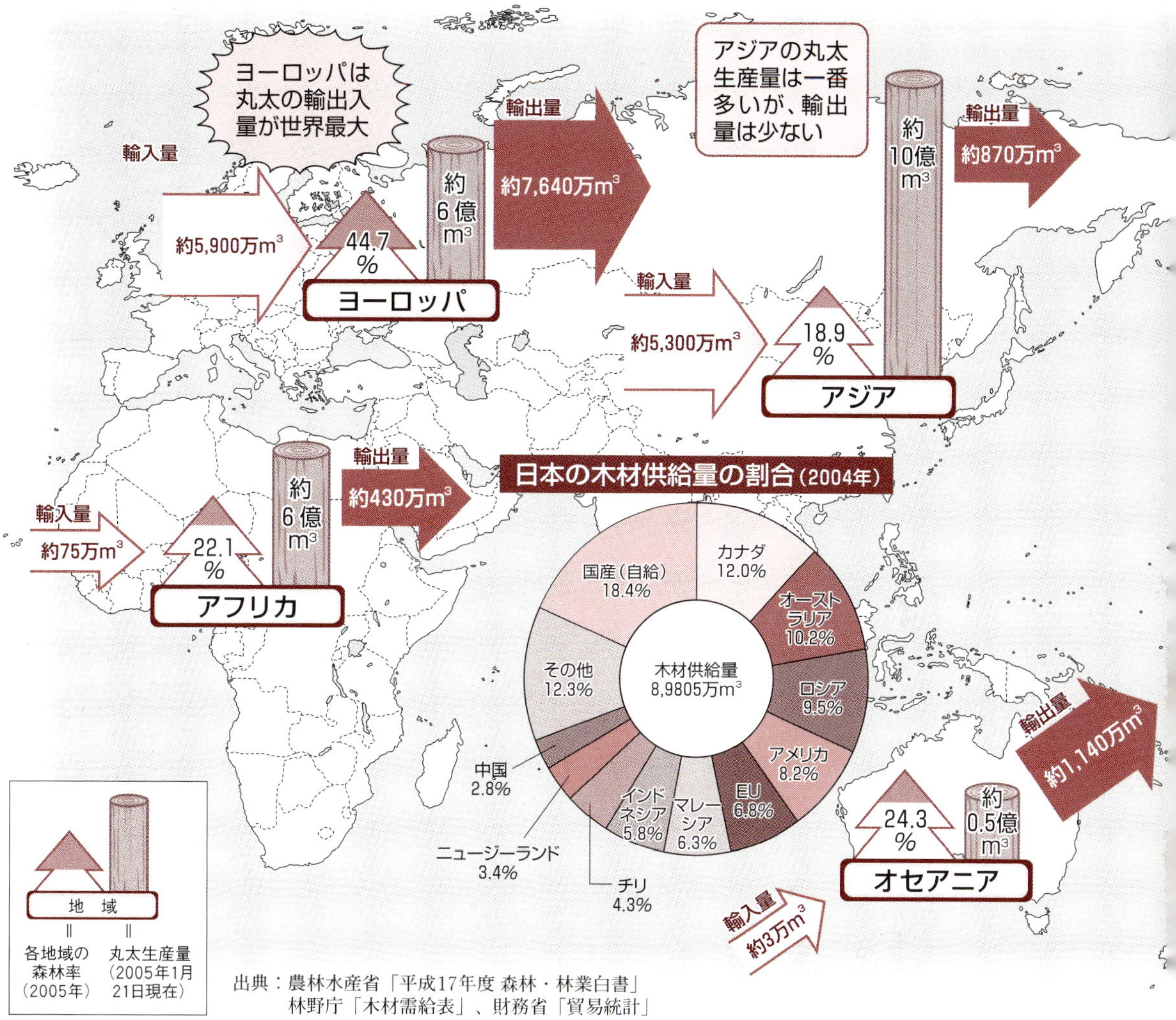

ヨーロッパは
丸太の輸出入
量が世界最大
輸入量
約5,900万m³
44.7%
約6億m³
輸出量
約7,640万m³
ヨーロッパ
アジアの丸太
生産量は一番
多いが、輸出
量は少ない
約10億m³
輸出量
約870万m³
輸入量
約5,300万m³
18.9%
アジア
輸入量
約75万m³
22.1%
約6億m³
輸出量
約430万m³
アフリカ
日本の木材供給量の割合（2004年）
木材供給量
8,9805万m³
カナダ 12.0%
オーストラリア 10.2%
ロシア 9.5%
アメリカ 8.2%
EU 6.8%
マレーシア 6.3%
インドネシア 5.8%
チリ 4.3%
ニュージーランド 3.4%
中国 2.8%
その他 12.3%
国産（自給） 18.4%
24.3%
約0.5億m³
オセアニア
輸出量
約1,140万m³
輸入量
約3万m³
地域
各地域の森林率（2005年）
丸太生産量（2005年1月21日現在）


出典：農林水産省「平成17年度 森林・林業白書」
林野庁「木材需給表」、財務省「貿易統計」

土地面積に対する森林面積を表わす森林率は南米47・7％、ヨーロッパ44・7％の順に高く、次いで北・中央アメリカ34・5％の順となっている。アジア全体では日本の森林率は約70％と目立って高いが、国土が狭いという理由もあり木材自給率は20％に満たない。**日本は需要の80％以上を北米やアジア、ロシアなどからの輸入に頼っている**が、アジア、ヨーロッパの先進国も熱帯樹林の木材に対する需要は盛んで、世界の総輸入量の約4分の1を占めている。

先進諸国では木材資源を木材パルプとして使用することが多く、アメリカは紙の原料となる木材の30％を輸出している。しかし、現在は中国など途上国の生産量が増加したため、ここ十数年輸出量は低下している。

アメリカは紙の消費大国であり、世界の年間使用量の30％を占め、1人あたり年間で331キロも使っている。日本も同じように1人あたり年間約250キロもの紙を消費している。1トンの紙を生産するには約2～3トンの木が必要であり、日本を含めた先進諸国が木材資源を大量に消費していることは、否定できない。

一方、途上国であるアフリカや南米では、木材の輸出が増加している。FAO（国連食糧農業機関）の調査では、1980年から1995年の間に、アフリカや南米の熱帯林が1割近く減少したと報告されている。先進国には、資源管理のノウハウを途上国にも伝える努力が必要だろう。

# 綿花

## 世界中のTシャツの約6割が〝中国製〟

### 生産量世界1位で輸入量も世界一

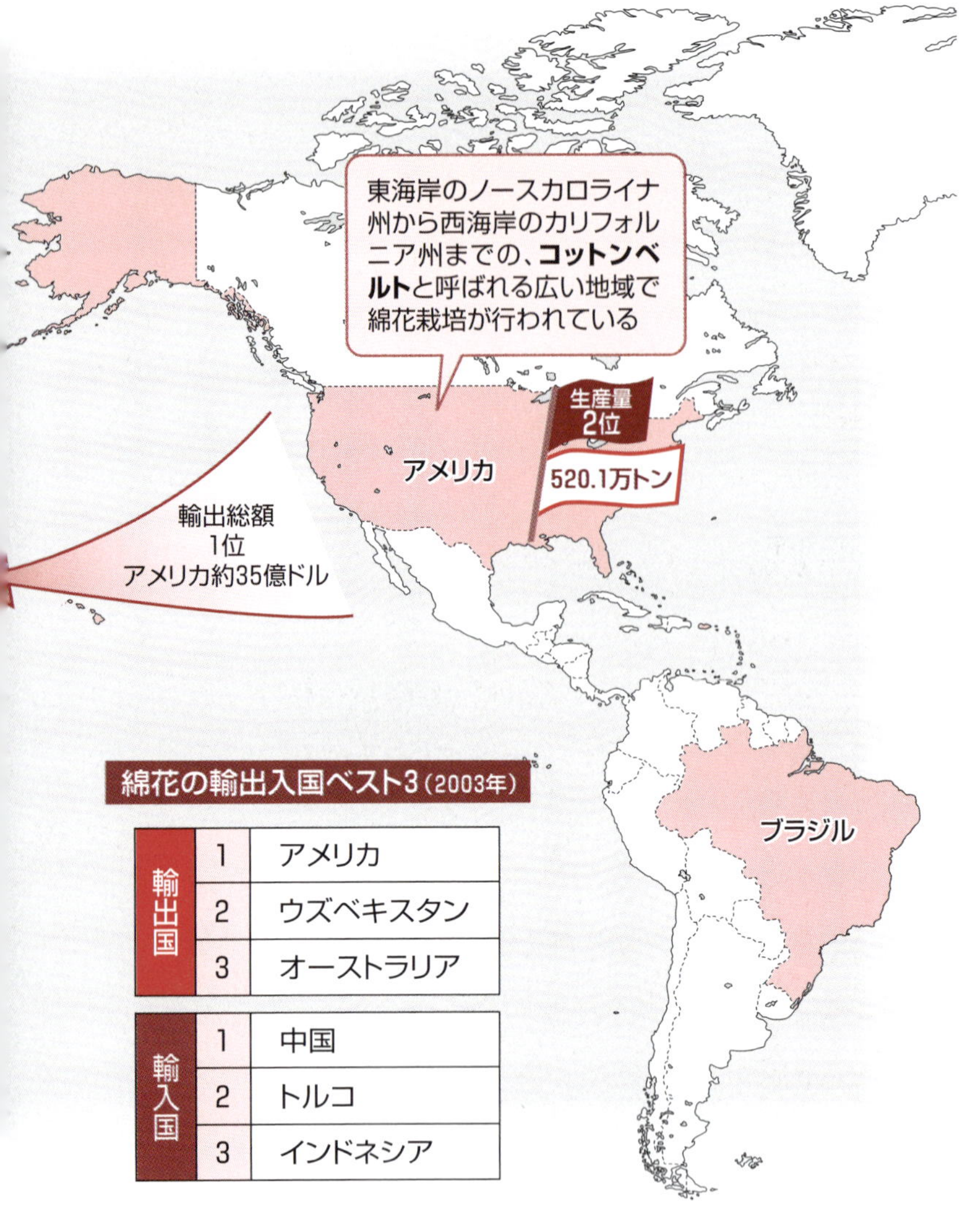
東海岸のノースカロライナ州から西海岸のカリフォルニア州までの、**コットンベルト**と呼ばれる広い地域で綿花栽培が行われている
アメリカ
生産量 2位
520.1万トン
輸出総額 1位 アメリカ約35億ドル
ブラジル

**綿花の輸出入国ベスト3（2003年）**

| | | |
|---|---|---|
| 輸出国 | 1 | アメリカ |
| | 2 | ウズベキスタン |
| | 3 | オーストラリア |
| 輸入国 | 1 | 中国 |
| | 2 | トルコ |
| | 3 | インドネシア |

#### 生産増の陰で大量の農薬使用が問題に

最近は安価な綿製衣類を大量生産販売する業者も増え、綿の需要が増えている。その原料となる綿花の栽培は、天候の変化に影響されやすいこともあって、年によって生産量が大きく変動しやすくなっている。現在、綿花の栽培は世界80カ国以上で行われているが、その総生産量は約2300万トン。しかも、その**約半分はアメリカと中国**が担っているのだ。

最も輸出量の多いアメリカでは毎年平均400万トン以上を生産しており、輸出国として長年第1位をキープしている。日本もアメリカから輸入しているが、日本とアメリカの綿花貿易は130年以上の歴史がある。

1862年、アメリカは南北戦争が勃発したことで綿花生産が完全にストップしてしまった。そのため日本から約16万トンの日本綿が送られ、ここから綿花貿易が始まった。日本が初めて輸入したのは1886（明治19）年で、現在でも輸入先の約半分はアメリカで、

## 綿花の主要生産国と輸出入量

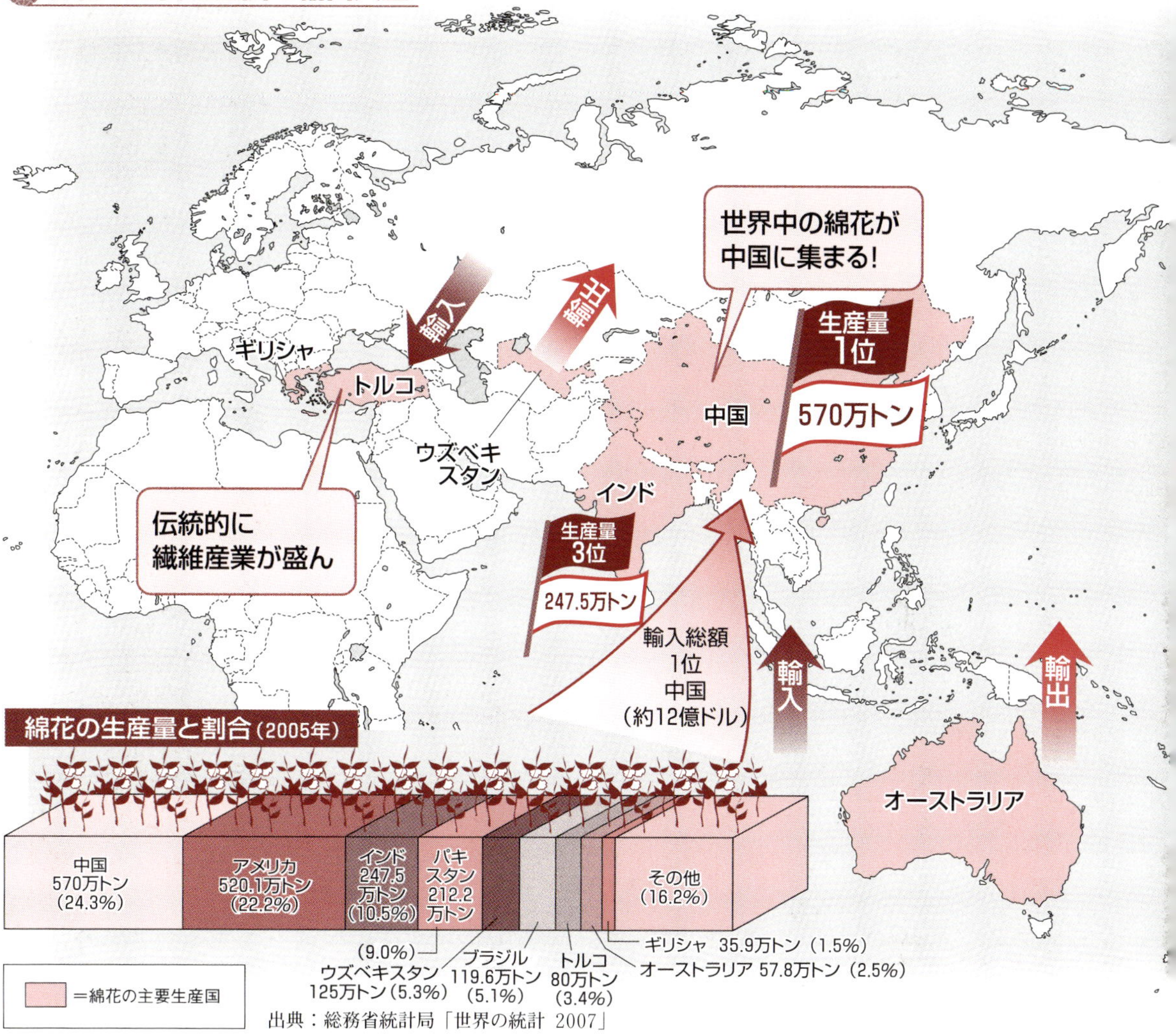
世界中の綿花が
中国に集まる!
生産量
1位
570万トン
中国
輸入
輸出
ギリシャ
トルコ
ウズベキ
スタン
伝統的に
繊維産業が盛ん
インド
生産量
3位
247.5万トン
輸入総額
1位
中国
(約12億ドル)
輸入
輸出
オーストラリア
綿花の生産量と割合（2005年）
中国
570万トン
（24.3%）
アメリカ
520.1万トン
（22.2%）
インド
247.5
万トン
（10.5%）
パキ
スタン
212.2
万トン
（9.0%）
ウズベキスタン
125万トン（5.3%）
ブラジル
119.6万トン
（5.1%）
トルコ
80万トン
（3.4%）
ギリシャ 35.9万トン（1.5%）
オーストラリア 57.8万トン（2.5%）
その他
（16.2%）
＝綿花の主要生産国

出典：総務省統計局「世界の統計 2007」

年間40〜45万トンほど輸入している。

アメリカでは綿花栽培地域を**コットンベルト**と呼び、東海岸のノースカロライナ州から西海岸のカリフォルニア州を結ぶ全16州にまで及ぶ。なかでもテキサス州、ミシシッピ州、カリフォルニア州が三大産地として有名だ。特にカリフォルニア産のアプランド綿は高品質という定評があり、日本のニット製品などにも多く使用されている。アプランド綿以外にも、スーピマ綿などもあり、主に高級品の原料として、最近は多く作られている。

綿花の生産量が一番多いのは中国で、570万トンにものぼる。しかし、中国は世界全体の輸入量の約4分の1にあたる257万トンも輸入している。というのは、中国は**世界最大のコットンTシャツの生産国**でもあり、世界市場への供給元（約65%）でもある。

しかし、中国では2004年の大豊作に伴い綿花の価格が暴落したため綿花栽培を敬遠する農民も増えたことや、洪水の被害を受けやすい土地が多いこと、いまだに綿花畑の改良が進んでいないなどの問題も抱えており、生産量もわずかながら減少している。

さらに、綿花栽培には**農薬**という問題もある。世界の綿花農場では大量の農薬が使用されており、その量は世界で使用される農薬の10%以上に相当する。

WHOでも綿花農場で使用される有機リン系農薬（パラチオン、ダイアジノン）を非常に有害なものと分類しており、綿花栽培に従事している人が健康被害受ける例も多い。

# パーム油

## 食用から化粧品まで知られざる植物油脂

### マレーシア一帯が世界の一大生産地

### パーム椰子は皮まで丸ごと有効活用できる

パーム油といっても、日本ではあまり馴染みのない人が多いかもしれない。**パーム椰子**から採れる植物油で、１９８０年に５００万トンだった総生産量が、２０００年時点で２０００万トンと急増している。この傾向はしばらく続くとみられており、２０２０年には３５００万トンに及ぶと推察されている。

主な産出国はマレーシア、インドネシア、中南米、アフリカだが、なかでもマレーシアのパーム油産業は世界のパーム油市場で確固たる地位を築いている。政府も支援に力を注いでおり、「オレオケミカル技術開発センター」を設置し、パーム油を原料とする製品開発やエネルギー資源としての利用法の開発などを行っている。

パーム油は生産量の約80%が食用にされており、マレーシアでは一般家庭でも炒め物や揚げ物など幅広く調理用にも使われている。日本では一般用食用油として使われることはほとんどないが、主にマーガリンの原料やスナック菓子の揚げ油などに用いられている。

パーム油は**ビタミンAとE**を多分に含んでおり、抗酸化成分で老化防止や抗ガン効果を期待できるとして、先進諸国では健康補助食品としても利用されている。栄養の不足している地域では、ビタミンA欠乏症の子供の補助食品として重要な役割を担っている。

一方、最近パーム油は食用以外の工業製品としても利用されている。**オレオケミカル**（油脂化学）及び脂肪酸はパーム油をベースに作られるが、マレーシアは世界のオレオケミカル市場でも約60%のシェアを占めている。以前は原料だけ輸出していたが、今では国内で加工して二次製品を輸出するという形に移行してきている。

加工して作られる製品は主に口紅などの**化粧品**だが、肌へのノリがいいことから評判も上々だ。その他、保湿剤、潤滑剤などにも利用され需要は高い。また、パーム油の脂肪酸から作られたロウソクもパラフィン製に比べて燃焼時間が長く、煙量も少ないことから評判がいいという。

油だけでなく、パーム椰子の果実以外の殻などから採れる**繊維**も有効利用されている。パーム椰子の繊維は家具や建築資材に使われるＭＤＦ（中密度繊維板）の原料としても、広く利用されているのだ。

### 注目されている燃料としての可能性

最近注目されているのは、パーム油を**バイオディーゼル**（ＢＤＦ）として利用することである。ＢＤＦとはクリーン軽油代替燃料を意味し、パーム油から得られるメチルエステルを利用して、ディーゼル油の代用品を作ることだ。現在、日本国内での軽油消費量は約４０００万トンだが、そのうち5%をパームメチルエステルに代替すると二酸化炭素が５００万トンも削減されるというデータがある。

パーム油は大豆やナタネなど他の植物油に比べて油収量が高く、製造技術もすでに確立していることから、環境にやさしい将来の自動車燃料の主体となる可能性を秘めている。

## パーム油の生産国

**世界の植物油脂産出量**（2001年）

| | |
|---|---|
| 大豆油 | 2,780万トン |
| パーム油 | 2,402万トン |
| 菜種油 | 1,368万トン |
| ひまわり油 | 818万トン |
| 落花生油 | 506万トン |
| その他 | 1,712万トン |
| 計 | 9,586万トン |

出典：（社）日本植物油協会

**日本のパーム油輸入国と割合**

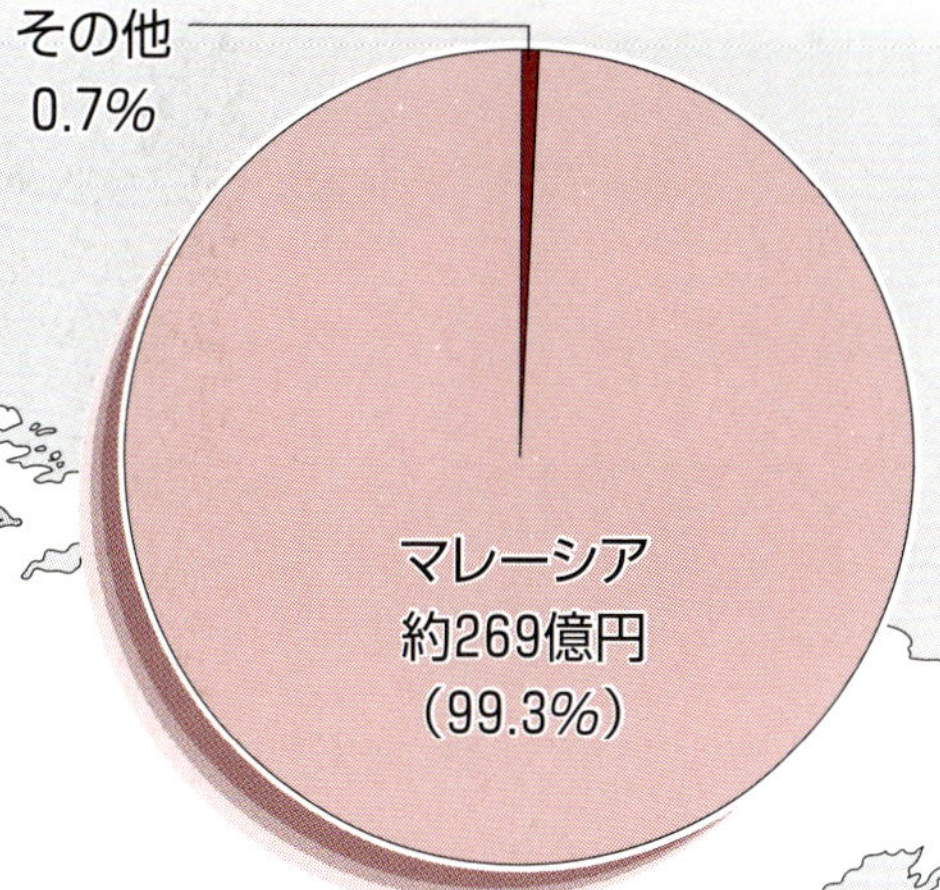
その他
0.7%
マレーシア
約269億円
（99.3%）

世界で消費されているパーム油の約50%がマレーシア産
新エネルギー資源
マレーシアと日本の石油会社、自動車メーカーによるパーム油のバイオディーゼル開発も行われている
一大パーム油生産地域
マレーシア
シンガポール
インドネシア

出典：日本貿易振興機構「貿易統計データベース」

# 天然ゴム

## 価格上昇が懸念される低環境負荷型の資源

### アジアだけで世界の約9割を生産

### 生産コストが低く一年中生産が可能

ゴムはもともとアマゾン流域のジャングルに自生していた、ヘベアブラジリエンシスという樹木から採取するゴム樹液（ラテックス）を原料として作られる。

1876年にイギリス人のウィッカムがゴムの種子を持ち帰り、人工栽培に成功したのがきっかけで世に広まったが、後にアメリカの**チャールズ・グッドイヤー**が天然ゴムの研究を始め、その成果で弾性ゴムを発見、そこから生産と需要が拡大していった。

ゴムは**天然ゴム**と**合成ゴム**に大別されるが、合成ゴムは石油化学を原料とするため、石油価格の変動により生産量や輸入量が影響を受けやすいという短所がある。その点、天然ゴムの原料となるゴムの樹の栽培は、一年中高温多湿で強風が吹かない地域（東南アジア、インド、中部アフリカ、中南米）に集中しており、一年中採取できる。

素材としても、合成ゴムに比べて弾性、伸び、熱耐久性、粘着性の点ですぐれており、今では**自動車タイヤ**の素材として欠かせないものとなっている。また合成ゴムに比べて生産コストが低いことも、世界中で天然ゴムが使われる要因になっている。

ゴム樹液は一年中採取できるが、2月から4月の落葉期は産出量が減少するため価格はこの時期に上昇する。反対に、雨季となる11月から翌年の1月までの生産期には価格が下落するというサイクルがある。

### "世界の工場"である中国が今後も市場をリードする

世界の総生産量は約900万トンだが、タイ（約300万トン）、インドネシア（約200万トン）、マレーシア（約100万トン）の3国で総生産の3分の2を占めているのが現状だ。

天然ゴムの使用用途の約8割は自動車タイヤとチューブで、主な消費国は中国、アメリカ、日本などである。自動車タイヤの場合、天然ゴムと合成ゴムの割合はおおよそ半分程度だが、この割合は原油価格によって変動するという。つまり、天然ゴムの価格が高い場合には合成ゴムの比率が増え、合成ゴムの価格が高い場合には天然ゴムの比率が高くなるのだ。

経済発展が著しい中国では、自動車生産が増加したことや、日欧米の主要タイヤメーカーが製造拠点を中国へ移したことによって、2004年の自動車タイヤ製造本数は**2億1000万本**にも及んでいる。

このように、中国では天然ゴムの消費が急増しており、2005年の消費量は約182万トンに拡大している。この影響からか、先物市場における天然ゴム価格も一昨年あたりから上昇傾向にある。中国国内の天然ゴム生産は海南島など一部に限られており、今後も輸入量は増加するとみられている。

天然ゴムは燃焼しても有害なガスがほとんど発生せず、地中に廃棄しても微生物の働きで分解される。そのため、環境を汚染しない**低負荷の資源**という定評があり、環境保護の観点からも今後生産が拡大していくだろう。

## 天然ゴムの生産国と日本の輸入国

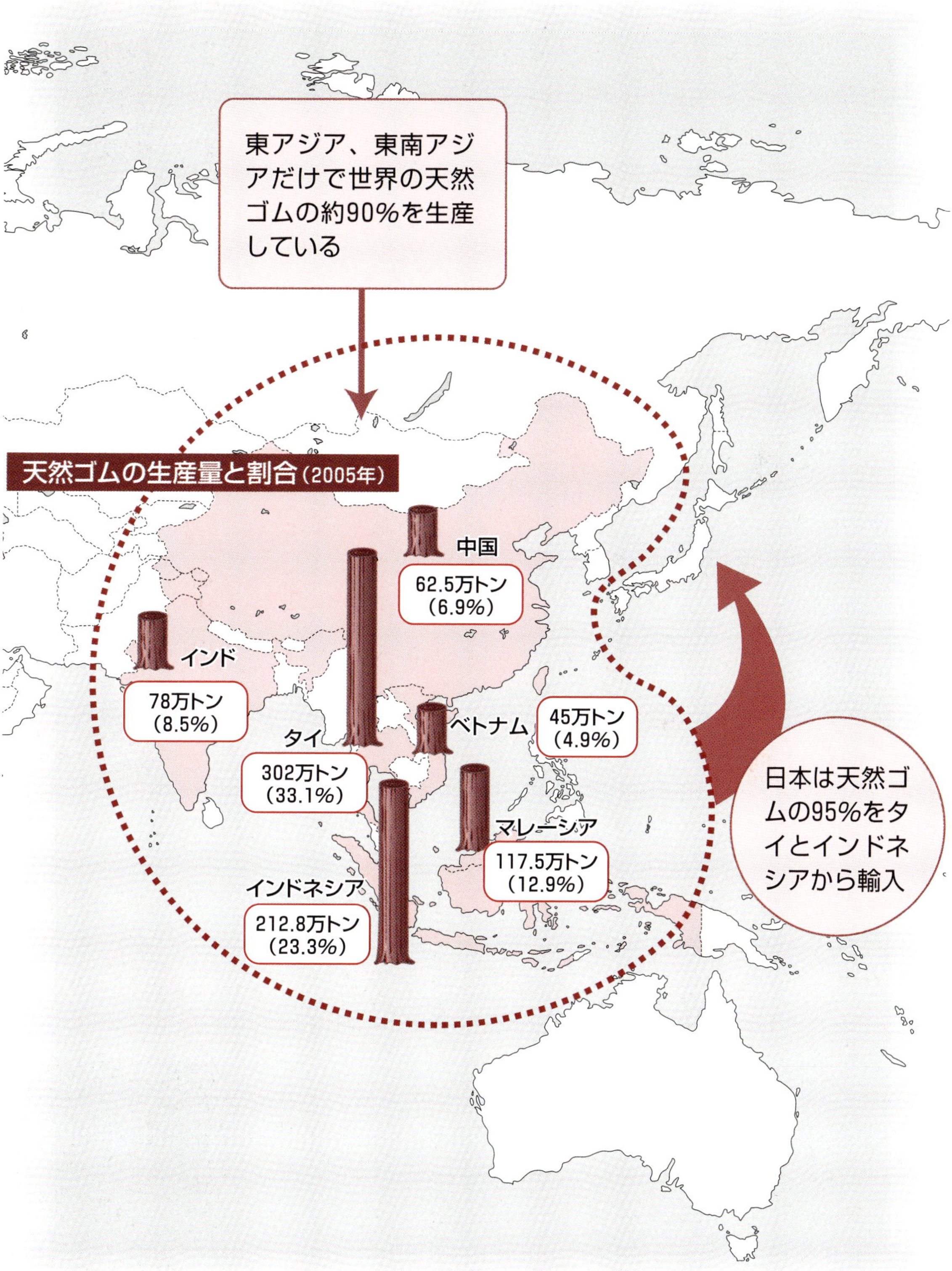
東アジア、東南アジアだけで世界の天然ゴムの約90％を生産している
天然ゴムの生産量と割合（2005年）
中国
62.5万トン
（6.9％）
インド
78万トン
（8.5％）
タイ
302万トン
（33.1％）
ベトナム
45万トン
（4.9％）
マレーシア
117.5万トン
（12.9％）
インドネシア
212.8万トン
（23.3％）
日本は天然ゴムの95％をタイとインドネシアから輸入

出典：総務省統計局「世界の統計 2007」、農林水産省「農林水産物輸出入概況 2005」

# カカオ

## 今も影響が残る植民地時代の"遺産"

### コートジボワールが生産量で世界一

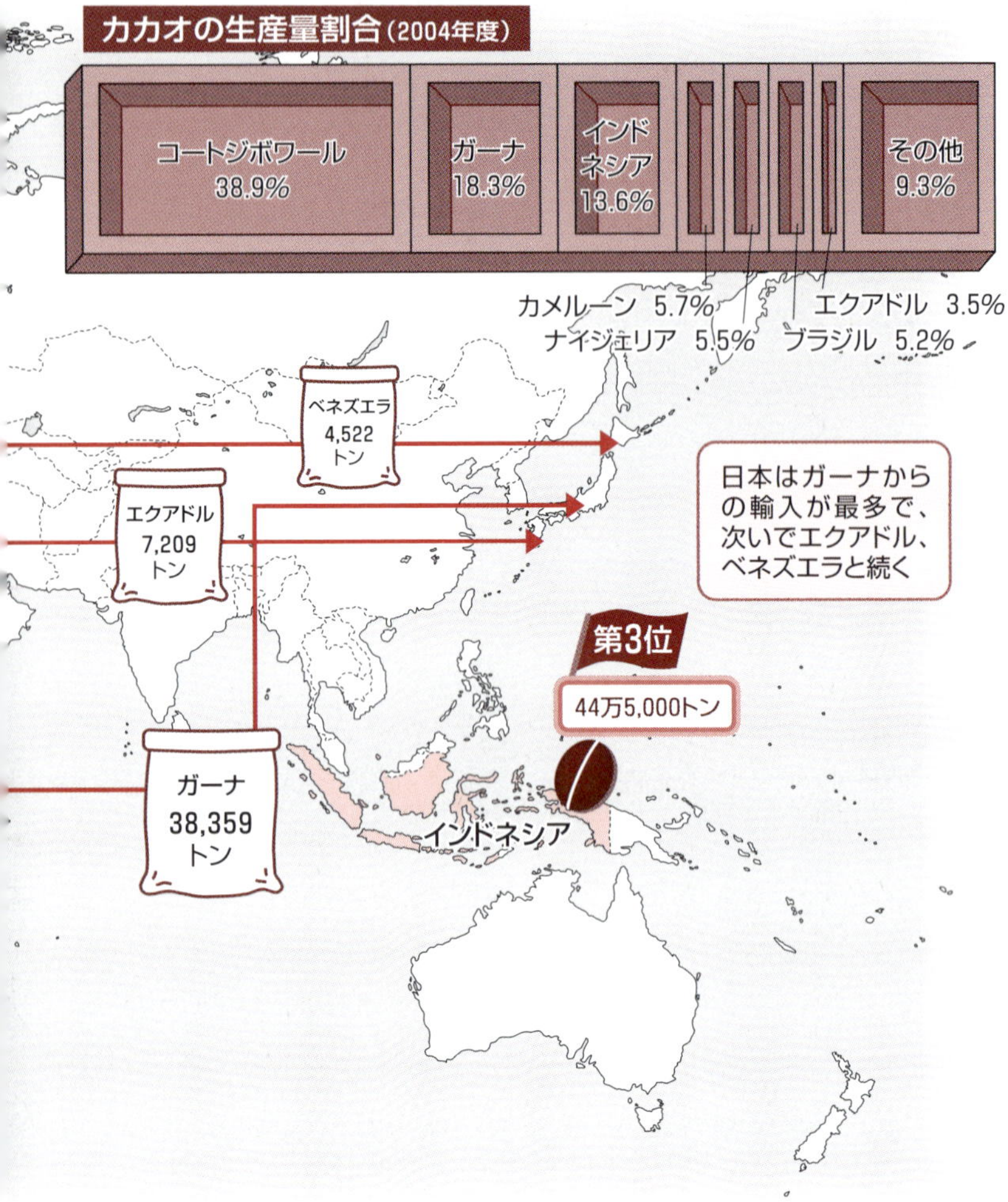
カカオの生産量割合（2004年度）
コートジボワール 38.9%
ガーナ 18.3%
インドネシア 13.6%
その他 9.3%
カメルーン 5.7%
ナイジェリア 5.5%
エクアドル 3.5%
ブラジル 5.2%
ベネズエラ 4,522トン
エクアドル 7,209トン
ガーナ 38,359トン
日本はガーナからの輸入が最多で、次いでエクアドル、ベネズエラと続く
第3位
44万5,000トン
インドネシア

#### 原料・半製品として多くがヨーロッパへ

チョコレートやココアの原料となるカカオ。当初、南米からスペインに伝わり、製法を進化させつつチョコレートやココアなど、さまざまな形で多くの人々に親しまれている。

カカオの主要生産国は、アフリカが約3分の2を占めている。2004年における生産量第1位は**コートジボワール**で約127万トン。次いでガーナが60万トン、ナイジェリアが18万トンとなっている。そのほかに、日本ではサッカーで有名になったカメルーンも高い生産量を誇っている。付加価値をつけるために自国内で加工して輸出する国も増えている。

輸入国はチョコレート菓子文化に伝統があるヨーロッパが中心で、オランダが約49万トン、ドイツ約20万トン、フランス約14万トンと多く、アメリカは約32万トン。マレーシアも約17万トンと比較的多いが、マレーシアはカカオ加工能力に定評があり、その関係で輸入量

## カカオの生産量と日本の輸入国

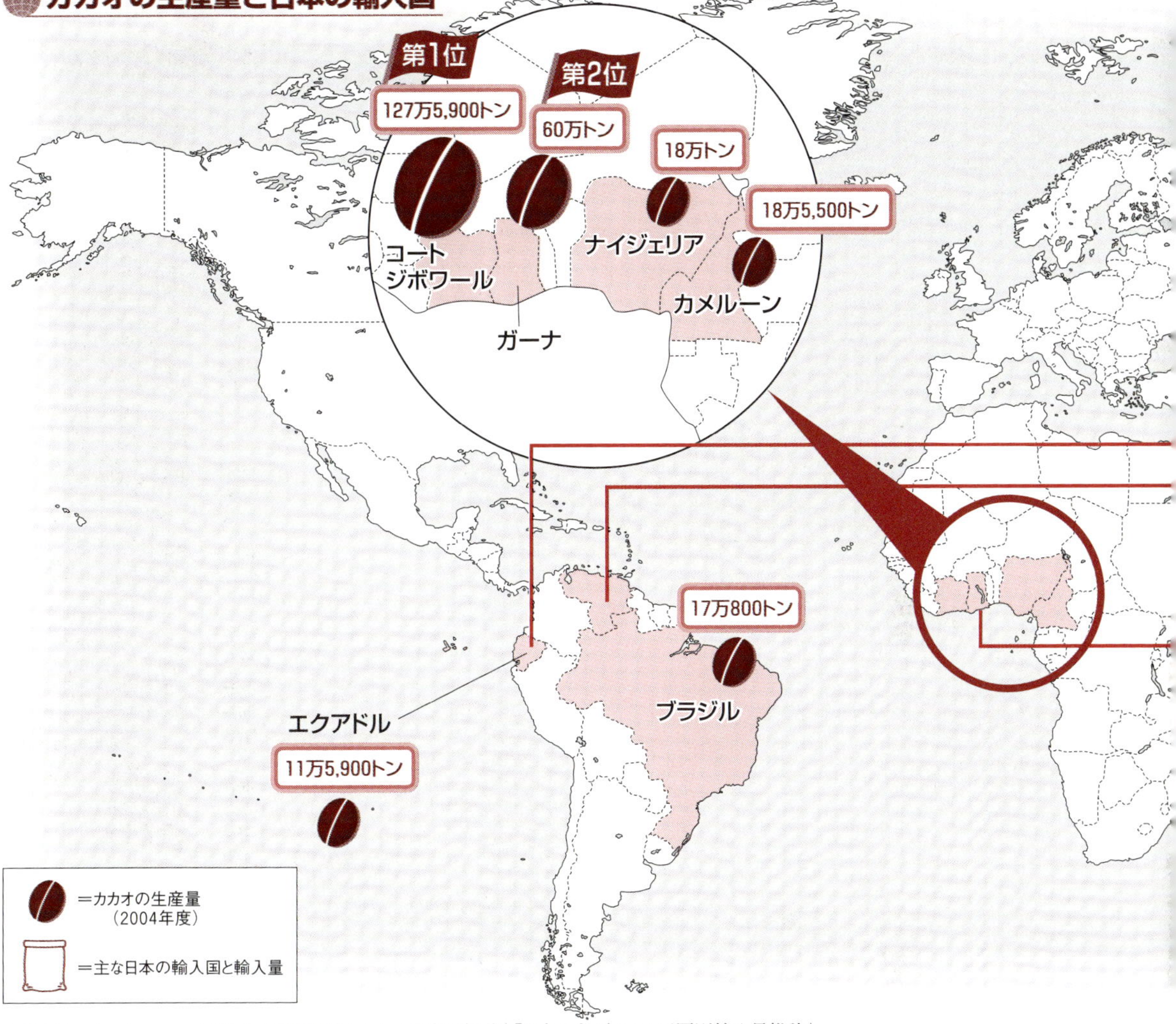
第1位
127万5,900トン
第2位
60万トン
18万トン
18万5,500トン
コート
ジボワール
ナイジェリア
カメルーン
ガーナ
17万800トン
ブラジル
エクアドル
11万5,900トン
＝カカオの生産量
（2004年度）
＝主な日本の輸入国と輸入量

出典：日本チョコレート・ココア協会「世界国別カカオ豆生産量推移」「日本の主要カカオ豆国別輸入量推移」

を増やしているのだ。

日本の輸入量は約5万5000トンだが、そのほとんどが**ガーナ**（約3万8000トン）からで、生産量第1位のコートジボワールからは約2000トンしか輸入していない。

カカオの栽培は森林でもできることから、世界のカカオの栽培面積は7万平方キロを越え、ここ十数年で拡大の一途をたどっている。

また、カカオは日陰でも育つという特徴があり、森の一部を使用すれば栽培することができる。そのため、カメルーンの森林がほとんど残っていない地域では、わずかな木立のある原生林でもカカオを栽培している。

比較的高値で売れるカカオは小規模栽培でも充分成果が上がり、栽培技術が熟練した農園ではブラジルやマレーシアのような大規模農園以上の生産性を上げているのだ。

しかし、カカオ生産国が経済的な恩恵を受けているとは一概には言えない。なぜなら、先進国のチョコレート販売は小売レベルでは年間400～600億ドルといわれているが、このうちカカオ農園の生産事業者に還元されるのは、金額ベースではチョコレートの総売上の6～8％にすぎない。

生産国の多くはもともと植民地であり、労働集約的な大規模生産で宗主国に多大な利益をもたらしてきた。その流れで、現在でも価格決定などで生産国は不利な立場に立たされており、それを解消するものとして、適正な価格で商品取引をする**フェアトレード**という動きも見られる。

# ケナフ

# 環境意識の高まりで注目される“繊維作物”

## 中国、インド、タイが主要生産国

### 生育が容易で早い木材パルプの代用資源

主に南京袋やカーペットの基布、ロープなど、庶民の生活用品の原料として用いられてきたケナフ。熱帯性の一年草で生育が非常に早く、約半年で成熟する。

**木材パルプの代替資源**として、自然環境の保護という観点から急に注目を浴びた感があるケナフだが、同じ麻類のジュート（黄麻）やローゼルと同様に歴史は古く、昔から東南アジアや南アジアでは繊維を目的として栽培されていた。繊維は硬く強いのが特徴で、そのため衣服の素材として使われることはなかったが、最近では綿との混紡が試され衣類やタオルなどが試作されはじめている。

主な生産国はアジア地区に集中しており、中国、インド、カンボジア、タイ、ベトナム、インドネシアとなっている。世界の総生産量は２０００年時点で約66万トンだが、そのうち**中国、インド、タイの3カ国で世界の生産量の8割**を占めている。

東南アジアではケナフとジュート、ローゼルはほとんどひとつの繊維作物のように取り扱われており、その用途により使い分けされている。なかでも最も最上級とされているのはジュートで、ケナフよりもしなやかで繊維も細い。ローゼルはケナフに比べ繊維質は劣るため袋などに用いられている。

これらの繊維作物は生産する地域も違っており、ケナフは雨量の少ない高度のある平地が選ばれ、ジュートは雨量の多い沼沢地、ローゼルは乾期に極端に雨が少ない地域が選ばれている。

ＦＡＯ（国連食糧農業機関）も、これら3種の繊維作物を統計データで表わす際にはまとめて扱っていることから、各生産量を個別に数値化することは難しい。

### 環境保全効果に対する疑問の声も

２０００年頃から、日本でもケナフが環境に優しいということから関心が集まったが、これは１９５０年代後半にアメリカの農務省が木材に代わって、ケナフを原料にして紙を生産する研究を紹介したことが起因している。

このケナフの環境保全効果は世界的に普及していき、日本でも注目されるようになったのだ。ケナフは二酸化炭素の吸収性がよいため、地球温暖化の防止に役立つとされている。そこから、木材パルプの代替資源として利用され、学校の**環境教育**の題材にされたりして、ケナフ栽培を推進する環境団体が世界中で増えていった。

しかし実際には、ケナフから紙を作るには木材パルプよりもコストがかかる点、ケナフは一年草のため二酸化炭素吸収量が多くても長期間にわたって蓄えることができず、枯れると二酸化炭素を空気中に放出することになる点など、温暖化防止に有効とはいえないという指摘もある。一時日本でもケナフ栽培を推進する動きもあったが、生態系や森林植物の多様性という点から問題視されている。

イメージだけが一人歩きしている感のあるケナフ。その資源としての評価が固まるのは、もう少し先になるかもしれない。

## ケナフの生産国と生産割合

**ケナフの生産割合**（類似繊維を含む／2000年）

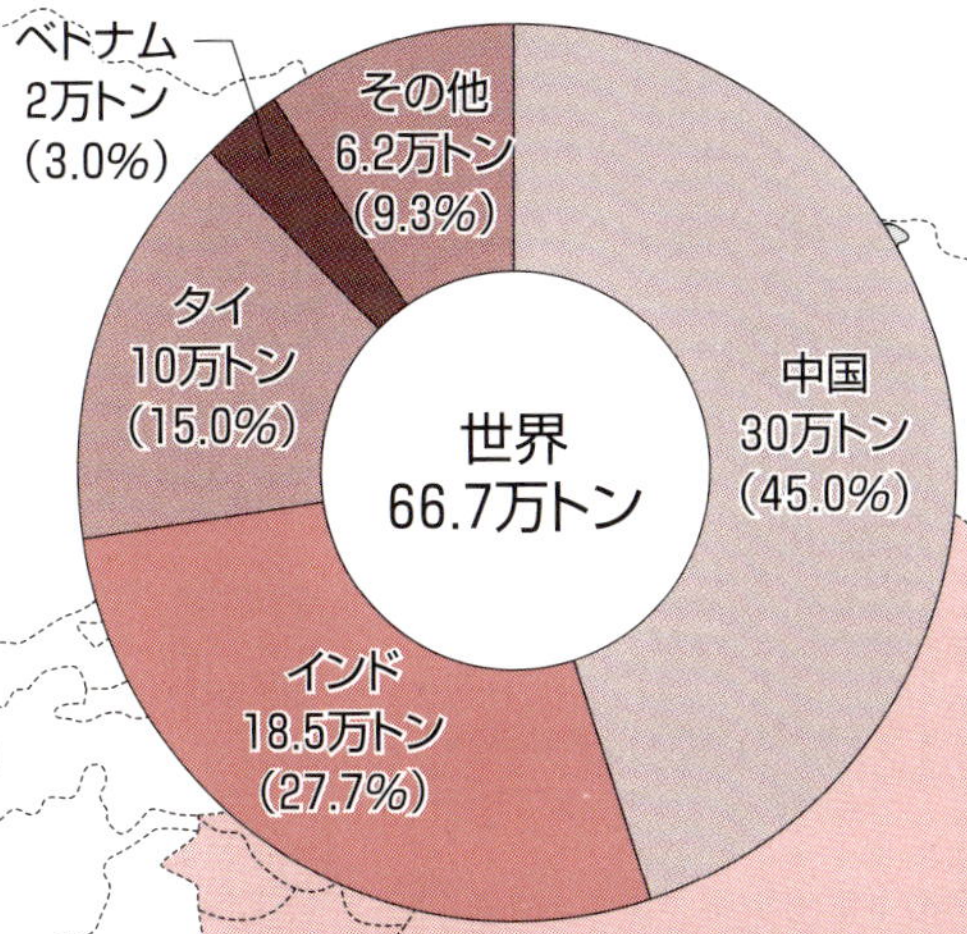
ベトナム
2万トン
（3.0%）
その他
6.2万トン
（9.3%）
タイ
10万トン
（15.0%）
世界
66.7万トン
中国
30万トン
（45.0%）
インド
18.5万トン
（27.7%）

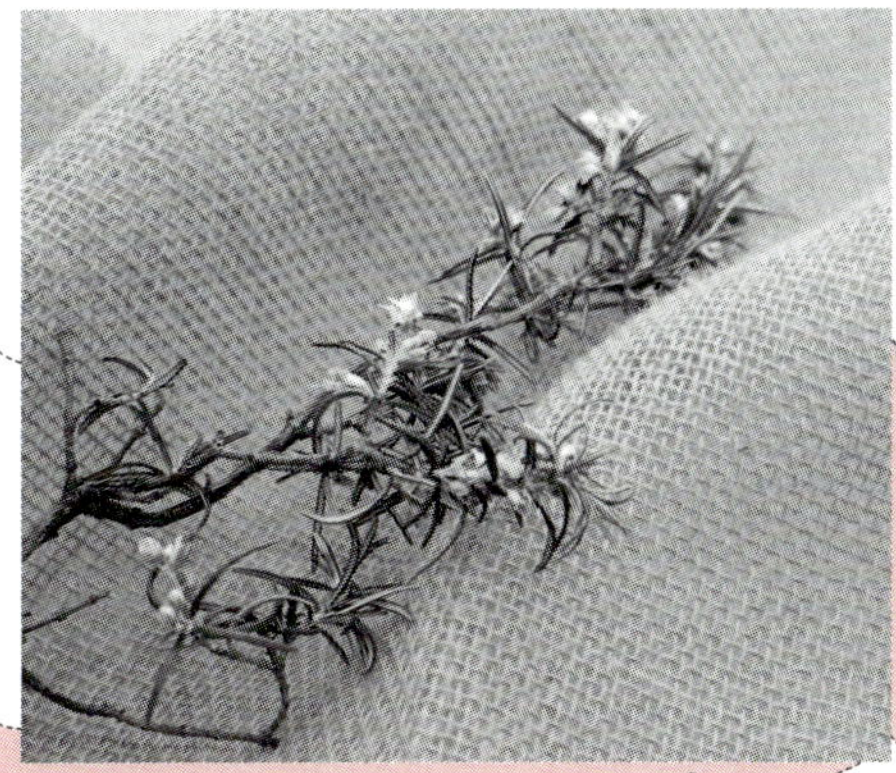

ジュートの葉

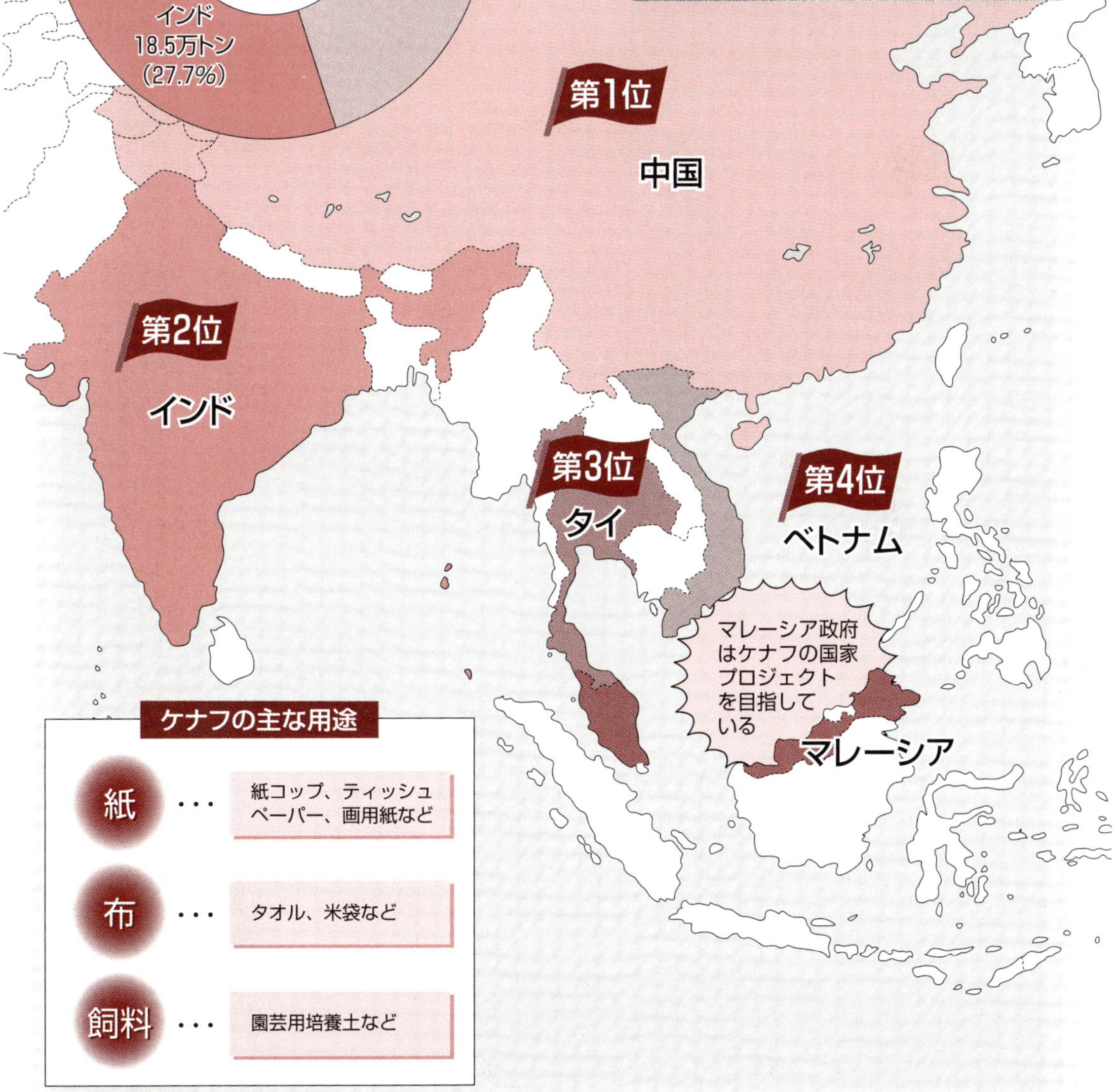
第1位
中国
第2位
インド
第3位
タイ
第4位
ベトナム
マレーシア政府はケナフの国家プロジェクトを目指している
マレーシア

**ケナフの主な用途**

- **紙** ・・・ 紙コップ、ティッシュペーパー、画用紙など
- **布** ・・・ タオル、米袋など
- **飼料** ・・・ 園芸用培養土など

出典：NAGANOケナフの会「ケナフ協議会ニュース６」、総務省統計局「世界の統計 2007」

# 羊毛・毛皮

# 世界の衣類を支えるふたつの動物資源

## 3カ国で世界の羊毛の半分を生産

### 衣類の工場でもある中国が市場のけん引役

世界の羊原毛の総生産量は、ここ数年約200～240万トンで推移している。そのうち、**オーストラリア**、**中国**、**ニュージーランド**の3カ国だけで総生産量の2分の1を占めている。この3カ国が世界の羊毛需要を担っているといっても過言ではない。

羊毛はその太さによって需要に変化があるが、太番手羊毛（32・6ミクロン以上）、中番手羊毛（26・6～32・5ミクロン）、細番手羊毛（24・5ミクロンが主流）に大別されている。中国、ニュージーランド、ウルグアイでは主に太番手（約50万トン）、中番手（約30万トン）を中心に生産、オーストラリア、南アフリカは主に細番手アパレル羊毛を生産し、両国合わせて約46万トン産出している。

世界最大の羊毛輸入国は**中国**で、2005年における全輸入量のうち37％を占めている。当然ながら加工段階の羊毛消費量も中国が一番多く、世界で占める割合は28％。他のアジア諸国に大きく差をつけている。また小売段階での世界の羊毛消費量は約38万トンだが、これも中国が一番で22万トンを占め、日本の8・5万トンを大きく上回っている。

日本国内の羊毛生産量は49トンと微々たるもので、輸入羊毛量と比較するとわずか0・0049％にすぎない。国産羊毛生産は化学繊維の普及、羊毛の輸入自由化などが原因で急速に衰えていったのである。

### 反対の声がありつつも人気のある毛皮製品

古代から防寒具として利用されてきた毛皮だが、近年では**高級服飾品**として、キツネやテン、イタチなどがコートやマフラーに加工されている。一枚の毛皮コートを作るのに必要な頭数は、ミンクで70～80頭、キツネやタヌキで10～15頭だという。

しかし毛皮がどのように生産され、どのように流通しているのかは、非常にわかりにくいのが実情だ。産出国から原皮が輸出され、それを輸入した国で製品化される場合が多いことや、**密輸**が横行していることなどから、正確な統計をとることが困難なのだ。

たとえばアメリカ製と明記された製品であっても、実際のところアメリカが輸入している毛皮の半分以上が中国からのものなので、毛皮の原産国については中国だと考えてもおかしくないだろう。

毛皮生産といえば、**動物愛護団体**などが毛皮の流通・販売に反対の声をあげているのも事実だ。特に中国では動物愛護法がないことから、生産工場を経営することに対する許可が不要で、乱獲も行われているという。

こうした反面、先進国における毛皮の需要は非常に高い。毛皮は高級服飾品として人気があり、2004年の統計では、日本が輸入した毛皮製、毛皮付き衣類輸入点数は約658万点にも及んでいる。

資源としての毛皮をどう考えるかは他に任せるとして、需要のあるところに金は動き、金は生産活動の動機になる。必要悪と考える側と強硬に反対する側の妥協点は、なかなか見えてこないだろう。

## 羊毛と毛皮の輸出入の流れ

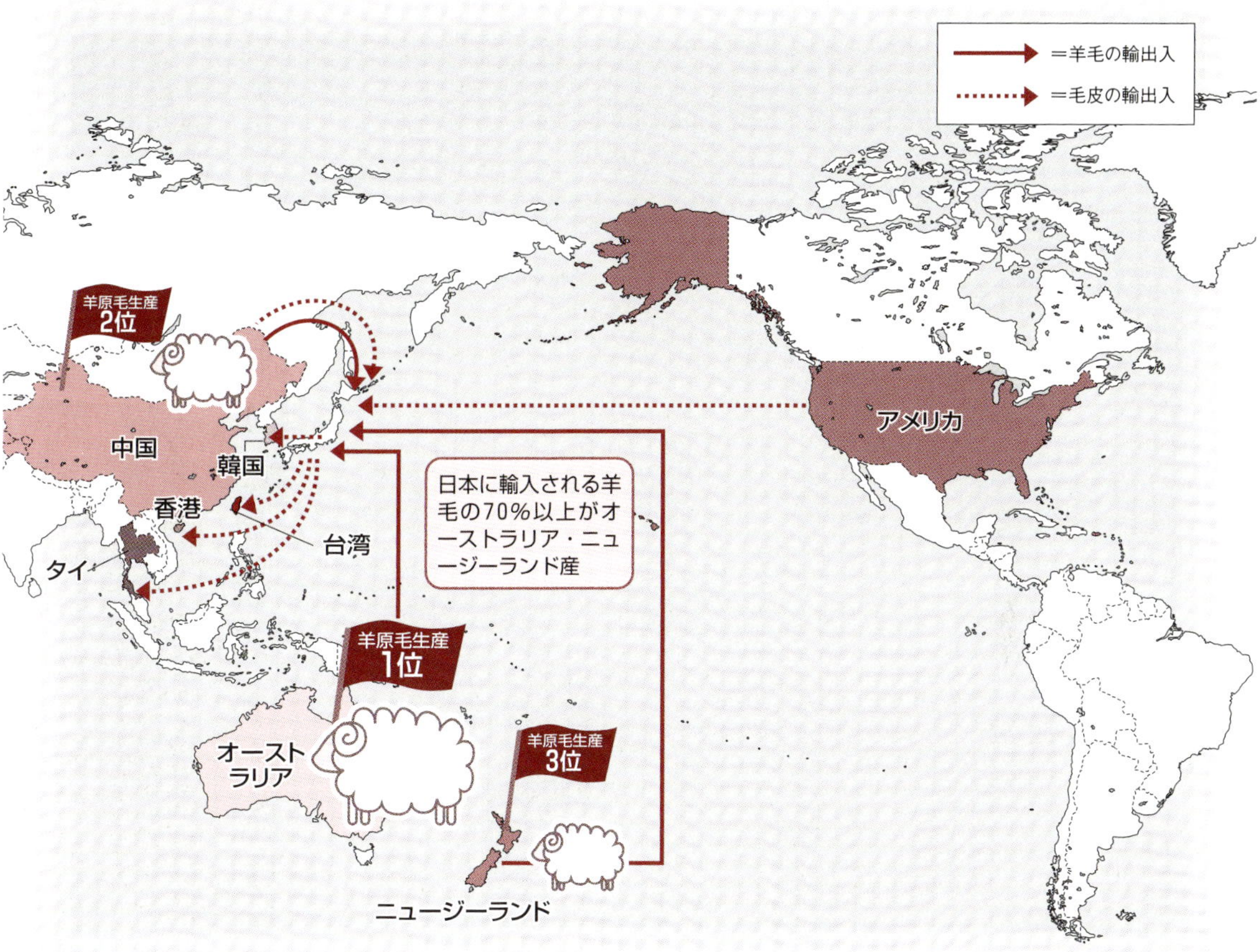

＝羊毛の輸出入
＝毛皮の輸出入
羊原毛生産
2位
中国
韓国
香港
台湾
タイ
アメリカ
日本に輸入される羊毛の70%以上がオーストラリア・ニュージーランド産
羊原毛生産
1位
オーストラリア
羊原毛生産
3位
ニュージーランド


※

### 羊原毛の生産割合(2005年)

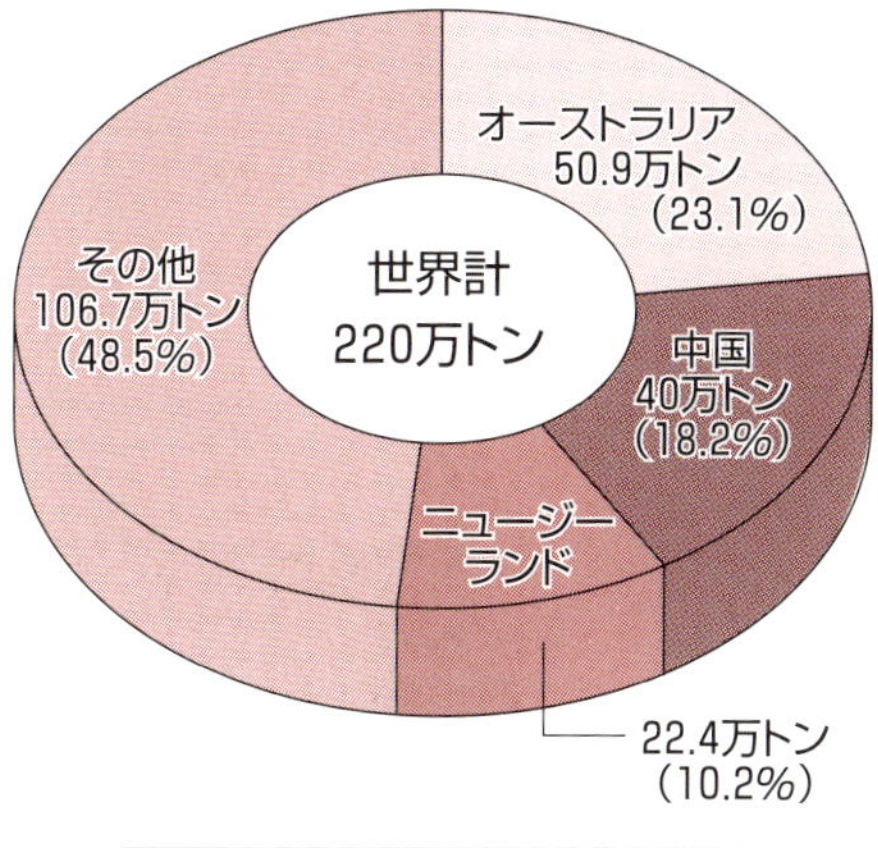

世界計
220万トン
オーストラリア
50.9万トン
(23.1%)
中国
40万トン
(18.2%)
ニュージーランド
22.4万トン
(10.2%)
その他
106.7万トン
(48.5%)


※羊原毛＝ 毛糸や毛織物の
原料となる羊の毛

### 日本における毛皮の輸出入額と割合(2006年)

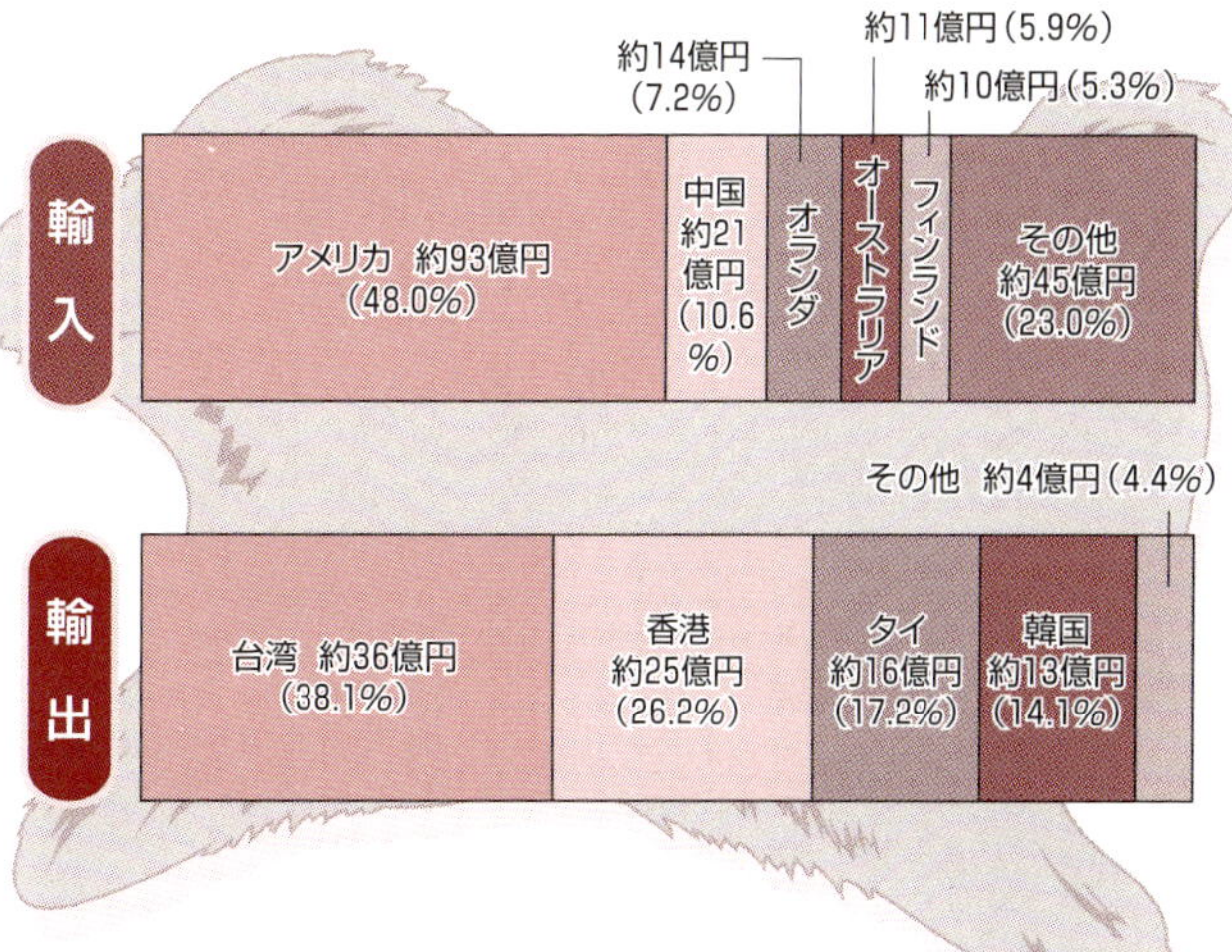

輸入
アメリカ 約93億円 (48.0%)
中国 約21億円 (10.6%)
オランダ 約14億円 (7.2%)
オーストラリア 約11億円 (5.9%)
フィンランド 約10億円 (5.3%)
その他 約45億円 (23.0%)
輸出
台湾 約36億円 (38.1%)
香港 約25億円 (26.2%)
タイ 約16億円 (17.2%)
韓国 約13億円 (14.1%)
その他 約4億円 (4.4%)


出典：総務省統計局「世界の統計 2007」、日本貿易振興機構「貿易統計データベース」

# 絹

## 需要減で期待される衣類以外の用途

### まゆの生産は中国、インドで約9割のシェア

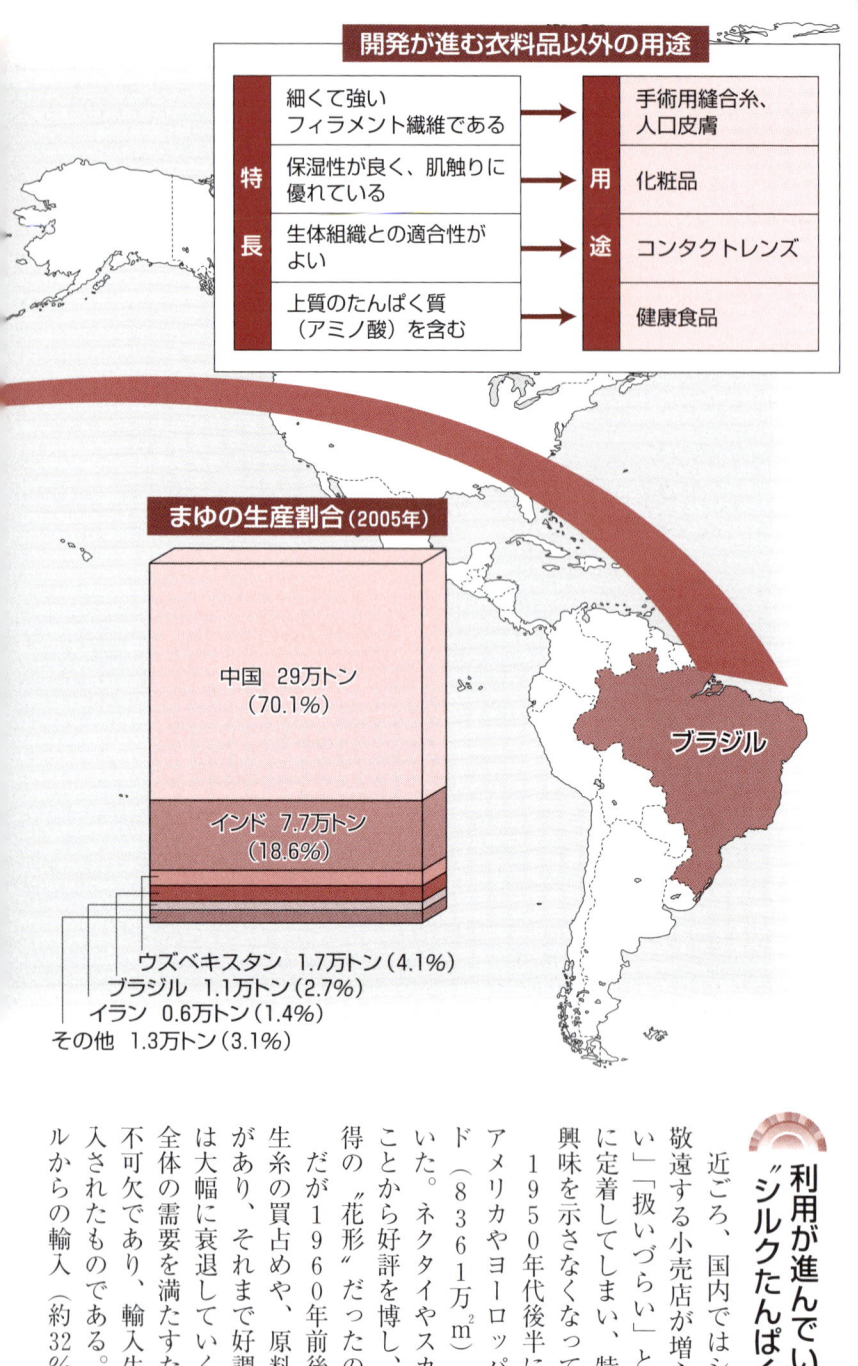

**開発が進む衣料品以外の用途**

| 特長 | 用途 |
|---|---|
| 細くて強いフィラメント繊維である | 手術用縫合糸、人口皮膚 |
| 保湿性が良く、肌触りに優れている | 化粧品 |
| 生体組織との適合性がよい | コンタクトレンズ |
| 上質のたんぱく質（アミノ酸）を含む | 健康食品 |

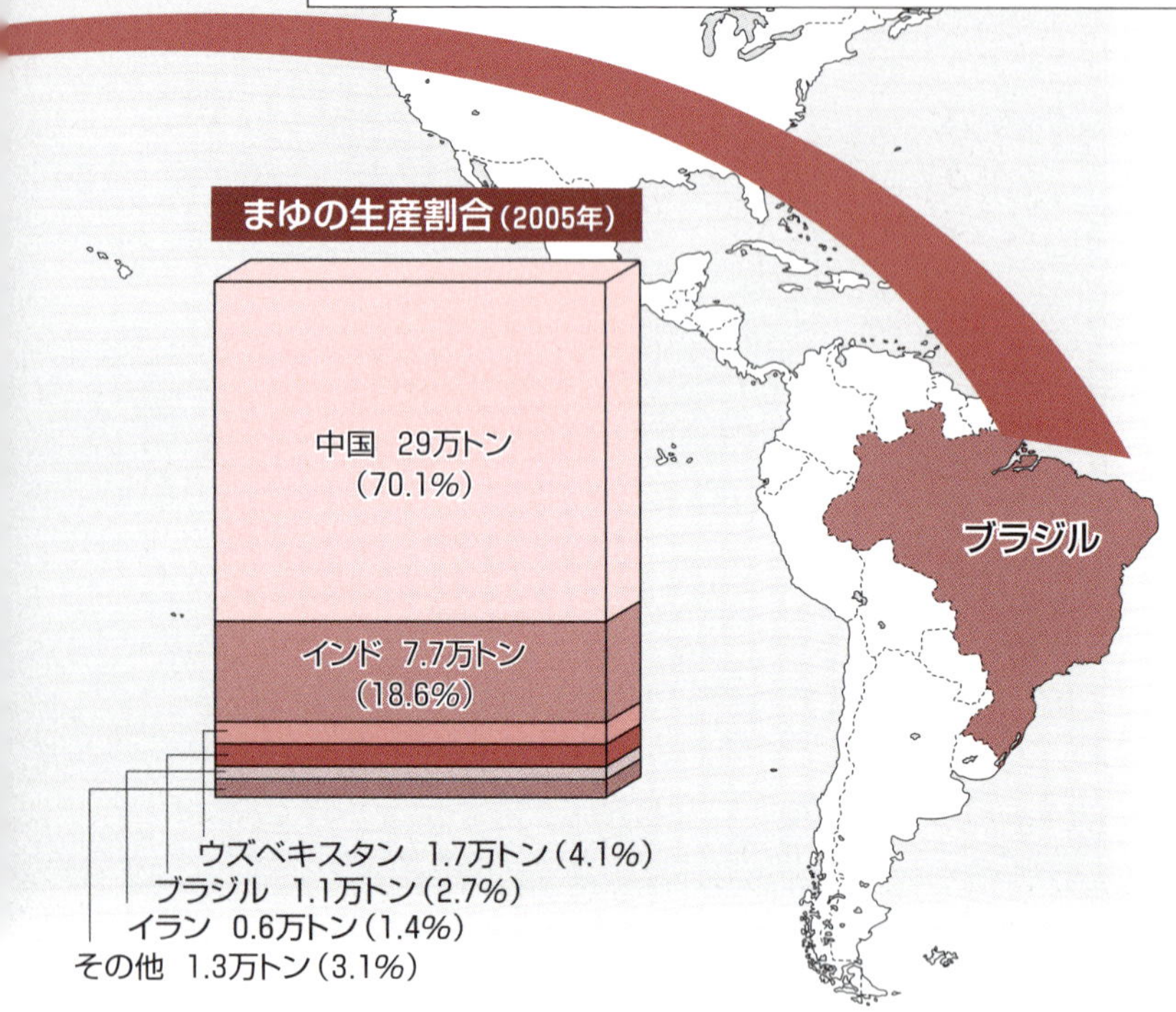
まゆの生産割合（2005年）
中国 29万トン
（70.1%）
インド 7.7万トン
（18.6%）
ウズベキスタン 1.7万トン（4.1%）
ブラジル 1.1万トン（2.7%）
イラン 0.6万トン（1.4%）
その他 1.3万トン（3.1%）
ブラジル

### 利用が進んでいる〝シルクたんぱく質素材品〟

近ごろ、国内ではシルク製品の取り扱いを敬遠する小売店が増えている。「シルクは高い」「扱いづらい」というイメージが消費者に定着してしまい、特に若者がシルク製品に興味を示さなくなってきたのだ。

1950年代後半には、日本の繊維業者はアメリカやヨーロッパを中心に年間1億ヤード（8361万m²）もの絹織物を輸出していた。ネクタイやスカーフなどは品質もいいことから好評を博し、まさにシルクは外貨獲得の〝花形〟だったのだ。

だが1960年前後になると投機家による生糸の買占めや、原料価格の大幅値上げなどがあり、それまで好調だった絹織物輸出産業は大幅に衰退していく。現在ではシルク業界全体の需要を満たすために**中国からの輸入**は不可欠であり、輸入生糸の68％は中国から輸入されたものである。中国以外では、ブラジルからの輸入（約32％）が多い。

## 絹織物とまゆの主要生産国

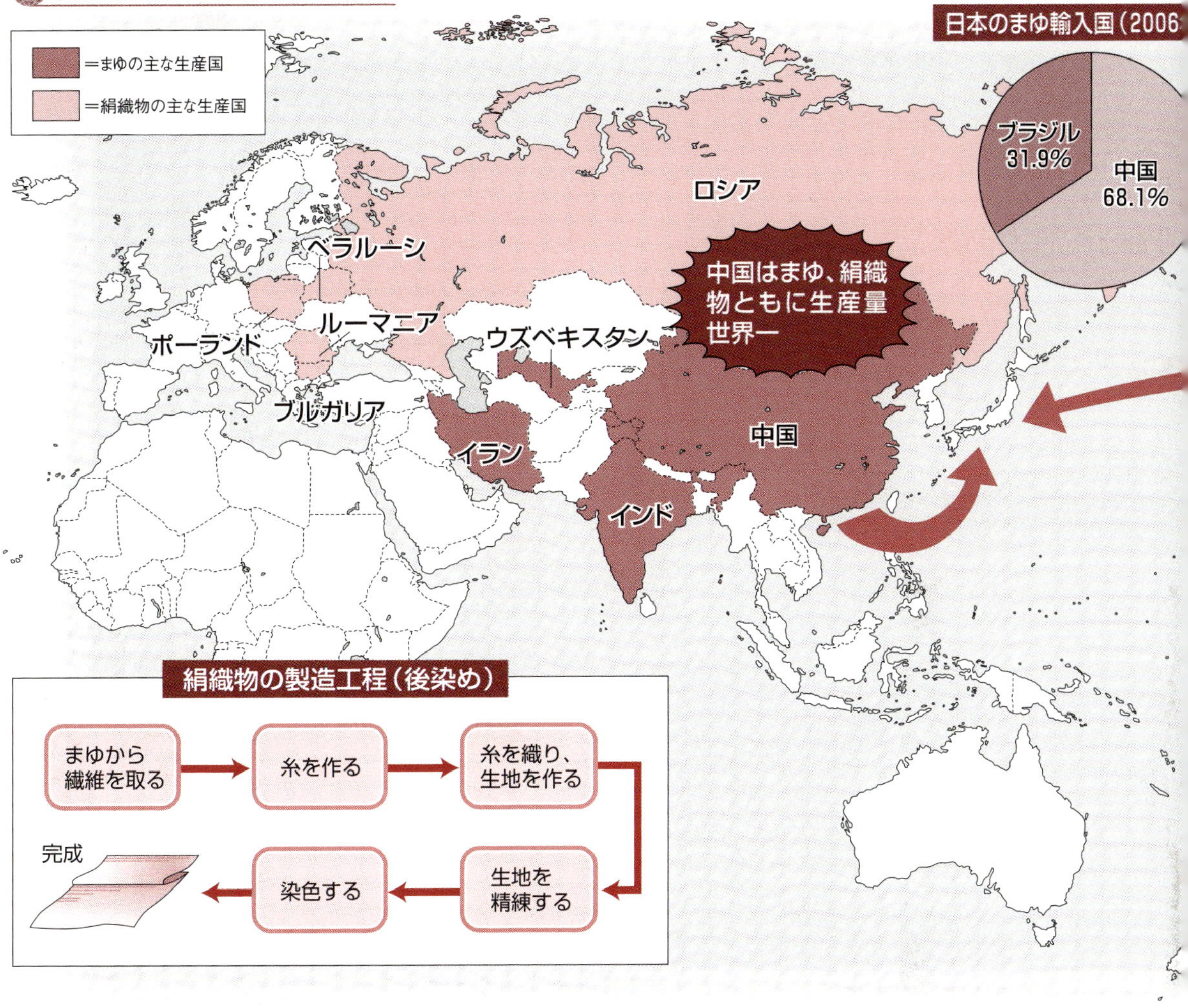

＝まゆの主な生産国
＝絹織物の主な生産国
日本のまゆ輸入国（2006
ブラジル 31.9%
中国 68.1%
ロシア
ベラルーシ
ポーランド
ルーマニア
ブルガリア
ウズベキスタン
イラン
インド
中国
中国はまゆ、絹織物ともに生産量世界一
絹織物の製造工程（後染め）
まゆから繊維を取る
糸を作る
糸を織り、生地を作る
生地を精練する
染色する
完成


出典：総務省統計局「世界の統計 2007」、日本貿易振興機構「貿易統計データベース」

外国から絹織物として輸入する量も増えており、国内の絹織物業界も厳しい現実にさらされている。絹織物供給量をみても1975年には2億945万㎡あったものが、2002年には4005万㎡まで激減しているのだ。**若い世代の和服離れ**が進んでいることも要因として挙げられるが、輸入品の増加が国産品を圧迫していることも確かだろう。

衣類としての需要が頭打ちであることを受けて、最近では**シルクの多種多様な利用法**が研究されている。特にシルクの中のたんぱく質（セシリン、フィブロイン等）が持っている機能特性が注目されており、手術用縫合糸や人工皮膚、人工血管など**医療関係**での利用が盛んになっている。天然繊維であるため、人体への適合性が高いというシルクの特徴が生かされた形だ。

最近注目されているのがシルクが良質のアミノ酸を含有していることで、**食品**としての利用も進んでいる。最近では「シルクパウダー」という健康食品として販売されており、そのまま飲用したり、うどんやパンなどの食品に練り込む形で利用されている。それ以外にも、コンタクトレンズや化粧品にも人に優しい素材として使われ始めており、「シルクたんぱく質素材品」は新しい資源としてさらに需要が増える可能性を秘めている。

また、最近は世界的に環境問題の影響で天然繊維を求める風潮が強くなっており、シルクに興味を持つ人が増えれば、業界にとって大きなチャンスになるかもしれない。

# タバコ

# 禁煙が進む先進国と逆行する途上国

## 葉タバコの生産量は中国がダントツの1位

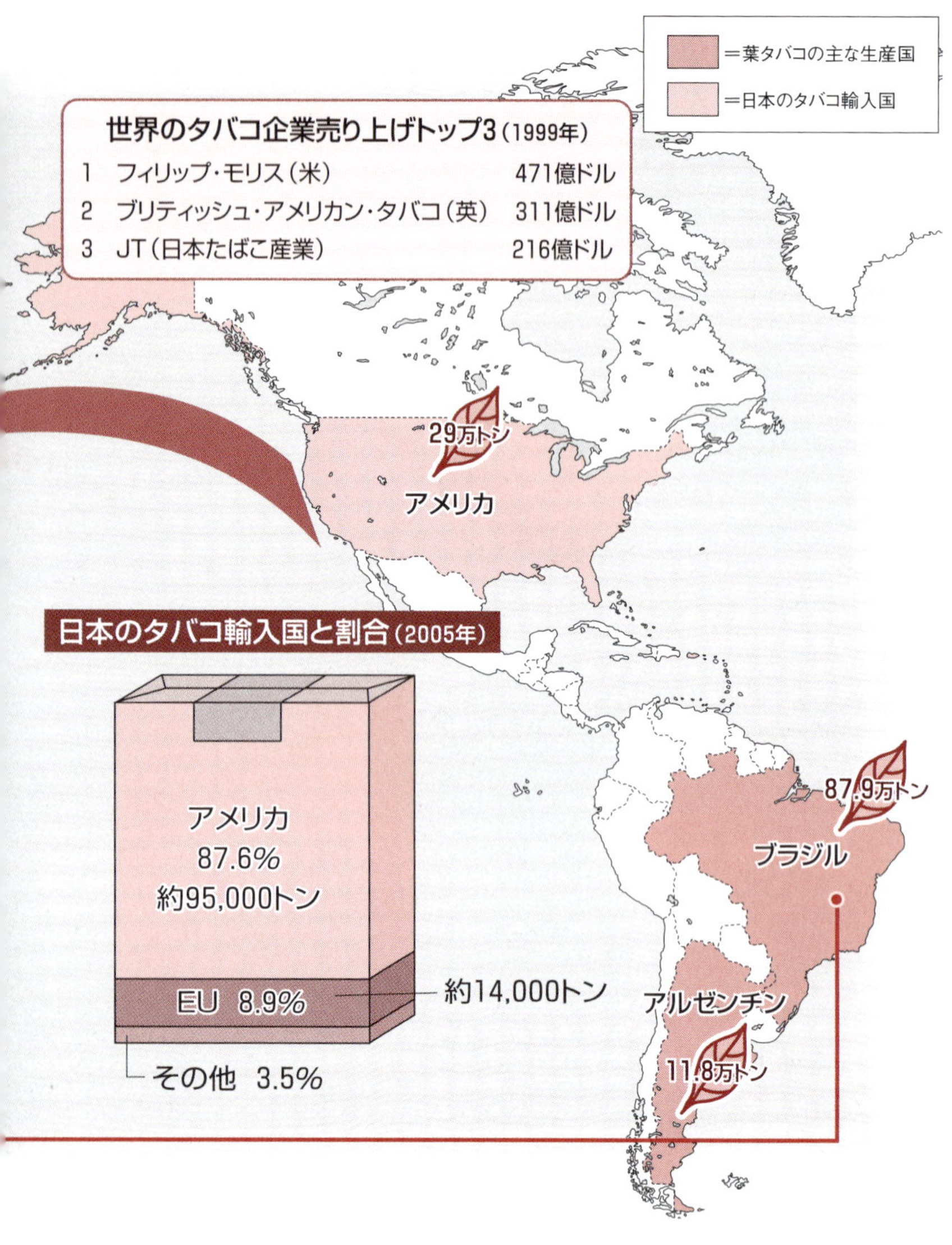
＝葉タバコの主な生産国
＝日本のタバコ輸入国
29万トン
アメリカ
87.9万トン
ブラジル
アルゼンチン
11.8万トン
日本のタバコ輸入国と割合（2005年）
アメリカ
87.6%
約95,000トン
EU 8.9%
約14,000トン
その他 3.5%

世界のタバコ企業売り上げトップ3（1999年）

| | | |
|---|---|---|
| 1 | フィリップ・モリス（米） | 471億ドル |
| 2 | ブリティッシュ・アメリカン・タバコ（英） | 311億ドル |
| 3 | JT（日本たばこ産業） | 216億ドル |

### 世界的禁煙ブームでも喫煙率の高い日本

禁煙の風潮はもはやブームを超え、世界的な流れになりつつあるが、葉タバコの生産量にはまったく影響していないようである。2005年度の葉タバコの世界総生産量は約656万トン。そのうちアジア地域での生産は420万トンであり、世界総生産の過半数は文字通りアジアとなっている。

タバコの消費量もそのアジアが最も多い。2001年の世界紙巻タバコ消費量でも、総生産本数5兆4710億本のうち、**中国**が1兆7000億本を消費している。世界のタバコのうち、**3割を中国人が吸っている**計算になる。中国は消費量も多いが生産量も多く、268・6万トンを生産している。

アジアで中国に次いで喫煙本数が多いのが、日本の2372億本。禁煙運動が推進されているように思えるが、先進国の成人喫煙率が一番高いのは日本であり、**特に20代女性の喫煙率は増加傾向**にあるという。

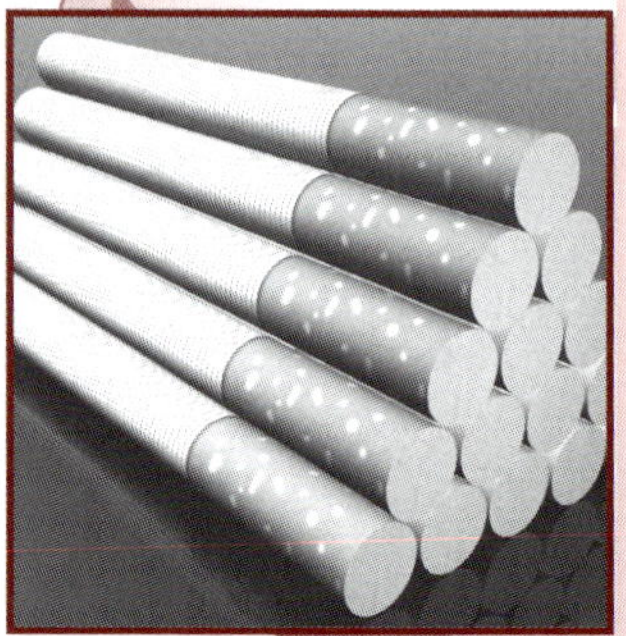

## タバコの主要生産国と日本の輸入国

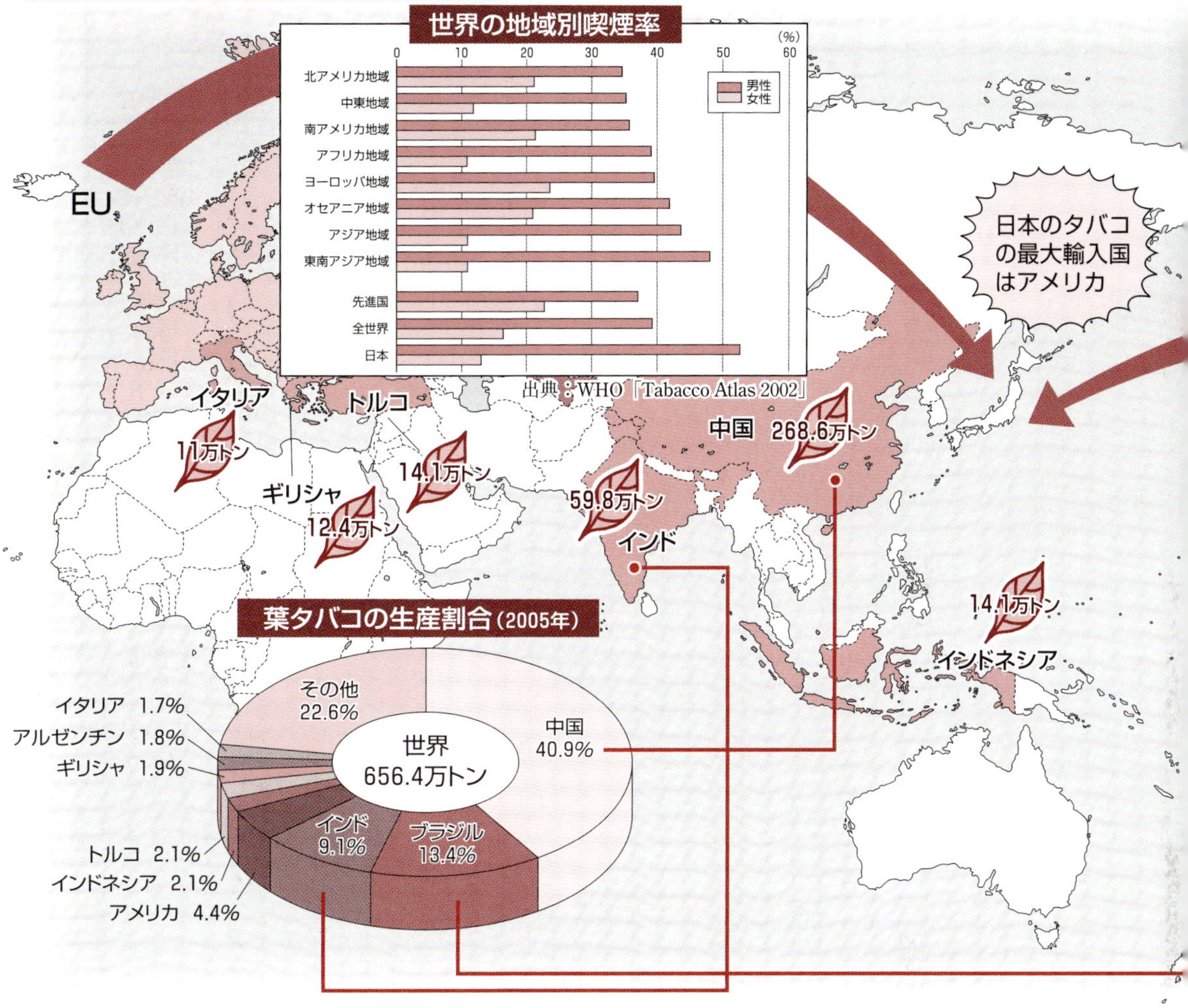
世界の地域別喫煙率
(%)
0
10
20
30
40
50
60
北アメリカ地域
中東地域
南アメリカ地域
アフリカ地域
ヨーロッパ地域
オセアニア地域
アジア地域
東南アジア地域
先進国
全世界
日本
男性
女性
出典：WHO「Tabacco Atlas 2002」
EU
日本のタバコの最大輸入国はアメリカ
イタリア
11万トン
トルコ
14.1万トン
ギリシャ
12.4万トン
59.8万トン
インド
中国
268.6万トン
14.1万トン
インドネシア
葉タバコの生産割合（2005年）
世界
656.4万トン
その他
22.6%
中国
40.9%
ブラジル
13.4%
インド
9.1%
イタリア 1.7%
アルゼンチン 1.8%
ギリシャ 1.9%
トルコ 2.1%
インドネシア 2.1%
アメリカ 4.4%

出典：総務省統計局「世界の統計 2007」、農林水産省「農林水産物輸出入概況（2005）」

タバコは寒冷地を除く世界各地でさまざまな種類が栽培されている。なかでも黄色葉、バーレー葉、ハバナ葉などが有名で、黄色葉は40%を占めている。バーレー葉は別名「アメリカンブレンド」と呼ばれ、アメリカ人の嗜好にあわせて作った葉である。

世界でのシェアは15%を占めており、その約8割はアメリカで生産されている。ハバナ葉は主に高級葉巻として用いられている。

原料となる葉タバコから製品を生産している企業はアメリカ、イギリス、日本の3国に集中しており、世界の市場へ出回る製品はこの3カ国製のものが40%を占める。世界一の市場占有率を誇るのはアメリカのフィリップ・モリス社でシェア率は16・8%になるが、日本のJT（日本たばこ産業株式会社）も、1999年にアメリカのRJレイノルズ社から北米以外の地域の販売権を取得し、世界でも約8・3%のシェアを獲得している。

日本製タバコは、原料となる葉タバコを主にアメリカとブラジルから輸入し、それに国内産の葉タバコをブレンドして作っているが、国内の葉タバコ生産は輸入量の増大や喫煙率の低下により減少を続けている。

日本を含めた先進国では喫煙率が年々減少する傾向にあるが、**逆に発展途上国においては増加する傾向**がみられる。先進国のタバコ会社としても禁煙活動が推進され、もはやタバコ離れを止めようがない先進国から徐々に撤退し、市場を発展途上国に求めているというのが実情だ。

# 花卉

## 世界中で栽培される労働集約的な植物

## 日本も輸出を目指して競争力強化を

### 花卉栽培に適しているエクアドルとケニア

世界で三大花卉類消費地域といえば、アメリカ、ヨーロッパ、そして日本だが、これらが主に輸入先としているのはエクアドルとケニアだ。**エクアドル**は年間の平均気温が13・17度で、昼間は27度、夜間は8度という1日の温度格差が激しい国だ。しかし、赤道無風地帯で簡易なハウスでの栽培が可能なことから、その生産性が高まっていった。

一方、ヨーロッパ諸国は主に**ケニア**から輸入している。ケニアはオランダ経由でEU圏内へ出荷し、その勢いは年ごとに倍増している。ケニアは水資源が豊富にあり、日照時間も長く花卉栽培に適している。そのうえ人件費が安い（1日1ドル程度）ことも、輸出量増加を加速させる要因になっている。

ちなみに、バラの産出国として有名な**オランダ**は、新種を開発したり新しい技術を導入するなど生産性や品質を向上させる努力をしているものの、最近では輸入量が増加し産出量はやや減少している。

この対策として、オランダでは国をあげて育種に力を注ぎ始め、零細な育種農家から大量生産できる育種会社への転換を計っている。オランダでは育種会社が増え、過去20年間で1ヘクタール以上の本格的な生産農家も増えているのだ。

注目すべきは、ここでも**中国**だろう。2000年頃から生産量を急激に拡大し始めており、市場でもその存在感を示しつつある。

主な産出品種はキクだが、主要産地である大連、青島、保定などには港があり、日本にも4日ほどで到着し、時間的にも効率のいい出荷状況にあるのも利点となっている。

中国の引渡し単価は非常に安く、バラは1本8円程度。日本でも中国産の花卉輸入量は増えているが、中国産は品質的に安定しないという日本市場側のクレームも多いという。品質の面では、いまだに満足できる品質水準には達していないそうだ。

中国に比べて韓国でも、最近オランダなどからの新品種や新技術を導入することにより品質向上を図っている。評判も良いことから生産性を上げ始めているという。

### 国内消費にとどまる日本の切花生産者

日本は世界第3位の花卉輸入国だが、主な輸入国はマレーシア、コロンビア、タイ、中国である。

しかし、アメリカやヨーロッパに比べると輸入量も4分の1程度。皮肉なことに、以前は花卉類大生産国だったにもかかわらず、**国際輸出**に力を入れてこなかったことが原因で、今ではほとんど輸出しなくなってしまったのだ。

日本の切り花の生産面積比率は、オランダとあまり変わらないくらい大きいのだが、アジアの大マーケットである上海、北京、香港、バンコク、シンガポール、ジャカルタなどには多くの富裕層がいる。それを考えれば、それらをターゲットにして海外輸出に力を入れてもいいと思うのだが、いまだにマーケットは国内中心になっている。

## 花卉の生産国と日本の輸出入

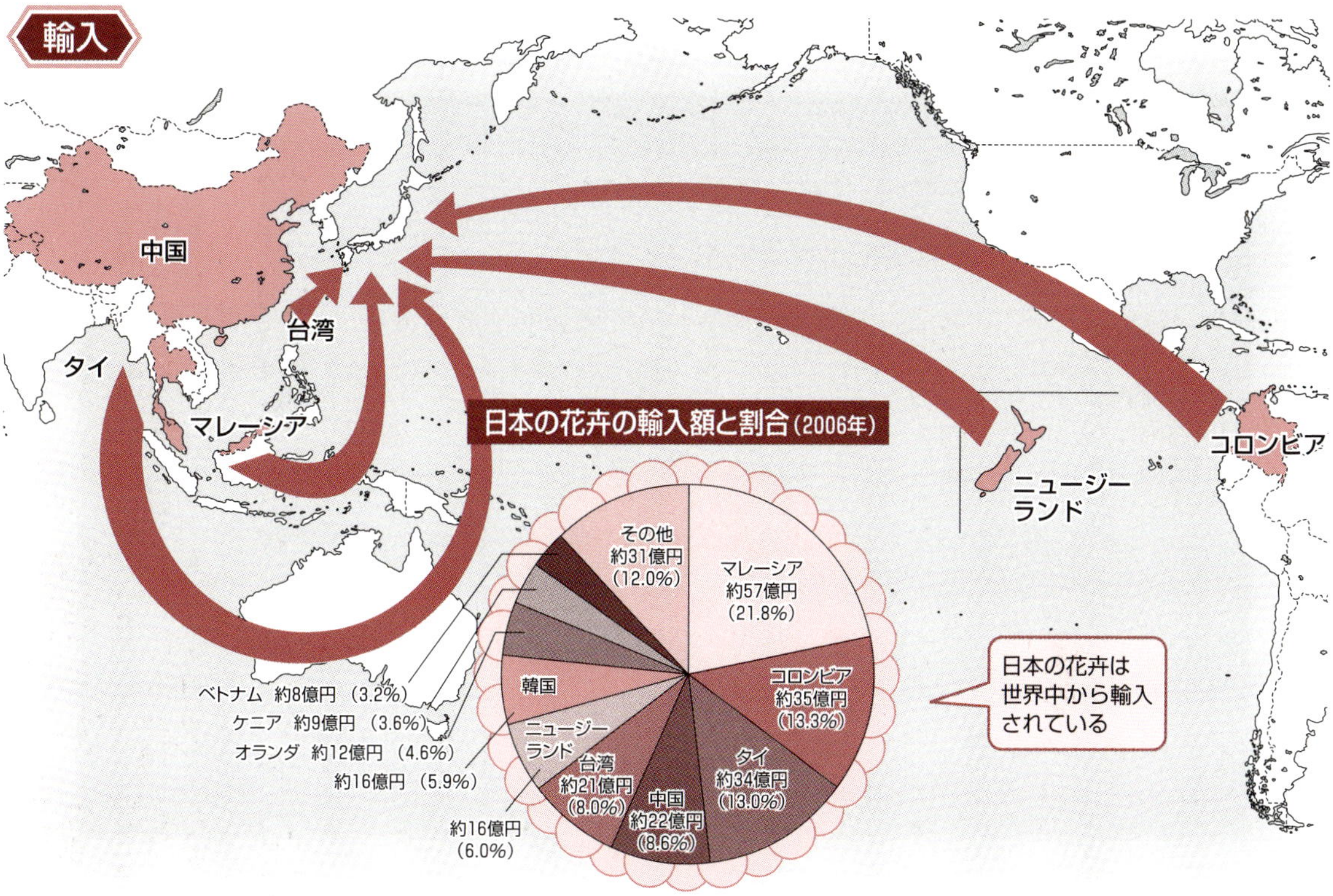
輸入
中国
台湾
タイ
マレーシア
ニュージーランド
コロンビア
日本の花卉の輸入額と割合（2006年）
マレーシア 約57億円 (21.8%)
コロンビア 約35億円 (13.3%)
タイ 約34億円 (13.0%)
中国 約22億円 (8.6%)
台湾 約21億円 (8.0%)
ニュージーランド 約16億円 (6.0%)
韓国 約16億円 (5.9%)
オランダ 約12億円 (4.6%)
ケニア 約9億円 (3.6%)
ベトナム 約8億円 (3.2%)
その他 約31億円 (12.0%)
日本の花卉は世界中から輸入されている

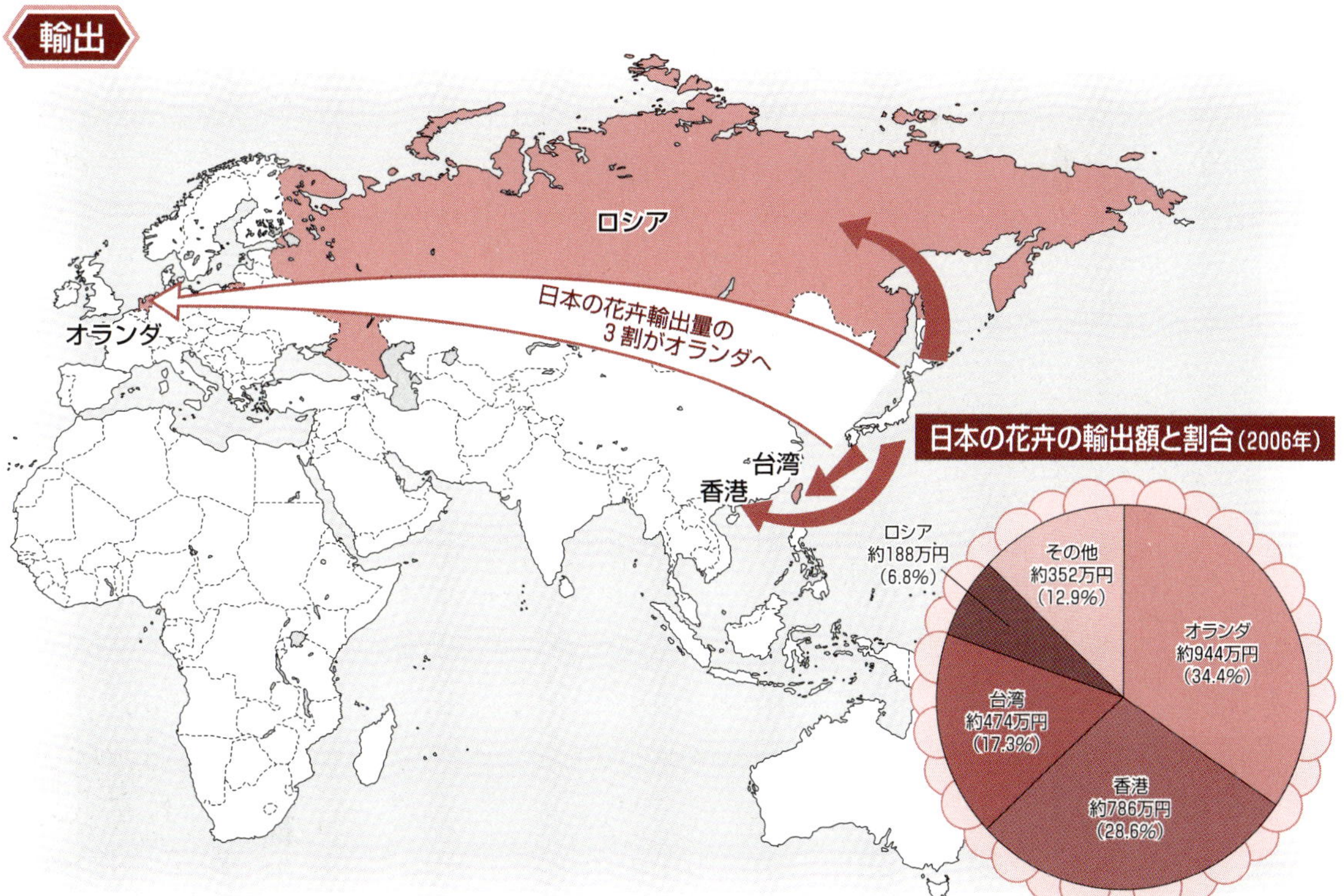
輸出
ロシア
オランダ
日本の花卉輸出量の3割がオランダへ
台湾
香港
日本の花卉の輸出額と割合（2006年）
オランダ 約944万円 (34.4%)
香港 約786万円 (28.6%)
台湾 約474万円 (17.3%)
ロシア 約188万円 (6.8%)
その他 約352万円 (12.9%)

出典：日本貿易振興機構「貿易統計データベース」（花束用・装飾用切花及び花芽）

◆編者紹介◆

**ライフ・リサーチ・プロジェクト**

現代社会の現状と未来をさまざまな角度から分析すべく結成されたプロジェクトチーム。卓越した取材力と冷静な分析力を持ち味とする。本書は、グローバリズム化した世界のキーワードともいえる「資源」に焦点を当て、その分布と流れを詳細に解説した。さまざまなニュースの背景が、スッキリと見えるようになる一冊！

◆本文写真提供◆

©Laurin Rinder - FOTOLIA／©Aaron Kohr - FOTOLIA／©Morad Hegui - FOTOLIA／©Irina Fischer - FOTOLIA／© ELEN - FOTOLIA／© andyb1126 - FOTOLIA／© Slava Belous - FOTOLIA／©Nicholas Piccillo - FOTOLIA／©ptlee - FOTOLIA／©Tan Wei Ming - FOTOLIA／©Elena Pokrovskaya - FOTOLIA／©Vicente Barcelo Varona - FOTOLIA／©Igor Dvoretskiy - FOTOLIA／© Michael Schade - FOTOLIA／© Clarence Alford - FOTOLIA／© Naomi Hasegawa - FOTOLIA／© knstudios - FOTOLIA／© Ian Scott - FOTOLIA／© Maria Brzostowska - FOTOLIA／©Joe Gough - FOTOLIA／©flag - FOTOLIA／©David Monjou - FOTOLIA／© Douglas Freer - FOTOLIA／© Stephen Coburn - FOTOLIA／© mypokcik - FOTOLIA／©Ian Klein - FOTOLIA／©MatHayward - FOTOLIA／©ManicBlu - FOTOLIA／©Elenathewise - FOTOLIA／©TAOLMOR - FOTOLIA／©Dori O'connell - FOTOLIA／©Rick Olson - FOTOLIA／©Maria Brzostowska - FOTOLIA／©Elena Kalistratovac - FOTOLIA／©Shutterstock.com

◆本書の執筆にあたり、次の資料等を参考にしました

日本原子力文化振興財団／西日本新聞／全日本コーヒー協会／東京穀物商品取引所／産経新聞／日本貿易振興会／モーリタニア大使館／北海道新聞／日本金地金流通協会／石油天然ガス・金属鉱物資源機構／岡山日日新聞／中国新聞／日本経済新聞／NPO法人盤州里海の会／NHK／文芸春秋／農林水産消費技術センター／宮城県／農林水産省／asahi.com／ジェトロ／NEDO／テレビ東京／日経BP社／資源エネルギー庁／東京ガス／天然ガス導入促進センター／朝鮮日報／釧路市水産業対策協議会／山口県／岩手県／北海道雑学百科ぷちかいど／ネスレ／総理府統計局／アムネスティインターナショナル／ボツワナ大使館／日本アルミニウム協会／外務省／石油情報センター／環日本海経済研究所／愛媛新聞／東奥日報／水産総合研究センター／日本ワイナリー協会／国際連合食糧農業機関日本事務所／日本捕鯨協会／JA全農庄内／東京新聞／漁業情報サービスセンター／総務省家計調査／北海道庁／北海道銀行／日本伸銅協会／alic独立行政法人農畜産業振興機構／三井物産株式会社ナノテク事業室／最新たばこ情報ホームページ／SRICリポートたばこミニ博物館／植物油インフォメーション／三菱商事株式会社／九州花き振興協議会シンポジウム／財団法人日本綿業振興会／フコクゴム株式会社／klug／日本チョコレート・ココア協会／NAGANOケナフの会／社団法人畜産技術協会／WOOLMARKプレスリリース／ヘルプアニマルズ／Rand D Management.com／『ワールドウォッチ研究所 地球環境白書2004―05』（クリストファー・フレイヴィン編著／家の光協会）／『世界のニュース ウワサの真相がわかる本』（ロム・インターナショナル／こう書房）／『食肉消費と自給率の推移調査と情報2004年7月号』（大江徹男／農林中金総合研究所）／『アメリカの畜産物貿易の構造変化調査と情報2004年3月号』（大江徹男／農林中金総合研究所）／『日本の豚肉制作』（Kakuya Obara他・土屋訳／米国農務省経済調査局・農林漁業金融公庫）、ほか


図解《ずかい》
ニュースの裏《うら》がわかる！
世界《せかい》の資源《しげん》地図《ちず》

2007年6月15日　第1刷

編　　者　ライフ・リサーチ・プロジェクト

発 行 者　小 澤 源 太 郎

責任編集　株式会社 プライム涌光
電話　編集部　03(3203)2850

発 行 所　株式会社 青春出版社
東京都新宿区若松町12番1号〒162-0056
振替番号　00190-7-98602
電話　営業部　03(3207)1916

印刷　中央精版印刷　　製本　誠幸堂

万一、落丁、乱丁がありました節は、お取りかえします。
ISBN978-4-413-00892-1 C0033